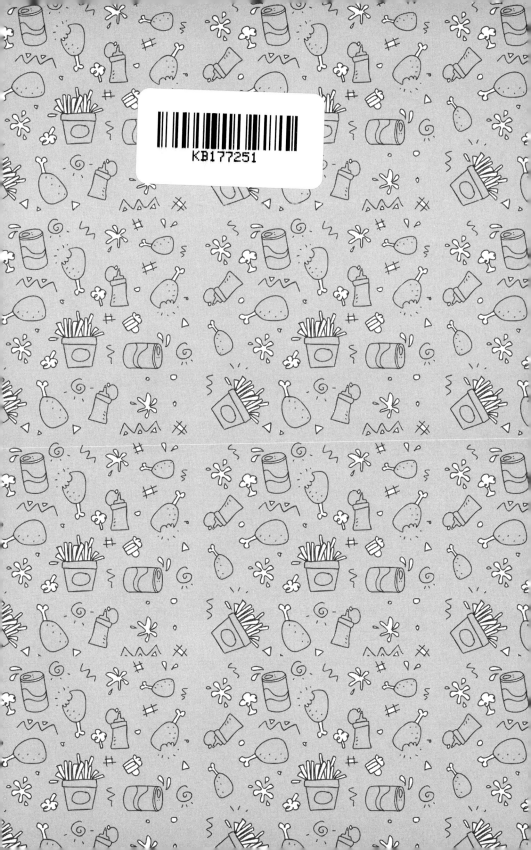

만들자,
학교협동조합이라 말하고,
마을교육공동체라 부른다
학교협동조합

만들자,
학교협동조합이라 말하고,
마을교육공동체라 부른다
학교협동조합

발행일	2015년 04월 30일 초판 1쇄 발행
	2021년 11월 24일 개정판 5쇄 발행
글쓴이	박주희, 주수원
발행인	방득일
편 집	박현주, 허현정, 한해원
디자인	강수경
마케팅	김지훈

발행처	맘에드림
주 소	서울시 도봉구 노해로 379 대성빌딩 902호
전 화	02-2269-0425
팩 스	02-2269-0426
e-mail	nurio1@naver.com

ISBN 978-89-97206-51-3 03370

만들자, 학교협동조합

학교협동조합이라 말하고,
마을교육공동체라 부른다

박주희 | 주수원 지음

맘에드림

주관식 삶을 응원하며

중·고등학교 학창 시절을 생각하면 즐거운 일도 많았지만 한편으론 늘 아쉬운 부분이 있다. 하고 싶은 것은 많았으나 정작 할수 있는 일은 별로 없었던 그 시절, 많은 것들에 대해 늘 의문을 품고 있었다. 그러한 의문이 꼭 거창한 것만은 아니었다. 예를 들어 '여학생 치마 교복에는 왜 주머니가 없을까?'와 같은 지극히 일상적인 생활의 불편함에서 기인한 의문도 많았다. 또 학교가 싫으면 침묵하거나 반항했지만, 내가 원하는 학교를 만들 수 있다는 생각은 하지 못했다. 내가 할 수 있는 것은 이미 누군가가 정해놓은 선택지인 A와 B 중 하나를 고르는 것과 같았다. "내가 원하는 C는 왜 없는 거야?"라는 불만을 터뜨리곤 했지만 정작 내가 C를 만들 수 있다는 생각은 하지 못하던 때였다.

A와 B에서 오가던 삶에 스스로 C를 만들 수 있다는 생각을 하게 된 건 1990년대 중반 대학생 때 안성 지역에 농활을 갔다가 협동조합을 만나게 되면서부터였다. 대학생 때 의료봉사로 인연을 맺은 간호사들과 의사들이 지역 주민들과 함께 의료생활협동조

합(의료생협)을 만들었다는 이야기에 귀가 번쩍 뜨였다. 기존의 병원이 마음에 들지 않을 경우, 그나마 나은 병원에 취업하거나 의료인의 길을 그만두는 것이 아니라 주민들과 함께 협동조합 병원을 만드는 방법이 있었던 것이다. 생활상 불만을 느끼는 것에 그치는 것이 아니라 작게나마 직접 스스로 해보는 것, 기존의 직장 중에서 선택하는 것이 아니라 자신의 직장을 만드는 것, 협동조합은 이처럼 주관식 삶을 만들어갈 수 있는 하나의 가능성이자 통로로 보였다.

그렇기에 학교 내에서 대학생활협동조합(대학생협)이 만들어진다는 소식을 듣고 곧 참여하게 된 것은 자연스러운 일이었다. 학교 내 식당, 매점, 자판기 등 다양한 학생 복지사업에 교수, 교직원과 동등한 결정권을 가지고 참여할 수 있다는 소식에 머릿속의 상상은 이미 저만큼 달려가고 있었다. 단과대학을 돌아다니며 함께할 사람을 모집하고, 같이 협동조합에 대해 공부해나갔다.

'함께 꾸는 꿈은 현실이 됩니다'라는 슬로건으로 그렇게 대학생협 학생위원회가 조직되었다. 그리고 하나씩 생활 속 불편한 부분들을 해결해나갔다. 한 예로, 당시 여학생들 사이에서 생리대 자판기가 부족하다는 원성이 높자 위치와 개수, 필요로 하는 장소 등을 설문조사를 통해 파악하고 개선하고자 했다. 소비 형태의 변화도 함께 고민했다. 일회용 컵 줄이기 차원에서 '자기 컵 갖기 캠페인'을 했다. 일회용 컵 대신 자신이 쓰는 컵을 들고 가서 음료를 사면 일정 금액을 할인해주는 제도였다. 물론 학생들의 모든 의사가 금방 반영되는 것은 아니었다. 교수, 교직원들과 논의 과정을 거쳐야 했고, 사업 매출과 예산도 고려해야 했다. 그럼에도 이전에는 요구만 했던 입장에서 학교의 주체로서 정보를 공유하고 의사결정에도 참여할 수 있다는 점은 큰 매력으로 다가왔다.

대학을 졸업하고 진로를 결정해야 하는 순간에 협동조합의 꿈을 더 꾸고 싶다는 생각을 하게 되었다. '대학생협 키즈'에서 한 발 나아가 협동조합 연구자, 활동가가 되고 싶었다. 그렇게 대학 졸업 후 협동조합은 내게 때로는 연구 주제로서 일이기도 했고, 때로는 생활의 일부이기도 했다. 학생주택협동조합에서 생활했던 미국 유학 시절에는 다양한 협동조합을 연구 주제 삼아 씨름하기도 했지만 말이 잘 통하지 않아 힘들던 시기에 기댈 수 있는 친구들이 있는 공간이기도 했다. 한국에 다시 돌아왔을 때 때마침 협동조합기본법이 통과되어, 협동조합 유형 연구를 하고 정책 연구를 하며 협동조합은 연구 대상이자 직장의 일이 되었다.

그럼에도 초·중·고등학교에서도 학교협동조합이 가능할 수 있다는 생각은 미처 하지 못했던 게 사실이다. 그러다가 초·중·고등학교에서 학교협동조합이 설립되는 것을 지켜보게 되면서, 협동조합을 처음 접했을 때처럼 가슴이 뛰기 시작했다. 2012년 서울 영림중, 2013년 성남 복정고를 시작으로 여러 지역들에서 학교협동조합이 생겨나기 시작했고, 필자들은 학생, 교사, 학부모, 나아가 학교 변화의 단초를 눈으로 지켜볼 수 있었다.

학교협동조합은 '새로운 미래에 대한 꿈'이자, '주관식 삶을 연습하는 장'이라고 생각한다. 필자들이 협동조합을 만나며 A와 B 사이의 선택지에 머물지 않고 스스로 C를 만들며 미래를 개척해갈 수 있다는 자신감을 얻게 된 것처럼, 학교협동조합을 통해 많은 학생들이 어렸을 때부터 스스로 삶의 에너지를 분출하고, 함께 꿈을 이뤄갈 수 있으리라 생각한다.

아무쪼록 이 책이 교육 관계자나 협동조합 관계자, 나아가 학교협동조합에 관심을 가진 모든 분들에게 도움이 될 수 있길 바란다. 이 책을 계기로 학교협동조합의 풍부한 의미를 발견해가고, 그 의미를 현실화해 학교협동조합과 관련한 정책 수립에 역량을 쏟아 지금의 부족분을 채워갈 수 있다면 바랄 것이 없을 것이다.

끝으로 지금도 학교협동조합을 함께 만들어가고 있는 학생, 학부모, 교사, 연구자, 중간 지원 관계자 등 모든 분들에게 감사드린다. 학교협동조합, 혁신교육과 관련한 다양한 관계자들의 조언과 격려가 없었다면 이 책이 나오기 힘들었을 것이다.

『만들자, 학교협동조합』을 낸 지 2년이 되어간다. 긴 시간이 아님에도 학교협동조합에도 많은 변화가 생겼다. 먼저 당시 전국적으로 11개 정도였던 학교협동조합이 37개가 되어 3배 넘게 증가했다. 비단 양적 확대만이 아니다. 중 · 고등학교 매점 모델 중심에서 벗어나 초등학교의 체험학습, 방과 후 모델, 특성화 고등학교의 창업 모델 등 다양한 유형이 나오고 있다. 새로운 사례를 담는 한편 제4차 산업혁명 시대에 살아갈 미래 세대를 위한 새로운 교육으로서의 의미를 덧붙였다.

학교와 협동조합이 만나는
아름다운 과정과 미래의 시대정신

"한 아이를 키우기 위해서는 온 마을이 필요하다"는 나이지리아 속담이 있습니다.

한 아이를 키우는 데 왜 온 마을이 다 필요할까요?

사람들은 본래 삶의 터전을 기반으로 다양한 관계를 맺고 그 관계를 통해 상부상조하며 살아왔습니다. 하지만 산업화와 도시화의 영향으로 이런 관계 맺음의 방식은 급격한 변화를 겪었습니다. 한곳에 오래 머무르며 관계를 맺던 방식은 퇴화하고, 필요에 따라 만났다 헤어지는 기능적인 만남이 관계를 대신하게 되었습니다.

오늘날 사람들은 되레 분절화, 파편화된 삶의 방식에 익숙해지게 되었습니다. 그러나 본질적으로 사회적 관계를 맺고 살아가야 하는 인간은 이런 고립된 삶이 많은 사회 문제를 만들어낸다는 것을 경험하면서 인정과 소통, 나눔과 애정이 없는 관계의 한계를 느끼게 되었습니다. 지금의 사회구조가 가져온 안락함과 편리함과 같은 긍정적 측면은 인정하지만, 그 대가로 우리는 더욱더 기술에 의존하면서 공동체 의식을 잃어버린 채 사회적 고립이라는 함정에 빠지게 되었습니다.

이런 상황에서, 우정과 일상을 나누며 서로를 돌보는 '마을의 복원'은 너무도 소중한 가치입니다. 저 역시 학교와 마을의 경계를 허물어 '마을 결합형 학교'를 만드는 것을 주요한 정책으로 추진하고 있습니다. 제가 박원순 서울시장님과 마을 결합형 학교를 위한 교육협력사업 공동협약을 체결한 것도 이러한 움직임을 제도적으로 지원하고자 하는 생각에서였습니다.

우리 아이들이 앞으로 살아갈 시대는 협동조합과 공유 경제 등 '사회적 경제'라는 커다란 시대정신이 실현되는 사회일 것입니다. 이러한 시대를 맞아, 맹목적인 경쟁에 매몰되는 대신 저마다의 가치와 소질을 살려 한 사회의 구성원으로 온전히 살아갈 수 있는 토양을 미리 마련하는 것은 내일을 살아가야 할 우리 아이들의 행복을 위해 어른들이 반드시 준비해야 할 일이라고 믿습니다.

오랫동안 협동조합 연구와 실천에 헌신해온 박주희 · 주수원, 두 분이 내어놓은 '학교협동조합'이란 선구적인 결과물은, 우리에게 학교와 마을이 구체적으로 어떻게 만나야 하는지 알려주고 있는 매우 값진 통찰입니다. 두 분 저자는 학교협동조합에서 사회적 경제의 가능성과 교육적 가치를 발견해 마을과 학교가 어떻게 서로를 지탱할 것인지 미래의 가능성을 현실에서 보여줍니다.

이 책에서 여러분은 입시 위주의 교육 속에서 무기력하게 시들어가는 아이들 대신, 조합의 학생 이사이자 조합원으로 선생님, 부모님, 친구들과 함께 협의하고 의사 결정에 참여하며 기발한 홍보 방법으로 자신의 사업체를 키워가는 발랄한 학생들을 보게 될 것입니다. 이 책에서는 아이들이 학교협동조합을 꾸리는 과정에서 어떤 훈련을 통해 어떻게 학교의 주인으로 거듭나고 성장하는지 그 변화의 모습을 생생하게 그리고 있습니다.

아울러 학교협동조합과 함께하는 학부모님의 모습을 통해 지역사회와 호흡하는 학교를 보게 될 것이며, 학교협동조합 설립 과정을 통해서는 현재의 제도를 극복해 어떻게 가능성을 현실로 바꾸어가는지 그 실재를 보게 될 것입니다.

이 책은 저자들이 연구자로서 학교협동조합의 설립을 컨설팅하며 목격한 다양한 사례뿐만 아니라, 조합의 설립 및 운영에 필요한 교육과정, 한국에서 협동조합의 역사부터 해외의 사례까지 아우른 훌륭한 학교협동조합 가이드이자 충실한 연구서로도 손색이 없어 보입니다.

혁신학교와 협동조합의 만남이 이루어지는 아름다운 과정과 미래의 시대정신이 오늘 여기에서 구현되는 생생한 현장을 여러 분께 권해드립니다. 이 책의 마지막 장을 덮으시면서 아이 하나를 키우기 위해서 왜 온 마을이 필요한지, 그 답을 얻으실 것으로 기대합니다.

2015. 4. 12.

서울특별시교육감 조희연

차 례

1장 학교협동조합에 주목하는 이유

2장 학교협동조합이란?

3장 학교협동조합의 운영원리

4장 학교협동조합 국내 사례

5장 학교협동조합 외국 사례

6장 학교협동조합 설립 및
운영에 필요한 교육 설계

7장 학교협동조합과 혁신교육의 아름다운 만남

학교협동조합을 이야기하며

학교와 마을의 만남을 많이 얘기한다. 학교에서는 교육의 새로운 돌파구로서 마을(지역사회)의 참여가 필요하고, 마을에서는 교육이 마을 사람들의 공통의 관심사이자 사회의 대표적인 공공서비스 분야이기 때문이다. 그렇지만 아직 학교와 마을이 만나 무엇을 함께할 수 있을지 명확하지 않은 부분이 많다.

이러한 가운데 학교협동조합은 마을과 지역이 만날 수 있는 한 방법을 알려준다. 사실 필자들은 학교협동조합을 협동조합의 여러 모델 중 하나로만 인식했었다. 2012년 12월 협동조합기본법 시행 이후 생겨난 다양한 분야의 협동조합 중 하나로서 학교 안에서도 협동조합이 만들어질 수 있다는 가능성을 보여준다는 단순한 생각으로 접근했다.

그렇지만 학교협동조합을 계기로 혁신학교 관계자들을 만나고, 교사와 학생, 학부모들을 만나고 나서는 학교협동조합이 단순히 여러 협동조합 중 하나의 모델이 아니라, 현재 혁신교육의 고민을 잘 담아낼 수 있는 틀일 수 있다는 생각을 하게 되었다. 혁신학교에서 오래 고민했던 화두들이 협동조합을 하는 사람들의 고민과 크게 다르지 않았기 때문이다. 바로 참여, 소통, 민주주의, 지역과의 연계, 삶과 경제의 통합 등을 지향하는 부분이다.

물론 학교협동조합이 이 모든 것을 다 해결해줄 수 있는 만능 장치라는 것은 아니다. 오히려 학교협동조합은 하나의 플랫폼에 가깝다. 각자의 자원만으로는 풀 수 없던 문제들에 대해 학교협동조합을 통해 그 해법을 모색해볼 수 있다. 학교와 마을이 만나는 중간다리가 될 수 있는 것이다.

무엇보다도 학교 내에서 학생, 학부모, 교사가 수평적으로 만나며 학교의 변화를 만들어낼 수 있다. 협동조합은 오랜 시간 동안 민주적 의사소통과 협업이라는 제도와 문화를 축적해왔다. 학교협동조합을 통해 살아 있는 경제교육을 할 수 있을 뿐만 아니라 민주시민으로서 훈련을 할 수 있는 유의미한 교육적 경험을 만들어낼 수 있다. 새롭게 창출된 이 공간에서 학교 구성원들은 조금은 어색하지만 기존과는 다른 인간관계를 맺으며 학교의 실질적인 변화를 추동할 수 있다.

이러한 많은 가능성에도 불구하고 학교협동조합은 이제 막 시작하는 단계에 있다. 학교협동조합이 안정적으로 이 사회에 자리 잡기 위해서는 보다 많은 사람들의 관심과 협력이 필요한 이유이다. 필자들이 2013년 6월 경기도 복정고등학교 인큐베이팅을 시작으로 몇몇 학교협동조합에 대한 개별적인 지원과 조언을 하다가, 2014년 6월부터 전국의 여러 학교협동조합들을 연계하고 교육청, 지역자치단체(지자체)와 연계하기 위해 노력했던 것도 이러한 이유 때문이다.

물론 이 과정을 처음부터 계획한 것은 아니었다. 장기적인 계획을 세우고 체계적인 조직을 세워야겠다는 생각보다는 당장 어려움에 빠진 학교협동조합에 힘을 실어줄 수 있도록 학생 조합원에 대한 교육을 하자는 의도였다. 그렇게 2014년 6월부터 학교협동조합 지원네트워크(www.facebook.com/schoolcoop)라는 이름으로 대학생, 지역 활동가와 함께한 여름학교협동조합 교육 활동, 전국 학교협동조합 연합 워크숍, 학교협동조합 뉴스레터와 자료집 발간 등의 활동을 하게 되었다. 대학생협, 지역생협, 교육청, 지자체, 한국사회적기업진흥원 관계자와 함께할 부분을 모색하고, 현장에 필요한 요소들을 가능한 채워나갔다. 서울, 경기도, 광주, 경남, 강원도, 충남 등 학교협동조합을 알릴 수 있는 곳이면 가리지 않고 찾아가 얘기를 나누었다. 다행히도 2014년 하반기부터는 교육청과 지자체에서도 보다 체계적인 협동조합 설립과 운영을 위해 더 적극적으로 정책적 지원을 고민하기 시작했다.

물론 아직 학교협동조합을 생소해하는 사람들이 더 많은 만큼 걱정스러운 부분도 있다. 그럼에도 설명회나 강의를 진행해보면 반응이 무척 뜨겁다는 것을 느끼게 된다. 실제로 경남에서 진행된 한 설명회 후에 학부모와 교사 등 관계자들은 다음과 같이 소감을 밝혔다. 아이들이 학교에서 자신의 필요에 대해 말할 수 있는 기회나 창구가 거의 없는 상황에서 학교협동조합을 하면 학생들이 무엇을 필요로 하는지에 대한 의견을 나눌 수 있고, 필요로 하는 것을 함께 노력해서 만들어내는 과정에서 아이디어를 모으고 의견을 조율해가는 훈련까지 할 수 있다는 점이 획기적으로 느껴진다는 것이다. 또한 아이들 스스로 뭔가를 해내고 자립심을 기를 수 있다는 것은 미래의 사업가가 될 수 있는 가능성을 열어주는 만큼 좋은 취지 같다는 의견도 있었다.

지역별로 여러 관심들이 생겨나며, 인가 기준으로 2013년 2개, 2014년 6개, 2015년 7개에서 2016년 한 해 동안 11개가 생겼으며, 2017년 1월 5일까지 총 37개의 학교협동조합이 인가를 받았다. 인가를 받지 않은 부산의 부산국제중고등학교, 서울의 상명고등학교 등은 포함되어 있지 않은 숫자이다. 현재 인가서류를 신청했거나 설립 준비 중인 학교까지 포함한다면 2017년 상반기 50개를 넘어설 전망이다. 학교협동조합이 100개를 넘어서는 것도 순식간일 수 있다. 지역적으로도 서울과 경기도를 중심으로 시작된 흐름이 강원도, 경북, 경남, 충북, 전남, 대구, 광주 등 전국 곳곳으로 확산되고 있다.

학교협동조합 현황표

(2017년 1월 5일 기준. 인가된 조합 기준)

번호	협동조합명	수리(인가)일	지역	학교급	유형	학교명
1	영림중 사회적협동조합	2013.9.3	서울	중	매점&교육	영림중학교
2	복정고 교육경제공동체 사회적협동조합	2013.9.3	경기	고	매점&교육	복정고등학교
3	덕이고 교육복지공동체 사회적협동조합	2014.1.8	경기	고	매점&교육 (동아리)	덕이고등학교

4	금성교육문화협동조합	2014.7.23	부산	초	교육 (방과 후)	금성초등학교
5	사회적협동조합 의정부여자중학교 모꼬지	2014.8.7	경기	중	매점&교육 (생태)	의정부 여자중학교
6	독산누리 사회적협동조합	2014.8.19	서울	고	매점,교육	독산고등학교
7	한문영고 교육경제공동체 사회적협동조합	2014.12.19	경기	고	매점 (로컬푸드)	한국문화영상 고등학교
8	한국도예고 교육공동체 사회적협동조합	2014.12.19	경기	고	매점&교육	한국도예 고등학교
9	흥덕고 사회적협동조합 흥덕쿱	2015.2.25	경기	고	매점&교육	흥덕고등학교
10	삼각산고등학교 사회적협동조합	2015.2.25	서울	고	매점&교육	삼각산 고등학교
11	기흥고 교육경제공동체 사회적협동조합	2015.3.24	경기	고	매점&교육	기흥고등학교
12	문경여자고등학교사회적협동조합	2015.8.10	경북	고	매점&교육	문경여자 고등학교
13	삼성고등학교사회적협동조합	2015.8.25	서울	고	매점&교육	삼성고등학교
14	선사고교육공동체사회적협동조합	2015.10.20	서울	고	매점&교육	선사고등학교
15	신길고 마을교육공동체 개방형 사회적협동조합	2015.12.2	경기	고	매점&교육	신길고등학교
16	국사봉중학교 사회적협동조합	2016.2.2	서울	중	매점&교육	국사봉중학교
17	큰꿈교육사회적협동조합	2016.2.15	경기	초	교육 (방과 후)	조현초등학교
18	가재울고등학교 사회적협동조합	2016.2.15	서울	고	매점&교육	가재울고등학 교
19	월천교육문화 사회적협동조합	2016.3.11	서울	초	교육 (방과 후)	월천초등학교
20	마을교육경제공동체 별내고 사회적협동조합	2016.4.22	경기	고	매점&교육	별내고등학교
21	금병초등학교비단병풍 사회적협동조합	2016.6.1	강원	초	매점&교육	금병초등학교
22	춘천한샘고등학교 사회적협동조합	2016.6.2	강원	고	매점&교육	한샘고등학교
23	현암고마을교육공동체 개방형 사회적협동조합	2016.6.27	경기	고	매점&교육	현암고등학교
24	모기동마을학교 사회적협동조합	2016.6.27	서울	초	교육 (방과 후)	양화초등학교
25	계성샛별 사회적협동조합	2016.7.28	서울	고	매점&교육	계성고등학교

26	함평영화학교협동조합 해밀	2016.8.23	전남	고	평생직업 (야생화 판매)	함평영화학교
27	길음중학교 사회적협동조합	2016.8.26	서울	중	매점&교육	길음중학교
28	신천사회적협동조합	2016.9.7	서울	초	교육 (방과 후)	신천초등학교
29	보광고등학교 사회적협동조합	2016.9.12	경남	고	매점&교육	보광고등학교
30	한울타리 사회적협동조합	2016.9.20	서울	중	매점&교육	한울중학교
31	사회적협동조합 술이홀통일출판사	2016.9.26	경기	고	교육(진로)	문산수억 고등학교
32	가온길 사천여고 사회적협동조합	2016.10.6	경남	고	매점&교육	사천여자 고등학교
33	금북 사회적협동조합	2016.10.24	서울	초	교육(방과 후, 진로, 평생교육)	금북초등학교
34	만덕고등학교 사회적협동조합	2016.10.27	부산	고	매점&교육	만덕고등학교
35	충북고등학교교육경제공동체 사회적협동조합	2016.12.8	충북	고	매점&교육	충북고등학교
36	양평고등학교 창업체험센터 사회적협동조합	2016.12.26	경기	고	방과 후마을 학교, 사회복지시 설및청소년 육성·보호 위탁사업	양평고등학교
37	운양고 마을교육공동체 개방형 사회적협동조합	2017.1.5	경기	고	매점&교육	운양고등학교

물론 이러한 흐름에는 세월호 참사 이후 대거 당선된 진보 교육감의 정책적 의지도 있으며, 학교 편의 시설 마련을 위해 조합을 생각하게 된 학교도 있다. 그렇지만 대부분은 보다 큰 관점에서 학교의 변화, 교육의 변화를 학교협동조합에서 찾고 있었다.

이 책은 이러한 학교협동조합을 통해 학교의 변화를 모색하려는 이들을 위해 기획되었다. 2013년부터 시작된 학교협동조합은 아직 초창기이다. 아직은 가능성으로만 남아 있는 부분도 있고,

여러 제도상의 난점 때문에 막상 추진하려고 보면 결코 쉬운 일이 아니다. 그래서 학교협동조합은 "참 좋다", "참 쉽다"고 마냥 얘기할 수 없다. 그럼에도 학교협동조합은 학교에서 변화를 만들어내고 싶어 하는 이들, 학교와 마을이 만나는 지점을 고민하는 사람들에게 많은 시사점과 희망을 준다고 본다.

이러한 의미에서 학교협동조합의 가능성과 의미를 알리기 위해 필자들이 발로 뛰었던 2013년부터 2017년 초까지 4년간의 경험을 정리해보았다. 다만 학교협동조합의 실제적인 사업과 협동조합 설립 단계에서의 행정적인 측면에 초점을 맞추기보다는 그 의미와 사례 그리고 교육의 방법에 중점을 두었다. 학교협동조합의 원동력은 교육이라 생각한다. 다른 협동조합들도 교육이 중요한 영역이지만, 학교협동조합에서 처음부터 끝까지 교육을 전면에 내세워야 하는 이유는 무엇보다 학생, 학부모, 교사의 성장의 공간으로서 의미가 더 크기 때문이다.

사업과 행정 부분은 부록에서 도움을 받을 수 있는 곳과 몇 가지 놓치지 말아야 할 부분을 언급하는 정도로 정리했다. 본문에서 보다 자세히 서술하겠지만 사업과 행정 부분은 학교협동조합만의 몫은 아니며, 지원 기관이 보다 체계적인 지원 체계를 마련해 학교 구성원들의 짐을 덜어줘야 할 부분이기 때문이다.

따라서 이 책은 학교협동조합의 모든 걸 정리한다기보다, 학교협동조합에 대한 논의의 화두를 열어본다는 의미를 가질 것이다.

물론 필자들이 이러한 의미를 모두 다 발굴해낼 수는 없다. 이 책에서 언급하는 학교협동조합의 모습은 일부에 불과하며, 다양한 움직임과 궤적들 중 우리가 포착하고 언어화한 것만 담겨 있기 때문이다. 당연히 학교협동조합의 의미는 이 책에서 서술한 것 이상으로 풍부하고 복잡하다. 보다 많은 사람들이, 그중에서도 학교의 교사와 학부모가 지금보다 더 학교협동조합에 관심을 가지게 된다면 학교협동조합의 내용이 지금보다 더 풍부해질 것이라고 본다.

또한 거꾸로, 협동조합 관계자들도 학교협동조합의 교육적 내용에 대해 알게 되면 학교협동조합에 더 많은 관심을 가질 수 있게 되고, 지금의 협동조합 교육도 더 풍부해질 것이라고 생각한다. 청소년들을 위한 협동조합 교육은 지금보다 더 평이한 언어로, 그리고 직간접적으로 체험할 수 있는 방식으로 구성되어야 한다. 당연히 이러한 협동조합 교육은 어른들에게도 보다 효과적으로 다가올 것이다. 청소년 협동조합 교육을 고민하며 협동조합 교육 자체가 진일보할 수 있는 지점이다. 실제 이 책에서 소개하는 말레이시아, 영국, 프랑스의 경우에도 이렇게 학교의 교사와 협동조합 활동가들이 연계되어 서로의 내용을 더 풍부히 채워가며 시너지 효과를 만들어내고 있다.

이렇듯 이 책은 학교협동조합의 매력을 알리는 데 초점을 두었다. 현재 어려운 부분도 많고, 해결해야 할 부분도 많다. 중간중간 인터뷰를 통해 이러한 부분을 언급하며, 마지막에 현재의 제도상 문제점에 대해서도 간략히 언급할 예정이지만 보다 큰 초점은 학교협동조합의 가능성에 두었다.

이는 많은 사람들이 함께 고민하면 현재 시작 단계의 어려움도 금세 해결될 수 있을 것이라고 보기 때문이다. 루쉰(魯迅)의 말처럼 걸어가는 사람들이 많아지면, 그것이 곧 길이 된다. 학교협동조합도 그 자체만으로는 완벽한 대안은 아니겠지만, 적어도 한 가지 깨달음을 준다. 새로운 교육이란 누군가가 만들어주는 것이 아니라, 그것을 열망하는 사람들이 함께 조금씩 만들어가는 것이라는 깨달음이다.

어렸을 때부터 협동조합을 접한 학생들이 성장해 어른이 된 사회는 얼마나 달라질 것인가? 경쟁 대신 협동을 배우는 아이들의 모습은 상상만으로도 가슴이 뛴다. 학교협동조합은 우리가 다음 세대를 위해 준비할 수 있는 가장 큰 선물 중의 하나가 되지 않을까?

1장

학교협동조합에
주목하는 이유

　다양한 분야에서 학교협동조합의 매력과 가능성을 찾고 있는 지금, 교육청과 지방자치단체, 교사 모임 등 교육 분야 구성원들이 왜 학교협동조합에 주목하는지 그 이유를 살펴볼 필요가 있다. 단언컨대 가장 큰 이유는 학교협동조합이 가진 가능성 때문일 것이다.

　학교협동조합은 그 안에서 활동을 거듭할수록 생각지 못했던 것을 배워가게 된다는 점에서 무궁무진한 가능성의 힘을 가진 조직이며, 그 무한한 가능성이야말로 학교협동조합의 매력일 것이다.

교육 자치: 학교의 주인으로 거듭나기

학교협동조합은 학교 구성원들이 학내의 사안에 주인으로서 참여할 수 있는 것이 일차적인 매력일 것이다. 또한 학교협동조합은 학생, 학부모, 교직원의 협동 아래 교육 자치가 이루어지는 현장이기도 하다. 게다가 학교 구성원 대부분이 해당 지역사회 주민이니, 학교협동조합은 지역공동체로서의 기능도 담당할 수 있다.

그렇지만 현실적으로 학교와 관련된 사안에서 학부모와 학생의 참여는 제한적인 경우가 많다. 교직원들도 직급별 위계적인 관계 때문에 다양한 창의성을 충분히 발휘하기 어려운 측면이 있다.

반면 협동조합은 1인 1표의 원칙(협동조합기본법 제23조 제1항)으로 운영된다. 주식회사가 자본 중심의 1주 1표 의결권을 가진다면, 협동조합은 출자액에 관계없이 1인 1표 의결권을 가진다. 일반 주식회사의 경우 실제적인 의사 결정권이 소수의 대주주에게 있는 데 반해 협동조합은 다수의 평등한 지배와 운영이 가능하다.

예를 들어 개인 사업자가 소유한 매점은 계약 조건만 만족시키면 마음대로 운영이 가능하다. 그러나 학교매점협동조합은 학교 구성원들이 1인 1표의 원칙으로 운영하면서 운영 방식이나 상품 종류, 가격 등 각종 의사결정 과정에 참여하게 된다.

학생들 역시 이런 사업들에 학교 구성원으로서 참여하는 것이 기쁘다고 말한다. 우리나라 고등학교 최초로 학교협동조합을 만든 복정고의 학생 이사는 "매점이 생기고 그러한 매점 사업에 학생들의 의견을 반영하는 것 자체가 좋아서" 학교협동조합에 참여했다고 말한 바 있다. 또한 학부모, 교사, 학생들이 동등한 대우를 받으며 함께 사업을 진행하는 것도 큰 기쁨이었다고 한다(협동조합e뉴스레터, 2014). 일이 벌어지면 무조건 "가만히 있으라"고 외치는 이 사회 안에서 자기 의견을 내세울 수 있다는 자체가 새롭고 즐거운 일인 것이다.

이처럼 학생, 학부모, 교사의 의견을 적극적으로 반영하면 학교도 발전할 수밖에 없다. 목표를 위해 타협하고 양보하며 구체적인 의견을 만들어가는 과정을 학습하게 되기 때문이다. '어떤 물건을 들여놓고 어떻게 조합원 모집을 홍보할지' 구체적인 의사 결정과 집행이 이루어지는 만큼, 학교협동조합에 참여한다는 것은 의견을 듣고, 소통하고, 타협하고, 합의점을 만들어가는 일이다.

복정고 학생 이사는 협동조합 활동을 하며 남의 의견을 소중히 들어야 한다는 것은 물론 책임을 다하기 위해 리더십과 끈기를 배웠다고 술회했다. 비단 학생들뿐만이 아니다. 학부모들도 학교협동조합의 다양한 이점을 경험하게 된다. 그중에서도 모든 학교 구성원들이 서로의 행동 배경을 이해함으로써 상호 이해심을 갖춘 진정한 학교 구성원으로서 거듭날 수 있었다는 점이 눈에 띈다.

어떤 학부모들은 학교협동조합을 하기 전에는 한때 학교에서 진행되는 일들에 대해 "왜 저걸 하지?"라는 생각을 가졌다고 한다. 하지만 몸으로 경험하면 달라질 수밖에 없다. 이런저런 사안들을 경험한 학부모들은 아이들한테 조금이라도 좋은 걸 해주려

애쓰게 되고, 학교의 전반적인 상황을 이해하게 되었다. 특히 교사와 학생, 학부모 사이의 의사소통이 어려운 상황에서 서로를 이해하는 폭이 넓어졌다는 것이야말로 학교협동조합의 가장 큰 이점일 것이다(2014. 8. 19 덕이고 학부모 인터뷰).

이처럼 학교협동조합에서 벌어지는 참여와 소통은 학교 변화의 출발점이 된다. 혁신학교에서 참여와 소통을 강조하는 것도 이런 이유에서이다. 혁신학교의 진정한 힘은 학생, 학부모, 교사의 적극적인 참여와 수평적인 소통 속에서 학교의 상을 그려가는 것이므로, 조직 체계의 수직적 소통만이 아니라 학부모와 지역사회 등 다양한 외부 관계자와의 수평적 소통이 반드시 필요하기 때문이다(김성천, 2011).

혁신 교육과 교육 운동의 경험은 학부모들을 주체로 다시 태어나게 한다. 학부모들부터 교육에 관심을 가지고 자발적으로 참여하지 않으면 새로운 교육의 상을 그려낼 수 없다는 것을 보여준다. 다음은 협동조합 법인격은 없으나 협동조합적 운영원리로 학부모들이 방과 후 프로그램을 운영하고 있는 고산향 교육공동체 사무국장의 회고 일부다.

　　학부모들이 만나서 이야기하기 시작했습니다. 목마르게 찾았던 '좋은 교육'이란 무엇인가? 학교는 어떤 모습이어야 하고 학부모는 또 어떤 자세여야 하는가? 학부모회가 활발하다는 학교도 찾아다니고 이 책 저 자료 공부도 해보고 무엇보다도 자주 만나 이야기를 많이 해보았습니다. 다툼도

꽤 많았습니다. 이렇게 3년 정도가 흐르니 조금씩 답에 가까운 것들을 알아가게 되었습니다. 무엇보다 교육의 주체 중 하나가 자신들이었다는 것을 알게 되었습니다. 본인이 주체인 학교와 교육에 관심을 가져야 하고 실제 에너지를 쏟아야 한다는 것도 알게 되었습니다. 그 일련의 과정이 학부모 스스로의 자발적 모습이어야 한다는 것도 깊이 느끼게 되었습니다.

박현정, 2013, p.383

진정한 학교 혁신은 학부모 스스로가 자신을 교육의 주체라고 의식하기 전에는 불가능하다. 당연히 주인으로서 참여할 통로가 없는데 주인의식만 가지라고 할 수도 없다. 이런 상황에서 학교 협동조합은 1인 1표의 동등한 의사 결정권을 가진 진정한 주인으로 학부모를 호명할 수 있는 기회의 장일 뿐 아니라 협동조합의 전통적 방식과 노하우, 그리고 협동조합기본법으로 제도화된 규칙들을 통해 참여를 유도할 수 있는 장이기도 하다. 무엇보다 협동조합은 학생, 학부모, 교사가 함께하지 않으면 운영할 수가 없기에 서로를 귀중하게 여기게 된다는 이점이 있다.

학교, 소비와 생산을 바꾸다

학교협동조합의 또 하나 이점은 학교에서의 소비 생활에 실질적인 변화를 가져올 수 있다는 점이다. 협동조합 연구자이자 컨설턴트인 필자들이 중고등학교 학교협동조합에 관심을 갖게 된 것에도 이런 측면이 컸다.

필자들이 중·고등학교 학교협동조합을 처음 접한 것은 2013년 6월 성남 복정고 학교협동조합의 인큐베이터로 6개월간 활동하면서부터였다. 당시 복정고는 경기도교육청 학교협동조합 시범사업에 선정된 6개 학교 중 하나로, 필자들은 창립총회 후 한 학기 동안 일주일에 한 번 복정고를 방문해 교육, 조직, 매장 오픈 준비 등을 지원하는 일을 했다. 이는 학교협동조합의 초기 모델을 만드는 데 재정 지원뿐만 아니라 조직과 사업 운영에 대해 조언을 줄 사람이 필요하다는 성남시(산하 성남산업진흥재단)의 결정 때문이었다. 성남시는 한국협동조합연구소에 이 사업과 관련해 컨설팅을 의뢰했고, 그 결과 필자들이 파견된 것이다. 우리는 학교협동조합의 구체적인 상에 대해 처음 듣고 난 뒤 한 가지 판단을 내릴 수 있었다. 이론상으로 봤을 때도 학교야말로 소비자협동조합이 성공할 수 있는 좋은 여건을 갖춘 공간이라는 판단이었다.

협동조합 이론가들은 소비자협동조합을 창립하거나 성공하려면 몇 가지 조건이 필요하다는 점을 염두에 둔다. 예컨대 기존 사업체가 독과점 상태이거나 기존 상품의 질을 소비자들이 신뢰하지 못할 때다. 또한 설립 이후 조합이 성공적으로 유지되려면, 조합원들이 물리적 거리상 가까이 거주하고, 공통의 필요와 이해관계에 대한 의견 조율이 쉬워야 한다. 그런데 학교의 경우, 주요 조합원인 학생과 교사가 비슷한 생활 패턴 아래 하루 중의 많은 시간을 함께 보내는 공간이다. 따라서 다른 조합들에 비해 회의와 참여 활동이 원활할 수 있고, 필요나 이해관계의 공통점도 크다. 또한 다른 협동조합들의 경우 총회 한 번 하려면 일일이 조합원들에게 연락을 해야 하는 반면, 학교협동조합은 교내 방송으로 알리는 등 기동성이 좋다. 또한 생활 패턴이 비슷하니 필요 물품도 비슷하고, 때문에 매점에서 모든 물품을 갖추지 않아도 되므로 운영비용을 절약할 수 있다(Hansmann, 1996).

또 하나, 학교협동조합에서는 비록 조합원들 간의 이해와 의견이 달라 조율이 필요할지언정, 기업과 달리 이런 의사결정 과정이 '비용'이 아니라 그 자체로 교육적 '효과'를 가지는 의미 있는 활동일 수 있다(장종익, 2011). 이처럼 학교라는 공간은 몇 가지 특징적인 이점을 가지고 있는 만큼, 우리는 매점의 소비자인 학교 구성원들의 조합이 반드시 청소년들의 소비의 변화를 가져오리라 기대할 수 있었다.

살펴보면 대부분의 학교 매점은 독점적으로 운영된다. 학교에 매점이 하나뿐이니, 학생들로서는 아무리 품질과 가격이 마음에 들지 않아도 당장의 허기를 달래기 위해 군것질 거리를 울며 겨자 먹기로 사 먹게 되는 경우가 많다. 이런 상황에서 '차라리 우리가 매점을 함께 운영하는 것은 어떨까?'라는 생각을 하게 될 가능성이 높아질 수밖에 없다. 복정고는 2010년에 생긴 신생 학교로서 매점 자체가 없었기에 조합 설립을 고민한 경우인데, 인근 공장의 자판기가 독점적 공급자가 되어 독과점의 폐해가 나타났기 때문이다. 이러한 초기 상황과 관련한 이야기를 한 좌담회에서 복정고의 강연수 교사 이사로부터 들어볼 수 있었다.

강 교사 이사에 의하면, 2011년 쯤 학교와 학교 밖의 경계가 모호한 장소에 있던 공장에서 자판기를 설치했다고 한다. 교내에 매점이 없었던 터라 학생들은 오아시스를 만난 듯 쉬는 시간마다 대탈주를 벌였다. 하지만 학생들의 필요가 해결되어 다행이라는 생각은 잠시뿐이었고, 그곳 음식들이 제대로 관리되고 있는지 알 수도 없었을 뿐더러 가격까지 서서히 올랐다고 한다. 심지어 학생들의 사랑을 받는 만큼 수익을 일부 환원한다거나 쓰레기를 치워주는 등의 모습도 없이 이익만 추구하는 모습이 강했고, 그걸 보며 처음으로 '학생들이 저렇게 많이 이용하는데 그 수익이 자신들을 위해 다시 쓰일 수 있다면 참 좋지 않을까? 협동조합이라면 가능하지 않을까?' 하는 생각을 막연하게 가지게 되었다는 것이다(생협평론, 2014, p.84). 이처럼 독과점은 소비자들의 주체적인 행동을 이끌어내는 동인이 되기도 한다.

복정고가 독과점 폐해를 몸소 지켜보며 학교협동조합을 시작하게 된 사례라면, 이보다 앞선 서울 영림중의 사례는 말 그대로 '엄마가 뿔났다' 격으로 진행된 경우다.

시작은 단순했다. 학교에서 학부모회를 하는 도중 매점에서 간식을 사왔는데, 거의가 시중에서 보기 어려운 생소한 브랜드들인 것을 확인하고 충격에 빠졌다. 집에서는 유기 농산물 등 친환경 음식을 열심히 먹였는데, 정작 학교에서는 품질을 확신할 수 없는 간식들에 아이들의 입맛이 길들여지고 있었던 것이다. 학부모들은 결국 모든 게 밑 빠진 독에 물 붓기였음을 깨닫고, 매점 주인을 찾아갔다. 그렇지만 매점 측에서도 이유 있는 항변을 내놓았다. 중학생들의 경우 용돈도 적고 일찍 하교하므로 이렇게 하지 않으면 수익이 나지 않는다는 것이다.

사정을 듣고 보니 매점 주인의 입장도 입장인지라 많은 것을 요구하기가 힘들었고, 학교도 마땅한 대안이 없었다. 결국 아쉬운 사람이 우물 판다고, 어머니들이 직접 나서기로 했다. 일부 어머니들은 이미 지역의 생협 활동가로 활동한 경험이 있었기에, 그 어머니들의 역량 또한 한몫을 했다. 어머니들은 친환경 제품을 파는 학교협동조합 매점을 직접 꾸리기로 힘을 모았다. 당시 주변에서는 곧 망할 것이라는 우려도 있었지만, 현재 이곳의 조합은 식생활 교육을 통해 아이들의 입맛을 바꿨을 뿐만 아니라 운영도 성공적으로 진행되고 있다.

김윤희 학부모 이사는 한 인터뷰를 통해, 매점을 시작할 당시 처음에는 몇 가지 우려가 있었다고 말한 바 있다. 우선 친환경 제품에는 화학 첨가물이 안 들어가니 맛도 없고, 무엇보다도 비쌀 것이라는 의견이 많았다. 하지만 그램(g)당 가격과 재료를 분석해본 결과 놀라운 사실이 밝혀졌다. 학생들이 질 낮은 과자를 오히려 비싸게 사 먹고 있었던 것이다. 이후 학생들의 인식이 많이 달라졌고, 많은 학생들이 이제는 "매점에 친환경 제품이 있어 더 좋다"는 이야기를 하게 되었다고 한다(오마이뉴스, 2014. 3. 20).

이처럼 학교협동조합은 학교에서의 소비 생활을 바꾸는 중요한 역할을 담당하며, 공통적으로 느끼는 불편을 힘을 모아 해결해낼 수 있다는 큰 매력을 가진다.

비단 매점뿐만이 아니다. 학교 내에서 벌어지는 소비들은 그야 말로 다양하다. 식자재, 교구재 구매 같은 상시적인 소비부터, 방과 후 프로그램 같은 정기적 소비, 교복이나 수학여행과 같은 재학 중 한 차례 생기는 일회성 소비까지 모두가 학교 안에서 이루어진다.

문제는 이 소매점들이 대부분 독과점 방식으로 이뤄진다는 점인데, 마음에 들지 않아도 살 수밖에 없거니와 선택지가 늘어난들 객관식 내의 선택과 다를 바 없다. 경기교육연구원에서 마을교육공동체 연구와 관련해 학부모들을 대상으로 학교와 마을이 협동해 변화시킬 필요가 있는 소비 생활 및 사업 영역을 조사한 결과 '돌봄교실'(31.4%), '방과 후 학교'(31.0%), '지자체 협력사업'(29.4%), '학생 생활·상담 교육'(25.9%), '진로·진학교육'(25.5%), '청소년 단체'(25.3%), '학부모 지원 사업'(21.3%), '운동부'(17.4%), '수학여행·매점·교복 사업'(16.4%), '기타'(1.4%) 등 다양한 분야가 제기되었다(윤귀호, 2015, p.64).

또한 학교 내 소비 생활의 변화는 기존 소비재와 관련한 선택만 변화시키는 게 아니다. 이렇게 변화된 소비 플랫폼이 새로운 생산을 촉진하기도 한다. 학생들이 중심이 되어 운영하는 부산국제중·고등학교 협동조합 매점의 경우, 일반 학교협동조합 매점과는 다른 품목들이 여러 개 있다. 가장 눈에 띄는 것은 교복이다. 졸업하면서 버려지는 교복들을 일괄 수거해 지역의 세탁업체와 협의 하에 세탁한 후 학생들에게 다시 판매하는 것이다. 분실하

부산국제중·고등학교의 협동조합
매점에서 판매하는 아이디어 상품
착착. 표 등을 삽입해서 학생들이
사용하기 편하도록 편의성을 높여
자체적으로 개발한 포스트잇이다.

거나 사이즈가 달라져 새 교복이 필요할 때 학교협동조합 매점을
통해 쉽게 구매할 수 있는 셈이다. 나아가 학생들 스스로도 아이
디어 상품을 직접 만들어 조합 매점을 통해 다른 학생들에게 선보
이고 판매한다. 재치 있는 아이디어 상품인 발 냄새 제거제와 학
생 생활 맞춤용 포스트잇 등이 이러한 방식으로 개발되어 조합매
점을 통해 유통되고 있다. 또한 복정고의 예에서도 볼 수 있듯이
학교 매장에서 친환경 식품이나 노동 친화적인 공정무역 제품을
소비하는 일은 환경과 사람을 소중히 여기며 올바른 생산을 촉진
한다는 의미가 있다.

삶에 기반한 생생한 경제 교육

학교협동조합 설립 초기 단계에서는 구성원들이 학교 주인으로 참여하고, 나아가 독과점 사업의 폐해를 없앨 수 있다는 이점이 가장 크게 눈에 띈다. 하지만 이것만으로는 혁신학교를 비롯한 교육 관계자들의 큰 관심을 기대하기 어려울 수 있다.

성남시 협동조합을 인큐베이팅하고 서울시 학교협동조합 설립 교육을 주관하는 등 2년간 학교협동조합이 설립되고 운영되는 과정을 지켜본 결과, 필자들은 학교협동조합이 비단 학교 구성원을 주인으로 세우고 독과점 폐해를 일소할 수 있는 수단일 뿐만 아니라, 굉장히 매력적인 교육 프로그램으로서 기능할 수 있다는 확신을 갖게 되었다.

물론 필자들은 청소년 교육 전문가가 아닌 만큼 우리가 이야기할 수 있는 부분은 한정적인 게 사실이다. 우리의 역할은 프롤로그에서 밝혔듯, 교사들 및 교육 관계자에 의한 후속 연구를 위해 학교협동조합의 교육적인 가치를 우선 발굴해내고 정리하는 것이다. 그럼에도 우리가 학교협동조합의 교육적 효과를 자신 있게 언급할 수 있게 된 이유는, 우리 눈으로 학생들의 성장을 직접 목격할 수 있었기 때문이다.

처음에 아이들은 좀처럼 의사 표현을 하지 않고 주체적인 사고에도 익숙하지 않았다. 그런 학생들이 1~2년 동안 학교협동조합을 경험하면서, 논리적인 사고와 협업에 익숙해지며 성과를 내기 시작했고, 무엇보다도 자신들의 문제를 어려운 상황 속에서 함께 풀어가는 문제해결 능력이 탁월하게 향상되었다.

부산국제고의 박인순 교장이 협동조합 매점을 운영하겠다는 뜻을 전하기 위해 교장실을 찾아온 아이들에게 선뜻 공간을 마련해주고 방법 모색을 제안한 것도 이러한 '살아 있는 경제 교육'과 '문제해결에 대한 훈련'이라는 가능성을 보았기 때문이다.

예전에는 아이들도 부모님과 주변 이웃의 삶의 현장을 가까이에서 보고 때로는 참여해보기도 하며 경제와 사회를 익혔다. 반면 요즘 청소년들은 하루 대부분을 학교에서 보내는 만큼 경제와 사회 교육도 삶의 현장과 분리된 채 교과서 위주로 이루어질 가능성이 크다. 박인순 교장은 필자들과의 인터뷰에서, 학생들이 협동조합 매점을 직접 운영하는 과정에서 보다 생생한 경제사회 교육이 이뤄질 것이라는 기대감을 밝힌 바 있다. 다음은 박 교장이 밝힌 아이들의 세부적인 활동 내용이다.

"학생들이 직접 물건을 검수하고, 관리하고, 회의 결과를 통해 필요한 부분은 교장 선생님에게 건의를 하지요. 선생님이 학생들의 검수와 관리를 도와주기 위해 엑셀 양식을 만들어주기도 하지만, 기본적으로 모든 것을 학생들이 해나 갑니다. 그러면서 어떤 물품을 어떻게 진열하고 어떻게 홍보하는 게 좋을까 고민하기도 하고요. 학생들에게 물품의 원가를 가르쳐주고, 원가에 얼마를 붙일지 스스로 결정하도록 합니다. 또 구매하는 수량에 따라 개당 단가가 달라지는데, 이 역시 얼마만큼 구입할지를 학생들이 결정하도록 합

니다. 학생들이 이렇게 고민하고 스스로 결정하며 성장해
갑니다."

학교협동조합지원네트워크, 2014. 7. 29 인터뷰

이 사례처럼 전적으로 학생들이 중심이 되지 않더라도, 크든 작
든 학교협동조합에서는 학생들의 참여가 존재하고, 그 과정에서
다양한 교육적 효과가 발생한다.

한 예로, 학교협동조합 매점 공사를 앞두고 복정고에서는 매점
운영 방식을 오픈형으로 할지 주문형으로 할지에 대해 의견 대립
이 있었다. 학생들이 매점 안에서 물건을 직접 고를 수 있는 오픈
형으로 할 경우 도난 위험이 있었지만, 학생들 입장에서는 편리하
고 학생들에 대한 신뢰를 보여주는 일이므로 보다 가치가 높다는
외부 전문가의 의견도 강했다.

그렇게 어른 이사들끼리 논쟁이 벌어졌는데, 매점운영위원회에
속해 있던 1학년 학생 이사가 보다 실질적인 의견을 합리적인 근
거와 사례를 통해 제시했다. 다른 고등학교 매점 운영 결과에 대
한 온라인 조사 결과를 살핀 후, 점심시간에는 평균 40명 정도씩
학생들이 몰리고, 이 학생들이 좁은 오픈형 공간에 한꺼번에 진입
하면 실제적으로 물건 고르기가 더 힘들어지니 주문형이 좋겠다
는 의견을 밝힌 것이다. 이후 교장 선생님을 비롯한 선생님들의
생각도 변하기 시작했고, 매점 형식을 주문형으로 최종 결정했다.

이처럼 학생들은 실제적인 문제상황을 어떻게 해결해야 하는
지를 학교협동조합을 통해 배워나간다. 또한 타인을 배려하는 방

법, 참을성을 기르는 법, 사람들과 효과적으로 소통할 수 있는 협동 정신과 더불어 자립성까지 키워간다.

현재는 고등학교 사례뿐이지만 초등학교, 중학교의 경우에도 상황과 역량에 맞춰 학교협동조합을 도입하면 비슷한 교육적 효과를 기대할 수 있다. 프랑스의 경우는 초등학교에서도 학교협동조합 방식을 활용해 다양한 학교 내 프로젝트를 진행하고 있다. 프로젝트의 종류와 내용은 학생들이 협의를 통해 자율적으로 결정하고, 필요한 자금 역시 기부 외에도 축제, 자선 바자회, 졸업 앨범 할인 판매 등을 활용해서 스스로 마련한다. 혹자는 프랑스라서 가능한 이야기라고 할 수 있지만, 그렇지 않다. 프랑스의 교내 프로젝트와 같은 방식은 서울수송초등학교 사례에서도 찾아볼 수 있다.

이 학교 4학년 9반 학생들은 2014년 11월 2주 동안 학교 주변을 시찰했다. 어린이에게 위험한 지역을 조사해 지도에 표시하는 '안전지도 만들기' 활동 때문이다. 이 활동은 2013년에도 진행되었는데, 이번 학생들은 지난 1년간 동네가 얼마나 안전해졌는지, 새로운 위험지역이 발생하지는 않았는지 확인해 '수송초 주변 안전지도'의 2014년 개정판을 완성하는 역할이었다. 담임교사에 의하면, "아이들이 교과서의 내용을 형식적으로 배우기보다, 자기가 사는 지역의 문제를 스스로 해결할 기회를 통해 배웠으면 좋겠다는 생각에서 마련한 활동"이었다고 한다.

학생들은 어디가 위험하고 문제가 있는지 야쿠르트 아주머니, 오토바이를 타고 다니는 우편배달부 아저씨 등 동네 주변 구석구

석을 잘 아는 어른들을 인터뷰했다. 경찰서 문을 열고 들어가 '동네에서 어린이 사고가 많이 나는 지역이 어디냐'고 묻기도 했다 (한겨레신문, 2014. 12. 22).

이 모든 일들은 어리다고 못하는 일이 아니다. 중요한 것은 어린 학생들도 시도해볼 수 있는 교육적인 판을 만들고 이를 지지해 주는 것이다.

해외 사례 탐방을 위해 찾아갔던 말레이시아에서도 마찬가지였다. 말레이시아 협동조합연합회 부회장인 알리 핫산으로부터 말레이시아에서 학교협동조합을 적극적으로 육성하는 이유와 학교협동조합의 근본적 가치, 그 교육적 성과를 들어볼 수 있었다. 협동조합에 들어온 어린아이들은 처음에는 물건을 사는 구매자 역할일 뿐, 이사회나 어시스턴트 역할은 어려워한다. 그래서 처음에는 총회의 경청자에 머물러 있다가 시간이 지나면 더 많은 역할을 원하게 되고, 실제적으로 참여하게 된다는 것이다. 이와 관련해 그는 다음과 같은 결론을 내렸다.

"아이들은 협동조합을 통해 참여를 강요하지 않아도 자연스럽게 성장할 수 있습니다. 스스로 일어나는 성장인 것입니다." (2014. 1 말레이시아 탐방 시 인터뷰)

결국 주입되는 지식이 아닌, 각 상황에서 스스로 터득한 지혜와 성장이야말로 학교협동조합에서 볼 수 있는 자연스러운 기적인 셈이다.

마을과 학교가 만나다

이외에도 협동조합은 다른 성장 요인을 배양하는 중요한 지점이다. 최근 지자체와 교육청에서 보여주는 뜨거운 관심도 비단 앞에서 제시한 이점뿐만 아니라 다양한 가능성을 인정한 결과라고 볼 수 있다.

학교협동조합의 보다 큰 매력은 '마을교육공동체'나 '마을학교'에 관한 담론에서 볼 수 있듯이 학교협동조합이 마을과 학교를 연결하는 지점이 될 수 있다는 사실에 있다. 최근 마을교육공동체나 마을학교에 관한 논의는 우리 사회 다양한 문제들의 근원에는 교육의 문제가, 거꾸로 교육 문제의 근원에는 지역과 사회문제가 있음을 보여준다. 즉 지역과 사회가 함께 고민하고 바뀌어야 교육 문제가 해결되고, 학교가 변화해야 사회도 변화될 수 있다는 인식이 성장하고 있는 것이다.

"한 아이를 키우기 위해서는 온 마을이 필요하다"는 말이 있다. 가정, 지역, 학교 모두가 학생들의 삶에 중요한 의미를 지니는 생활공간인 만큼 아이들이 완성된 인격으로 행복한 삶을 살아갈 수 있는 힘을 얻으려면 마을과 학교의 협업이 반드시 필요하다. 이 셋 중 어느 하나가 건강하지 못하다면 학생들의 삶도 건강할 수 없다.

학교 교육은 한정된 장소와 교과서에 묶이지 않고 지역사회와 연계되고 확장될수록 보다 큰 통합성을 획득한다. 아이들이 자신이 사는 지역과 사회 속에서 삶을 성찰하고 계획할 수 있는 능력을 키우도록 해주는 것이 교육의 중요한 목적인 만큼 아이들은 지역과 사회에서 다른 사람들과 소통하고 이해하며 삶을 더욱 확장해 함께 살아가는 방법을 배워가야 한다. 마을을 기반으로 삶을 가꾸는 교육이 이루어진다면 학생들도 마을을 잘 이해하게 되고 그 안에서 성장해갈 수 있다.

그럼에도 지금껏 가정, 마을, 학교, 3자의 상호 협력과 교류는 부진한 편이었다. 마을이 학교이며, 학교가 마을이 되어야 한다는 이야기도 이런 문제의식에서 시작되었다. 그럼에도 여기서 무엇을 할지, 어느 지점에서 시작할지 등 세부적인 문제는 여전히 막막하다. 학교와 마을이 만나야 한다는 당위성은 커져가는데 구체적인 만남의 지점과 방법론이 아쉽다.

이 문제를 해결하려면 새로운 창조에만 몰두하는 대신 과거를 돌아볼 필요도 있다. 근대 학교교육의 역사는 이제 130년이 넘었다. 그전에는 어떤 식으로 교육이 이뤄졌을까?

예전에는 마을과 학교가 기능적으로 따로따로 움직이지 않았다. 마을은 아이들이 어른과 부대끼고 함께 어울리며 자연스레 노동과 삶을 배워가는 공간이었다. 하지만 지금은 '학교와 마을'의 기능적 단절이 일반화되었고, 이런 분리로 인한 문제는 반드시 통합을 통해서만 해결될 수 있다. 결국 마을을 다시금 교육을 포함한 다양한 일들을 함께 논의하고 실행하는 곳으로 되살리는 수밖에 없다.

물론 과거 그대로 답습하자는 것은 아니다. 우리가 만들고자 하는 공동체는 근대화 이전의 공동체가 아니다. 우리가 새롭게 꿈꾸고자 하는 마을 공동체는 주민 어느 하나도 배제하지 않는 민주적 공동체, 협동조합적 공동체여야 한다. 여기에 학교협동조합이 학교와 마을을 연계해 협력적 교육을 함께 만들어나가는 민주적 견인차로 기능할 수 있다. 또한 만나서 무엇을 할 것인가 구체적인 사업을 제시할 수도 있다. 이때는 교육농장, 공동육아, 매점 등 마을 주민들이 공동으로 관심을 기울이는 일이 중심이 된다. 사람 마음을 움직이려면, 이들의 눈에 보이고 직접 경험할 수 있는 사업이 필요하기 때문이다. 이처럼 학교협동조합을 통해 공동 사업을 펼쳐 협동의 경험을 쌓으면, 마을과 학교가 점차 바뀌어갈 수 있다.

학교협동조합을 준비하는 상원초등학교 아버지 모임 대표 방득일 씨의 이야기에서도 이런 마을 주민과 학부모들과의 연계성이 잘 드러난다. 방 대표는 학부모들이야말로 마을과 학교의 주 구성원인데 사회 흐름 속에서 이들이 익명의 존재가 되어버렸다는 점을 지적했다. 그러다가 혁신학교라는 틀 안에서 아버지 모임을 시도했고, 그 결과 마을의 구성원과 학부모가 일치하는 지점이 생겼다고 한다. 서로 가까워지고 학부모의 익명성이 해소되면서 마을이 학교와 만날 수 있는 가능성이 높아졌다는 것이다.

상원초등학교 아버지 모임은 다양한 프로그램을 진행하는데, 한 예로 '마을 벽화 그리기'가 있다. 방 대표는 이 활동이 수업 시간에 추상적으로 배우는 지역사회에 대한 수업을 보완할 수 있다고 보았다. 아이들이 아버지와 함께 마을을 다니며 마을 벽화를 직접 그리며 자신의 터에 애정을 가지고, 또한 생활하는 학교 공간에 벽화를 그리며 학교에 대한 애정을 키우며 자신의 손길을 느끼게 되었다는 것이다. 또한 마을 사람들도 그 모습을 보면서, 대단한 그림은 아니라도 보면서 아이들의 감정을 함께 느낄 수 있었다고 한다. 마지막으로 그는 이렇게 덧붙였다.

"우리가 마을의 구성원이니, 우리가 바뀌면서 마을이 바뀌게 돼요. 학교 내 학교 폭력과 왕따의 가장 근본적인 원인은 익명성이 아닐까요. 따라서 누가 누구의 아이인지 다 알게 되고 서로 인사하게 되면 학교 폭력과 왕따 문제를 근본적으로 해결할 수 있으리라 생각합니다."(2014. 6 인터뷰)

배미원·장종익(2013)도 학교협동조합을 지역공동체 형성과 공동체적 시민의식 함양을 목표로 하는 지역 코뮤니티형 사회적 협동조합으로 보고 있다(배미원, 2013, p.46).

이렇게 학교는 다양한 지역 자원들이 결합될 수 있는 중요한 공간이다. 교육청과 지자체의 결합, 다양한 지역 시민단체, 경제활동 기구 등이 교육을 매개로 커다란 협력체를 구성할 수 있다. 더불어 학부모는 마을 주민이자 직업인인 만큼 각 분야의 다양한 전문적 기술과 지식, 경험도 학교라는 플랫폼을 통해 상호 공유될 수 있다. 이렇게 형성된 협력적 경험은 학교에서만이 아니라 마을, 직장 등 다양한 곳에서 연쇄작용을 일으키며 협력적 사회를 구축해나가는 밑바탕이 될 수 있다. 이 출발점을 만들어내는 데 중요한 역할을 할 수 있는 촉매제가 학교협동조합이며, 조합도 이 지역 자원의 결합 속에서 크게 성장할 수 있다. 서울 구로구 영림중의 경우도 그러했다. 이 학교는 설립부터 지역 생협과 함께 했고, 현재 지역의 사회경제적 조직들과 청소년들의 사회경제적 교육을 진행하고 있다. 이와 관련해 영림중 박수찬 교장선생님은 한 지역신문과의 인터뷰에서 학교협동조합과 지역사회의 동반 성장의 필요성과 의미를 역설했다.

> "영림중 여물점은 지역사회와 학부모가 함께 만들어가는 매점 공동체이다. 미래 사회는 마을의 공동체가 협동하여 기업을 만들어가는 사회일 것이다…. 지역 생협과 손잡고 바른 먹을거리 교육과 환경 교육, 협동조합에 대한 교육도 할 예정이다…. '여물점' 개점으로 학교 구성원, 학부모, 지역이 함께하는 교육공동체가 꾸려져 지역이 함께 교육을 걱정하고 참여하여 학교 자치를 실현할 수 있는 발판이 마련되었다."
>
> 순천광장신문, 2013. 7. 18

더불어 지역 생협들도 학교협동조합에 점차 관심을 높여가고 있다. 승자 독식 사회에서 벗어나 다른 사회를 꿈꾸는 상황에서 학교협동조합을 통해 청소년들에게 협동의 가치를 심어주고 마을이 아이를 함께 키우는 터전이 되는 것이 중요하다고 판단한 것이다. 2014년 여름 학교협동조합 멘토링 활동을 통해 학교협동조합을 만난 고양파주 아이쿱생협 허선주 이사장도 학교협동조합과 지역 협동조합의 연계점을 강조했다. 그는 학교협동조합에 관심을 가지고 있다면 반드시 지역의 협동조합들과의 연대, 정기적인 협동조합 교육이 필요하다고 역설했다. 지역의 사회경제적 자원을 활용한 체험 수업, 새로운 미래상을 그려가는 인재들과의 인터뷰 등을 통해 더 나은 세상을 그려보는 일이 학생들에게 국·영·수 과목만큼이나 중요하다는 것이다(학교협동조합지원네트워크, 2014, p.79).

이처럼 학교협동조합은 학교 내외의 변화를 만들어낸다.

제4차 산업혁명을 맞이한 미래 세대를 위한 새로운 교육

끝으로 최근 들어 교육의 가장 큰 화두인 제4차 산업혁명과의 연결성을 얘기해보고 싶다. 2016년 3월 인공지능 알파고와 바둑 기사 이세돌 9단의 바둑 대결은 인공지능에 대해 비교적 가볍게 여기고 있던 이들에게 많은 충격을 주었다. 수리, 논리 영역에서 인공지능이 인간을 앞설 수 있으며, 이는 시작점에 불과했기 때문이다. 그리고 이러한 기술의 변화는 산업계 전반의 분야와 함께 교육에서도 큰 변화를 만들어내고 있다. 바로 제4차 산업혁명이다. 18세기 중기기관 발명으로 시작된 제1차 산업혁명은 이후 전기화학과 중화학공업을 중심으로 한 제2차 산업혁명으로 이어졌다. 백 여 년에 걸쳐 일어난 산업혁명 이후 21세기 다시금 인터넷 커뮤니케이션 기술과 재생 가능한 에너지를 기반으로 한 제3차 산업혁명이 얘기되기 시작했다. 제러미 리프킨을 대표로 한 학자들은 글로벌 네트워크가 이루어지면 맞춤형 소량 생산이 가능한 3D 프린터 등을 기반으로 새로운 'Maker Space'가 형성되어 제조업에서 설계, 유통, 판매, 관리 등 거의 모든 부분이 네트워크를 통해서 해결 가능해진다고 보았다. 그로부터 불과 15년이 지나 이제 제4차 산업혁명이 얘기되고 있다.

제4차 산업혁명은 제조업과 정보통신기술(ICT)을 융합하며, 인공지능에 의해 자동화와 연결성이 극대화되는 산업환경의 변화이다. 2016년 1월 20일 스위스 다보스에서 열린 세계경제포럼에서 처음 언급되었으며, 우리나라 역시 기획재정부, 미래창조과학부 등에서 제4차 산업혁명에 대비한 전략을 다각도로 모색중에 있다. 하지만 사실 우리가 주목할 부분은 세계경제포럼에서 제4차 산업혁명을 얘기하며 교육과 긴밀하게 연결해서 얘기했다는 점이다. 즉 이 포럼에서는 미래 직업에 대한 전망과 동시에 교육을 위한 새로운 비전을 놓고 심도 깊은 논의가 이뤄졌다. 세계의 저명한 기업인·정치인·언론인·경제학자 등 2000여 명이 모여 새로운 산업혁명을 얘기하면서 왜 교육을 고민했을까? 이 포럼에서 발표된 〈일자리의 미래 보고서〉[1]에서는 "전 세계 7세 아이들 65%는 지금은 없는 직업을 가질 것"이라고 전망했다. 특히 인사 담당 임원들은 제4차 산업혁명으로 인해 일반 사무직을 중심으로 제조·예술·미디어 분야 등에서 710만 개의 일자리가 사라질 수

---

1. 중앙일보(2016.1.20), 「전 세계 7세 아이들 65%는 지금 없는 직업 가질 것」
   http://news.joins.com/article/19441065

있다고 예상했다. 반면 컴퓨터·수학·건축 관련 일자리는 200만 개가 창출될 것으로 봤다. 결과적으로 500만 개 일자리가 없어진다. 현재의 우리들로서는 상상하기 어려운 다양한 직업을 현재 초등학생들 절반 이상이 갖게 될 예정이다. 단순 반복적인 육체노동 관련 기술, 단순 지식에 기반한 인지적 기술을 요구하는 직업은 대폭 줄어들고, 틀에 얽매이지 않는 분석적 기술과 대인관계 기술을 요구하는 직업은 이미 상대적으로 증가하고 있다.

새로운 기술은 이전에는 꿈꾸기 어려웠던 일도 직업으로서 가능하게 해준다. 예를 들어 버클리 캘리포니아대 신경과학과 잭 갤런트 교수의 연구[2]로 인해 우리 뇌가 그리는 영상을 재현해낼 수 있게 되었다. 물론 아직은 초보적인 수준이지만 기술의 발달에 따라 내가 상상하는 모든 것을 간단한 장치를 통해 영상화할 수 있고 다른 사람들과 공유할 수 있다. 상상력이 뛰어나고 창의성이 뛰어난 사람이라면 거대한 세트를 짓고 유명 배우를 캐스팅하지 않고서도 멋진 영화를 연출할 수 있는 시대가 올 수 있다.

전혀 새로운 세상을 살아가는 아이들에게 어떤 교육이 필요할까? 지금 우리가 만들어가야 할 교육은 향후 미래세대에게 지대한 영향을 준다. 카이스트 정재승 교수에 의하면 미래세대란[3] '아직 태어나지 않았거나 미성년자여서 현세대의 의사결정에 참여

---

2. 한겨레신문(2016.7.1), 「누구나 꿈을 영상으로 찍는 영화감독 된다」
   http://www.hani.co.kr/arti/science/science_general/750594.html#csidxe083195661bc47d8bc521
   d9add3dd6f
3. 한겨레신문(2016.4.4), 「[시론] 미래세대를 위한 공약도 있나요 / 정재승」
   http://www.hani.co.kr/arti/opinion/column/738243.html

할 수는 없으나, 현세대의 정책에 영향은 받는 세대'이다. 이들은 아무런 준비 없이 이전 세대가 물려주는 사회경제적, 물리적, 문화적 유산을 무조건 감내하는 상황에 놓인다. 지금의 제반 국가적 조건은 현세대가 미래세대로부터 잠시 빌려서 사용하는 것이기에, 기성세대의 결정은 미래세대를 포함해 장기적인 비전 안에서 이루어져야 한다. 미래세대를 위한 새로운 교육의 상에 대해 기성세대들이 책임감 있게 그리고 다각적으로 고민해야 하는 이유이다. 그런 점에서 2016년 4월 한국을 방문한 전 세계적 베스트셀러 『사피엔스』의 저자 유발 하라리[4]의 이야기에 주목할 필요가 있다. 하라리는 "현재 학교에서 아이들에게 가르치는 내용의 80~90%는 이 아이들이 40대가 됐을 때 전혀 쓸모없을 확률이 크다. 어쩌면 수업 시간이 아니라 휴식 시간에 배우는 것들이 아이들이 나이 들었을 때 더 쓸모 있을 것이다"라고 했다. 이 글을 자칫 잘못 읽으면 "학교는 쓸모없다" 내지 "학교에서 가르치는 내용은 쓸모없다"로 읽히며 교육 무용론에 빠질 수 있다. 하지만 자세히 들여다보면 학교에서 가르치는 지식과 정보가 향후에는 쓸모없다는 것이지 이 지식과 정보를 습득하는 것, 더 나아가 학교가 쓸모없다는 내용은 전혀 아니다. 일례로 1980~90년대 학교를 다닌 필자들이 어렸을 때 유행처럼 너도나도 배웠던 주판과 8비트 컴퓨터와 베이직·도스 프로그램 등은 이제는 좀처럼 사용하지 않는 지식, 정보, 기술이다. 하지만 이러한 교육의 과정이 현재 필

---

4. 프레시안(2016.4.26), 「『사피엔스』 저자 "학교교육 80~90%, 쓸모없다"」
   http://www.pressian.com/news/article.html?no=135917

자들에게 아무 의미가 없다고 생각하진 않는다. 논리력, 사고력, 수리능력 등은 어딘가에 쌓여 있을 것이며 이후의 다른 정보와 기술을 습득해가는 데서 징검다리 역할을 했을 것이 분명하기 때문이다. 결국 중요한 건 현재의 지식과 정보에 매몰되지 않는 가운데 이를 활용할 수 있는 창의력과 문제해결 능력을 기르는 것이다.

　다보스 세계경제포럼 역시 이러한 문제의식하에 새로운 교육상[5]을 제시하고 있다. 2015년과 2016년 '교육을 위한 새로운 비전(New Vision for Education)'이라는 주제로 「새로운 교육의 비전: 기술의 잠재력 발현」과 「새로운 교육의 비전: 기술을 통한 사회 정서 학습 기술의 촉진」이라는 두 문건을 발표하였다. '인재야말로 21세기 혁신, 경쟁력, 성장을 이끄는 핵심 요소'라는 인식 아래 교육을 세계경제포럼의 핵심 아젠다로 지속적으로 다루고 있다. 노동시장의 변화는 특정 소수의 개인이 아닌 모든 개인들로 하여금 문해와 수해능력과 같은 '기초 기술'뿐 아니라 협력, 창의성, 문제해결력과 같은 '역량', 일관성, 호기심, 주도성과 같은 '인성'을 갖추도록 요구하고 있다. 다음 그림은 이렇게 정리된 '21세기의 가장 핵심적인 16가지 기술'이다.

　자, 그럼 이제 우리의 교육을 들여다보자. 우리는 그동안 문해, 수해, 과학 문해 등 기초 문해 향상에 집중해왔다. 이러한 기초 문해 역시 중요한 기술이다. 하지만 이러한 기술만으로는 다가올

---

5. 국가평생교육진흥원(2016), 『2016 글로벌평생교육동향』 2호

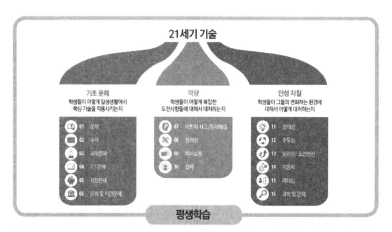

21세기의 가장 핵심적인 16가지 기술　　　　　　출처: 『2016 글로벌평생교육동향』

미래사회에서는 제 역할을 하기 어렵다. 복잡한 도전 사항들에 대처하여 창조적으로 문제를 해결해나갈 수 있는 역량과 혼자만의 힘으로는 어려우니 다른 이들과 협력하여 공동의 문제를 풀어갈 수 있는 인성 자질 역시 중요하게 부각되고 있는 것이다. 단순히 당의적인 차원이 아니라 생존 기술이다.

　그런 점에서 학교협동조합이 미래 사회를 대비하는 새로운 사회적·교육적 필요성과 접목되는 지점[6]에 주목할 필요가 있다. "선행 학습을 하려면 미적분보다 사회적 경제를 공부하자." 2016년 8월 25일 '사회적 경제 활성화 정책 대화'에서 홍주영 삼각산고등학교 사회적협동조합 학생 이사가 한 말이다. 사회에 나갔을 때 활용하지 않게 되는 지식 습득보다는 학교에서 경험한 사회적

6. 한겨레신문(2016.10.27), 「학교협동조합에서 협력·창의·민주 배운다」
　　http://www.hani.co.kr/arti/economy/economy_general/767521.html

경제 활동이 실질적으로 더 도움이 된다는 얘기였다. 학교 안에서 경험하는 다양한 문제를 학교협동조합을 매개로 해결해가는 '1일 아이디어 창업대회', 지역사회와 연계하여 다문화 가정 아이들의 교육 문제를 풀어갔던 '아트페어'를 그 예로 들었다.

학교협동조합 활동은 제4차 산업혁명 시대의 변화된 교육상과 맞닿아 있는 부분이다. 내 주변의 문제를 공동체적 방식으로 풀어가는 경제 활동을 통해 문제해결 능력을 향상하고 협업의 가치를 함께 키울 수 있기 때문이다.

우리나라도 2015년 12월 진로교육법을 제정하고 진로교육 5개년 계획을 세우는 등 국가 차원의 진로교육 체계를 구축하고 있다. 2016년부터 전면화된 중학교 자유학기제 역시 학생들의 창의적인 진로탐색과 문제해결 능력을 배양하는 데 초점을 두고 있다. 전국의 교육청이 앞다퉈 학교협동조합을 여러 교육 프로그램과 접목하고 있는 것도 이러한 변화된 교육상과 연결된다. 서울시교육청은 2016년 청소년 사회적 경제 교재로 초등학교 보조 교재, 중학교 인정도서, 고등학교 워크북을 개발해 일선 학교에 보급했다. 교재 활용과 관련하여 교사 연수도 진행되었다. 이 프로그램은 사회 등 관련 교과 수업, 창의체험 활동, 동아리 활동, 학교협동조합 활동 등과 연계해 활용되고 있다. 강원도교육청은 2016년 4월1일 문을 연 강원도진로교육원에 협동조합체험실을 마련해 학생들이 자연스레 협동조합을 경험할 수 있도록 했다. 체험실은 협동조합 활동을 보고 들으며 모의로 협동조합을 설립해보는 프로그램으로 구성된다. 두 교육청 모두 협동조합을 창의성 고양, 협업 능력 배양, 민주 시민 교육의 장으로 활용하고 있다.

학교협동조합은 이처럼 사업체로서보다는 미래세대를 위한 새로운 교육 프로그램으로서 더 큰 의미를 지닐 수 있다.

2장

학교협동조합이란?

　학교협동조합은 간단히 말하면 학교 구성원들이 만든 협동조합
이다. 학생, 교직원, 학부모, 지역공동체가 학교 구성원으로 묶일 수
있는 이유는 가정, 지역, 학교 모두가 학생들의 삶에 중요한 의미를
지니는 생활공간이기 때문이다. 이들의 공통의 필요와 욕구를 해결
하기 위한 교육경제공동체가 학교협동조합이다. 국제협동조합연맹
의 정의를 활용해보면 다음과 같이 정의 내릴 수 있다.

　"학교협동조합은 공동으로 소유되고 민주적으로 운영되는 사
업체를 통해 공통의 경제적·사회적·문화적·교육적 필요와 욕
구를 충족시키고자 학교 구성원(학생, 교직원, 학부모, 지역공동
체)들이 자발적으로 결성한 자율적인 조직이다."

　그러나 학교협동조합은 사실상 단일한 정의를 내리기 힘든 다
양한 모습을 가지는 만큼 규범화된 정의에 얽매이지 않고 학교협
동조합의 주된 세 가지 측면을 중심으로 살펴보려 한다. 바로 비
전, 사업체, 조직체의 관점이다.

공동의 필요를 추구한다

협동조합 조직체는 '공동의 필요'를 기반으로 한다. 주식회사가 이윤 창출을 목표로 하고, 비영리법인이 공익을 목표로 한다면, 협동조합은 '공동의 필요'를 충족하는 게 목표다.

협동조합, 주식회사, 비영리법인의 차이를 알 수 있는 예를 들어보자(서울시협동조합상담지원센터 참고 http://15445077. tistory.com/7). 세 가구만 사는 외딴 섬이 있다. 이들이 통신회사에 인터넷을 설치해달라고 해도, 주식회사인 통신사는 거절할 가능성이 높다. 비용에 비해 수익이 낮기 때문이다. 비영리법인 역시 마찬가지다. 비용에 적합한 사회적 가치가 창출되어야만 인터넷 선을 깔아준다. 즉 세 가구의 연평균 소득이 10억 원이라면 이를 거절할 수밖에 없다.

그렇다면 협동조합은 어떠할까? 협동조합은 외부가 아닌 스스로에게 질문을 던진다. 이를테면 '이것이 우리에게 정말로 필요할까? 십시일반 자금과 노력을 모아 인터넷을 설치할 필요가 있을까? 정작 한 가구는 주택을 별장으로 쓰는 경우라면? 또 다른 가구주는 인터넷 중독자라서 인터넷 환경으로부터 멀어지려고 이 섬으로 들어온 것이라면?' 같은 질문을 스스로에게 던진다.

하지만 세 가구가 논의 끝에 정말로 인터넷의 필요성을 확신했다면 조합이 출자할 수 있는 자금, 활용할 수 있는 기술, 투입할 수 있는 시간 등을 고려하고, 그에 맞춰 사업을 계획할 수 있다.

또한 내·외부 자원이 부족하다면, 새로운 외부 자원을 가져오기도 한다.

협동조합이란 이렇듯 공동의 필요를 추구하는 독특한 사업체로, 투자자 중심의 기업 모델이 아닌 이용자가 중심인 기업 모델이며, 출자 금액과 상관없이 1인 1표의 권리를 가진다.

그렇다면 학교 안에서 발생하는 '공동의 필요'는 무엇이 있을까? 앞서도 말했듯이 학교는 동질 집단이 하루 대부분을 함께 생활하는 공간으로서 다양한 소비가 발생한다. 따라서 좋은 먹거리 구매나 재활용 교복 등 다양한 공동의 필요가 발생할 수 있다. 또한 교육에서도 기존에 시장성이 없다면 제공받지 못했던 상품과 서비스, 국가나 지자체의 시선이 닿지 못한 부분의 필요를 충족하기 위해 힘을 모을 수 있다. 방과 후 돌봄 교육, 천편일률적인 대규모 수학여행에서 탈피한 소규모 테마형 여행 등이 그것이다. 즉 협동조합 구성이라는 측면에서 학교는 다른 공간보다 공동의 필요를 발굴하기 쉬운 공간이라고 볼 수 있다.

그렇지만 한 가지 알아두어야 할 점은 학교협동조합이 학교 내 모든 필요를 해결할 수 있는 만능의 도구가 아니라는 사실이다. 우리 사회의 가장 큰 문제는 상황을 지나치게 단순화해서 접근한 뒤 서둘러 해결하려 하는 조급성에서 나온다. 다음 글에서 살펴볼 수 있듯이 학교에서 문제는 늘 일어나며, 때로는 문제라고 생각하는 것이 더 문제일 수 있다.

학교에서는 매일 문제가 일어난다. 학교가 이 문제를 해결할 능력이 있느냐고? 내가 보기에 삶은 원래 문제 그 자체이다. 나 자신부터 문제투성이다. 나이가 들면서 피부 탄력이 떨어지는 것도 문제고, 게으른 성격도 문제고, 순발력이 없는 것도 문제다. 문제라고 생각하면 모든 것이 하나같이 다 문제다. 나는 아마도 나의 이 문제들을 거의 해결하지 못할 것이다. 그래서 나는 내 문제를 문제라고 생각하지 않는다. 학교에서 매일 일어나는 문제들도 거의 해결 불가능에 가깝다. 그런데 사람들은 학교의 모든 문제를(특히 학교폭력을) 꼭 해결되어야 하고 해결할 수 있다고 믿는다. 마치 시험문제의 정답을 찾듯이, 수학 문제를 풀듯이, 과학 실험에서 뚜렷한 결과를 내듯이 말이다. 그러니 학교는 해결할 수 없는 문제들을 신속하게 처리해서 "우리는 문제가 없다"는 것을 보여주어야 한다. 더 무서운 것은 그 신속한 처리 과정 자체가 매우 폭력적이라는 것이다.

이정희, 2013, p.56

협동조합과 관련해서 상담을 하다보면, 종종 외부 전문가가 그려준 상에 끌려가는 조합들이 있다. 물론 전문가의 의견은 체계적이고 성공 가능성이 높기도 하다. 하지만 외부 동력에 의해 움직이는 협동조합은 결국 오래가지 못한다.

위의 글에서도 볼 수 있듯이, 학교 문제는 시험문제 풀 듯 접근하거나, 다른 이의 해답을 대신 가져올 수 있는 문제가 아니다. 또한 외부의 시선으로는 문제라 생각되고 학교협동조합의 협력이 필요하다고 보이는 영역이라도, 내부적으로는 다른 생각을 가질 수 있다. 특히 학교라는 공간은 외부 생각에 휘둘리기 쉬운 곳이다. 전문가나 그 외의 권위로 인해 조합원 사이에 충분한 동의 없이 해결책을 따라갈 경우, 아무리 결정 자체가 좋았더라도 그 동력이 지속적으로 유지되기 어렵다.

필자들이 학교협동조합 교육 참가자들에게 가장 먼저, '하고 싶은 것'들을 적어보게 하는 것도 이 때문이다. 우선 내가 하고 싶은 것이 있어야 한다. 다소 허무맹랑하고 사소해도 상관없다. 협동조합의 출발은 나의 필요와 욕구다. 이 때문에 '월드카페' 형태의 카드 토론으로 워크숍 게임을 자주하는데, 이는 맞고 틀림이 없이 서로의 생각을 적어서 모아보는 게임이다. 실현 가능성에 지나치게 얽매이지 않고 일단은 생각을 모아보는 것이다.

협동조합을 한다고 처음부터 너무 거창한 공동의 목표를 지정하면 진행이 어려워질 수밖에 없다. 이 경우 그다지 절실하지 않았던 일을 꾸역꾸역하게 되는 경우가 발생한다. 이를 애빌린 패러독스(Abilene Paradox)라고 하는데, 구성원들이 의사를 명확히 밝히지 않은 채 최초의 제안자 의견에 따름으로써 결국 원하지 않는 일을 하게 되는 경우를 의미한다. 협동조합은 혼자 사업하기 힘들어서 하는 것이지만, 여럿이 함께할 때 가장 중요한 첫 출발은 자신이 하고 싶은 일을 하는 것이다.

그렇다면 내가 원하는 일과 공동체가 원하는 것 사이에 접점을 만드는 과정은 어떻게 이루어질까? 이와 관련해 현재 서울시 마을공동체종합지원센터장인 유창복 씨는 성미산 마을 활동을 하던 시기에 썼던 「공동체에서 일하는 기술」이라는 글에서 다음과 같이 말했다.

일을 하다보면 항상 겪는 일이 있습니다. 처음에 일이 세팅될 때는 으쌰으쌰 에너지가 쫙 모이고 올라가는데, 일단 일이 세팅되고 나면, 정체되는 것 같은 느낌이 들어요. 일종의 착시 현상이죠. 상승하다가 수평으로 진행되면 하향하는 듯한 착시가 일어납니다. 근데 사람들이 착해가지고, 이게 담당자 잘못이라고 자책합니다. 처음에야 여러 사람들이 품을 내고 의견을 모아 일을 꾸리는데, 세팅이 되고 나면 담당자 중심으로 돌아가는 일상의 리듬으로 돌아섭니다. 그러니 담당자는 혼자서 다 감당해야 할 것 같고 외로움을 느낍니다. 이 상황에서 이 고비를 넘기는 사람이 누구냐면, 이 일이 진짜 하고 싶은 사람입니다. 천하의 사명감과 능력 있는 사람도 넘기기 쉽지 않아요. 그래서 하고 싶은 사람이 해야 하는 겁니다. 하고 싶은 한 사람, 그 일에 올인하는 한 사람만 있으면, 반 정도 올인할 사람이 두셋 생깁니다. 그다음 30퍼센트 거들 사람 서너 명, 그럼 벌써 여섯 명입니다. 여섯 명 모이면 못할 일이 없습니다.

유창복, 2010, p.90

이렇듯 함께 일하기 위해서는 개인의 욕구가 중요하다. '이 일을 진짜 하고 싶은 사람'이 나서고, 그로부터 하나둘 힘이 모여야 한다.

또 하나 염두에 두어야 할 것은, 매점처럼 하나의 공동 아이템이 정해졌다 해도 이것이 동일한 상을 의미하는 것은 아니라는 점이다. 그다음에는 '어떤 매점을 만들고 싶은 것인지'를 얘기해야 한다. 학생들의 욕구가 단순히 값싸고 질 좋은 음식을 제공하는

홍덕고 학교협동조합 교육시간의 카드 토론 모습. 학생들이 원하는 매점 상에 대해 각자 아이디어를 나누고 함께 공동의 그림을 그려나가고 있다.

것뿐일까? 학생들의 의견은 그 이상으로 다양할 것이다. 또한 하고 싶은 일도 중요하지만, 우선은 모든 필요를 자유롭게 생각해보고 얘기해볼 수 있는 장을 마련해야 한다.

한 예로 홍덕고의 한 학생 이사는 카드 토론 발표 중에 매점과 관련해 얼마나 많은 요구들이 있었는지를 이야기해주었다. 홍덕고의 경우 매점이 학교에서 멀어 나갔다 오면 10분 이상 걸리는 만큼 가까운 곳에서 물건을 살 수 있는 것이 중요했다. 또한 쉬는 시간, 점심시간, 방과 후 활동 시간 등을 나눠서 생각하기도 했다. 야간자율학습(야자)이 끝난 뒤 갑작스레 비가 오는 경우도 있으니, 우산이나 우비 등은 야자 시간이 끝난 후에도 구매할 수 있게 하자는 의견, 쉬는 시간에 학생들이 많이 몰릴 것을 예상해 미리 이름과 필요한 물건을 적어두는 예약제를 하자는 의견도 있었다. 또한 매점에서 신나는 노래를 듣고 싶다고도 했다.

물론 모든 필요가 이야기되었다면 집중력 있는 주제로 이를 모아내는 과정이 필요하다. 서로간의 공통의 영역을 찾아내고 함께 할 수 있는 부분을 모색하는 작업이다. 또한 교육적 가치도 고민해봐야 한다. 예컨대 매점에 반입되는 물품과 관련해 유해 상품, 불량식품, 혹은 착취적 노동환경에서 생산된 상품 등이 가지는 교육적 유해성을 고려해야 한다.

학교협동조합도 사업체다

협동조합은 공동의 필요를 모아내는 것이 목적이지만, 그럼에도 엄연한 '사업체'다. 앞서 설명한 국제협동조합연맹의 정의 외에도 미국 농무성 정의, 우리나라 협동조합기본법 정의에도 "사업체를 통하여"라는 문구가 공통적으로 나온다. 이런 측면에서 미국 농무성의 정의[1]를 적용해 학교협동조합을 풀어보면 '학교 협동조합은 학교 구성원(학생, 교직원, 학부모)이 소유하고, 통제하며, 이용하는 사업체'로 정의할 수 있을 것이다.

즉 협동조합을 한다는 것은 사업을 한다는 것이며, 사업을 한다는 것은 기업을 운영한다는 것이고, 기업 운영을 위해서는 어느 정도 매출이 필요하다. 그러기 위해서는 사업적 아이디어가 있어야 하고, 제대로 운영하기 위한 노력이 있어야 한다. 심지어 출자금을 몽땅 잃게 되는 파산 위험도 존재한다는 사실을 함께 인식해야 한다.

이렇듯 협동조합은 사업체로서의 일반적인 속성과 함께 사람의 힘이 중심이 된 독특한 특성도 갖는다. 탄탄대로를 걷던 한 중견기업이 협동조합으로 전환한 이유에 대해 "자발성과 사람의 내재된 잠재력을 이끌어내는 데에는 협동조합적 운영 모델과 협동조합적 소유 모델이 훨씬 큰 경쟁력이 있기 때문"(「MBC 다큐스페셜」, 2014. 7. 14)이라고 밝힌 것도 같은 맥락이다. 구성원들의 참여를 잘 이끌어낼 수 있는 체계를 만드는 데 협동조합이 성공 요인이 있다.

앞에서 언급했듯 학교협동조합은 협동조합 분야 중에서도 사업적 성공 가능성이 높은 축에 속한다. 공간적 독점의 특성을 가지고, 조합원들의 동질성이 강하기 때문이다. 또한 학생, 학부모, 교사가 함께 소유·운영하는 과정에서 여러 경쟁력들이 생겨나

---

1. 미국 농무성(USDA)의 협동조합에 대한 정의는 "이용자가 소유하고, 이용자가 통제하며, 이용 규모를 기준으로 이익을 배분하는 사업체"로, 협동조합에 대한 가장 간명한 정의로 자주 언급된다.

기도 한다. 공동 구매로 가격 협상력이 발생하기도 하고, 상품과 서비스를 맞춤형으로 제공하는 만큼 정보 탐색 비용과 재고를 줄일 수 있다.

장종익(2014)은 이와 관련해 비용 문제를 관찰하고 의견을 내놓은 바 있다. 그에 의하면, "대학교에서 매점이나 식당은 약간의 공간적 독점의 특성이 있어서, 이를 협동조합 방식의 소유로 전환하게 되면 이용자의 편익이 증대하게 된다. 문제는 4년마다 학생 조합원이 변동되는 유동성 문제가 비용을 높이는 요인으로 작용한다"는 것이다. 그런데 "중·고교 매점은 공간적 독점의 성격이 더욱 강하므로 협동조합으로의 전환에 따른 편익이 높아진다. 또한 3년마다 학생 조합원이 변동하는 것은 대학 생협과 비슷하지만, 중·고교의 학생들에게 협동조합의 참여를 통해 실천적 교육을 체험하도록 하는 기회로 설계된다면 상대적으로 높은 거버넌스 비용의 문제도 해소될 가능성이 높다"는 것이다(장종익, 2014, p.100).

그렇지만 이 장점만으로 학교협동조합의 고민이 모두 풀리는 것은 아니다. 학교협동조합 역시 시장에서 지속가능한 유지가 늘 고민이기 때문이다. 친환경 상품 하나를 판매하더라도 학생들을 위한 마케팅을 고려해야 하고, 학생들의 구매 능력, 선호도 등을 따져봐야 한다.

그런 점에서 배미원·장종익(2013)은 학교협동조합의 사업은 리스크가 낮고 높은 전문성은 요구되지 않으며, 조합원 만족도가 높은 사업부터 시작하여 사업의 노하우를 축적해야 한다고 지적하고 있다(배미원·장종익, 2013, p.57).

학생들이 사업을 운영한다는 것은 결코 쉽지 않다. 온전히 학생들의 노력으로 운영된 부산국제중·고 학교협동조합 매점도 설립 이후 1년간은, 보람은 넘치지만 그야말로 힘겨운 가시밭길이었다고 한다. 다른 교내 협동조합은 순수하게 학생들만의 조합이 아니었던 반면, 이 학교의 협동조합은 설립부터 경영 등에 이르기까지 학생들이 모두 전담했던 만큼 힘겨운 부분이 더 많았다. 외부인들이 조합을 지켜주는 것이 아닌 만큼 점심시간마다 시간을 쪼개 일했고, 조합에서 일하는 학생들을 바라보는 눈초리도 따가웠다. '학교에서 머리에 피도 안 마른 녀석들이 조합을 운영하다니, 그 시간에 공부 더해 성적이나 올리지' 하고 생각하는 교사들도 있을 거란 생각이 들었다. 이 또한 학생들에게 큰 난관이었다. 이런 상황을 견디게 해준 것은 학생들이 협동조합을 통해 조금이나마 자신의 필요를 충족시킬 수 있다는 기쁨이었다고 한다(부산국제중·고 학교협동조합 학생 이사 수기, 2014).

이 과정 속에서 아이들은 힘겨워 하기도 했지만, 직간접적으로 많은 것을 체득했다. 같은 주제로 얘기를 나눠도 학교협동조합을 경험한 학생과 그렇지 않은 학생들의 사고방식과 체험의 결이 분명 달랐다. 이처럼 학교협동조합은 그 자체로 훌륭한 'Learning by doing' 학습법이다.

얼마 전 SNS에서 유행했던 "Learning by doing and not teaching"이란 제목의 유튜브 영상을 보면 학교 교육을 받지 못한 가난한 어머니가 어린 딸을 훌륭하게 교육하는 장면이 나온다. 이 어머니는 물건을 팔지 못해 속상해하는 딸에게 잘 팔 수 있는 방법을 알려주는 대신, 시장을 찾아 다른 상인들을 지켜보며 스스로 깨닫도록 했다. 그리고 딸은 시장의 어른들을 보고 물건 진열하는 법, 가격 광고판의 이점 등을 깨닫고 이를 벤치마킹해서 자기 사업에 성공한다.

학교협동조합도 이처럼 학생 중심으로 전개되는 교육적 체험이 사업의 핵심이라고 해도 과언이 아니다. 다만 주의해야 할 점은 사업을 전개할 때, 학생들이 할 수 있는 부분을 충분히 발굴해야 한다는 점이다. 이와 관련해 교육학자 존 듀이(John Dewey)의 다음 언급을 음미해볼 필요가 있다.

> 아이들이 너무 복잡한 일을 하려고 할 때에는 엉망이 되어서 단순히 조잡한 결과를 낼 뿐만 아니라(이것은 사소한 일이다), 조잡한 표준을 학습하게 될 위험이 크다(이것은 중요한 일이다). 그러나 만약 학생이 적당한 시기에 자신이 서투르다는 것을 알게 되고 그것을 자극으로 삼아서 힘을 완전한 것으로 가다듬으려고 하지 않는다면, 이것은 교사의 잘못이다. 그러기까지는, 학생의 행동을 너무 미세하고 너무 면밀하게 통제된 일에 얽매어 두면서 외적인 완벽을 기하려고 해서는 안 된다. 그보다는 창의적이고 건설적인 태도를 살려주는 것이 더 중요하다. 정확성과 세부적인 마무리는 전체적인 일의 부분에서 학생의 능력이 닿는 범위 내에서 배워 나가도록 할 수 있을 것이다
>
> Dewey, 1916; 김동규 역, 2013, p.307

이는 학교협동조합에서의 사업은 성과와 효율 못지않게 교육적 측면을 고려해야 한다는 것을 보여준다. 즉 외적인 완벽함보다는 학생들의 창의적이고 건설적인 태도를 독려하고, 더디고 완성도가 높지 않더라도 학생들이 충분히 고민하고 진행할 수 있도록 지원해줘야 하며, 동시에 너무 많은 짐을 지워줘서도 안 된다. 학생이 중심이 되어야 하는 것은 사실이지만, 학생들이 해결할 수 없는 영역이나 전문적 지식과 경험이 필요한 부분들은 학교 내·외부 자원과 적극적으로 연계해 지원하려는 노력이 필요하다.

이러한 자원의 결합과 방식에 따라 학교협동조합이 다양한 사업 형태를 갖출 수 있다는 점도 염두에 둘 필요가 있다. 한 예로 학교협동조합 형태는 아니지만 이미 그 자체로 훌륭한 학교협동조합의 내용을 갖춘 학교 농장 프로그램을 보자. 이 프로그램은 전국 곳곳의 학교에서 학교 내부 자투리땅을 활용해 시행하고 있지만 전문성, 현장성을 살리기 위해서 학교 밖에서 '교육 농장'을 설계하는 경우도 있다. 그 이유는 현장 교실이 될 만한 공간과 주민 교사 역할을 할 만한 인력을 찾기가 쉽지 않기 때문인데, 물론 유기 농업, 도시 농가나 젊은 귀농자들과 후계자들도 있지만, 농업 인구 자체가 부족하고 노령이기 때문이다. 단순 체험에 그치지 않고 이것을 교육 과정으로 이어가려면 교사들과 협력해 세밀한 계획을 짜야 하며, 그런 면에서 농민과 교사들이 학교 밖에서 함께 만드는 교육 농장은 학교 안에서 부족한 전문성과 현장성, 학교 밖 현장에 부족한 교육적 요소를 동시에 해결하는 최고의 대안이 될 수 있다는 것이다(홍순명, 2014, p.189).

교육 농장 프로그램처럼 학교협동조합 역시 지역 내 사업과 관련한 전문적인 인력과 자원이 결합될 수 있도록 지원망을 만들어야 한다. 서울 영림중학교 협동조합의 경우 구로사회적경제특화사업단 및 지역 생협과 연계해 사업적으로 부족한 부분을 채워나갔다. 이러한 협력 사례는 학교협동조합이 어떠한 사업을 중심으로 하느냐에 따라 달라질 수 있다. 현재 많이 만들어지고 있는 매점 중심의 학교협동조합의 경우 지역 생협의 매장 운영 노하우, 유통 시스템 등을 활용할 필요가 있다. 또한 재활용 교복 사업을 할 경우 지역 교복은행과의 연계가 필요하다.

이러한 연계는 학교협동조합의 발전만이 아니라 지역의 사회적 경제 기업들의 발전에도 도움이 된다. 학교는 이들에게 우호적인 공공시장이 될 수 있기 때문이다. 아직까지는 학교협동조합이 널리 알려지지 않은 상황인 만큼 지역의 사회적 경제 기업과의 결합 기회가 적은 편이지만, 앞으로 학교라는 플랫폼을 기반으로 지역의 다양한 사회적 경제 자원과 조직체들이 결합된다면 보다 풍부한 경제 생태계를 갖출 수 있을 것이다.

규칙이 있는 모임으로서의 협동조합

마지막으로 협동조합은 '결사체'라고 볼 수 있다. 쉽게 말하자면 '규칙이 있는 우리들의 모임'인 셈이다.

협동조합은 주식회사와 달리 사람이 중심이 되는 기업 모델로서 사업에 못지않게 모임이 중요하다. 주식회사에서는 스티브 잡스 같은 초인적 영웅 한 사람이 모두를 먹여 살리는 일이 가능하다. 하지만 협동조합에서는 한 사람이 아무리 잘해도 조직 전체를 운영할 수는 없다. 구성원들의 협동을 통한 시너지가 필요하기 때문에 구성원의 참여가 있어야 장기적으로 자발성과 잠재력을 끌어낼 수 있다.

그런데 문제는 이 과정이 결코 쉽지 않다는 점이다. 많은 협동조합들이 사업을 본격적으로 진행하기도 전에 내부 갈등으로 무너진다. 협동조합은 일종의 공인된 규칙이 있는 조직이다. 친구나 가족 간에도 동업을 하지 말라고 하는 건 그만큼 내부 분쟁의 가능성이 크기 때문인데, 조합 또한 분쟁의 가능성이 항상 존재한다. 그렇지만 한편으론 협동조합을 운영한다는 것은 협업을 통한 성공을 경험하며 공동체의 규칙과 속성을 익혀나가는 과정이기도 하다.

학교협동조합 역시 앞서 강조한 것처럼 다양한 규칙들을 준수한다. 이 규칙에 대해서는 3장에서 자세히 서술할 텐데, 이 규칙들은 협동조합기본법상 명시되어 있는 것으로 법인격을 갖추려면 제도적으로 준수해야 하는 경우도 있다.

하지만 그보다는 오랜 세월 동안 조합을 운영해오면서 여러 사람이 운영과 협동의 과정에 필요한 원리들을 다듬고 변형해 만든 제도로서 의미가 크다. 따라서 학교협동조합을 이해하고 운영해가는 과정이란 이 규칙을 익혀가는 과정과 동일하며, 이것이야말로 민주적인 학습과 훈련의 과정이기도 하다.

협동조합은 서로 간의 타협과 양보가 중요한 모임이며, 이러한 협동조합의 기본 운영 원리는 민주적 공동체의 기본과 일치한다. 협동조합에서 시행하는 수많은 의사결정들 중에 완벽한 정답이란 없다. 모든 결정에는 장단점이 있기 때문이다. 따라서 협동조합에서 좋은 결정이란, 객관적으로 최선인 경우보다는 구성원 모두가 동의할 수 있고, 자발성을 고취시키는 것을 의미한다.

물론 수평적 의사결정에 익숙하지 않은 경우가 더 많은 만큼 이런 과정이 낯설 수 있다. 특히 교실에서 교사는 학생들에게 절대적인 권위와 존경의 대상이다. 교사들의 시선에서 학생을 '건의하는 주체'로 볼 수는 있으나, '수평적으로 의견을 교류하고 함께 의사결정을 내리는 주체'로 보기는 어려울 수도 있다. 또한 교사 사회도 마찬가지로 교장의 권위에 결정을 맡기는 것이 익숙할 수 있다. 심지어 혁신학교의 경우도 이 문제가 해결되지 않아 학교 내 혁신을 이루기 힘들어 하기도 한다. 학생들뿐만 아니라 교사들 역시 수평적 의사결정과 관련한 경험과 훈련이 부족한 것이다.

따라서 처음에는 이 모든 과정이 더디고 비효율적으로 느껴질 수 있다. 빠르게 결론 내고, 소수에게 의사결정을 맡기는 시스템에 익숙한 사람들에게는 이 모든 것이 불필요한 과정처럼 느껴지기도 한다. 하지만 이 '번거로운 과정'은 조합에 반드시 필요한 '민주주의 근육'을 키우는 과정과 같다. 안 쓰던 근육을 처음 쓰게 되면 다음 날은 아프지만, 며칠 동안 같은 동작을 반복하면 처음만큼 아프지 않다. 민주적 의사소통 과정도 마찬가지이다. 처음에는 어렵지만, 서로 의견을 조정해가는 과정을 반복하다보면 끝내는 익숙해진다. 또한 단체 토론보다 분업화된 개별 전문가에게 맡겨 신속한 결정을 내릴 필요가 있는 사안과 시간이 걸리더라도 함께 결정해야 하는 사안을 구분하는 안목도 생겨난다. 나아가 근육통을 예방하기 위해 준비운동과 스트레칭을 하는 것처럼, 설립 준비 과정에서 서로를 이해하는 시간을 충분히 가지고 예상되는 갈등을 논의해보는 것도 중요하다.

이에 우리 필자들은 학교협동조합 설립을 준비하는 구성원들을 교육할 때, 다음 장에서 나오는 국제협동조합연맹의 협동조합 7원칙을 저마다의 언어로 적어보는 과정을 위주로 진행을 한다. 그렇게 자신의 개인적 필요와 사업을 위해 필요한 규칙을 함께 적은 뒤, 큰 원칙 속에서 세부적인 합의점들과 상세한 규칙들을 도출해간다.

규칙 다음으로, 모임의 원활한 운영도 중요하다. 학교협동조합은 흔히 교육경제공동체라고도 불리는데, 공동체란 본래 갑작스레 만들어지는 것이 아니다. 또한 사람들이 모였다고 곧바로 협동조합을 운영할 수 있는 것도 아니다. 사람들마다 공동체를 통해 달성하고자 하는 바가 다를 수 있기 때문이다. 따라서 협동조합은 보통 공동체보다 공통의 이해관계를 반영하는 결사체의 특성이 강하다고 얘기를 하기도 한다.

그렇지만 이렇게 사업을 중심에 놓으면, 사업을 완수하는 데 필요한 기능을 가진 사람들이 중심이 될 수 있다. 사업을 중심으로 사업을 완수하기 위해 필요한 사람들을 모을 것인가, 모인 사람들을 중심으로 사업을 설계할 것인가, 이 두 가지 선택에 따라 협동조합의 모습은 크게 달라질 수 있다. 사업과 모임 중 무엇을 우선할 것인가의 문제는 쉽사리 결론이 나기 어렵다. 이는 설립할 때뿐만이 아니라 실제로 협동조합을 운영해가는 과정에서도 계속 고민이 되는 부분이다.

딱히 정답은 없다. 그렇지만 학교협동조합의 중심은 학생인 만큼 학생들의 교육적 경험을 중심으로 사고할 필요가 있다. 학생, 교직원, 학부모, 지역공동체가 학교협동조합을 통해서 만나게 되는 지점도 가정, 지역, 학교 모두가 학생들의 삶에 중요한 의미를 지니는 생활공간이기 때문이다. 학교협동조합은 교육이 중심이 된 경제공동체인 것이다.

따라서 학교협동조합은 사업에 앞서 학생들을 위한 경험의 층위를 만들어내고, 교육적 효과를 높이는 데 주력해야 한다. 학생들이 재미있어 하고, 다양한 경험을 쌓을 수 있는 새로운 공간을 만드는 것이 주목적인 것이다. 물론 학생들이 모든 것을 할 수는 없지만, 그들이 잘할 수 있는 영역, 교육적으로 활용도가 높은 영역들은 분명히 있다. 복정고의 경우가 그러했다.

복정고의 경우 학생들이 다양한 분과위원회를 통해 사업을 기획하고 실행해가고 있다. 이에 대해 복정고 학부모 이사 황경선 씨는 "우리 학교 협동조합의 꽃은 학생 분과위원회"라고 말한다. 중요한 의사결정은 이사회에서 내리지만, 활발한 조합 활동은 공간기획팀, 사업기획팀, 교육·홍보팀, 환경미화팀 같은 분과위원회에서 이루어진다. 황경선 씨는 협동조합 교육에서 가장 중요한 것은 '실제적인 경험'이라고도 언급한다. 학생들의 필요에 의해 사업을 만들고, 주위 사람들과 의견을 조율하고, 가치를 책 속에서만 찾는 것이 아니라 삶 속에서 실현하는 것을 연습하는 시간이라는 것이다. 이런 경험을 체득한 학생들이 사회에 나간다면 협동과 상생을 위한 삶이 낯설지 않을 것이라는 이야기다(협동조합 e뉴스레터, 2014).

많은 학교들이 지난한 과정을 겪으면서도 학교협동조합을 운영하고자 하는 것은 그 자체가 훌륭한 교육 과정이기 때문이다. 서용선(2012)이 언급한 것처럼, 학교협동조합이 충분한 의사소통과 공동체 탐구의 과정을 주도해 학생 개개인이 건강한 시민성을 갖춘 사회 구성원이 될 수 있도록 도와줄 수 있는 것이다.

> 민주주의 이론에서 나타날 정치적 창조성은 사회적 지성을 통해서 실질적으로 이루어진다. 사회적 지성이 발휘되지 않은 민주주의는 '단순한 동원'이나 '참여 과잉'으로 흐를 수밖에 없다. 비유컨대, 사회적 지성으로서의 시민성 교육은 민주주의를 민주주의답게 인식하고 실천하게 하는 나무줄기와 같다. 튼튼한 나무줄기에서 꽃과 열매가 맺히듯이, 개성과 인격을 갖춘 창조적 민주주의도 충분한 의사소통과 공동체의 탐구 과정이 있어야만 시민 개개인도 좋은 시민성을 갖추는 것이다. 여기에는 상호작용과 상호 의존성이 윤리적으로 충분히 결합되고 과학적으로 검토되는 과정을 통해 윤리적 이상이나 자연주의 형이상학에 기반한 생활양식으로

서의 민주주의가 가능해지는 모습이 들어 있다.

서용선, 2012, p.206

지금까지 살펴보았듯이 세 가지 키워드를 조합해보면, 학교협동조합은 '학교 구성원인 학생, 교사, 학부모, 지역공동체들의 공동의 필요를 사업으로 만든 교육경제공동체'라고 정의할 수 있을 것이다. 학생들에게는 자신들의 꿈을 펼쳐볼 수 있는 상상 공장, 교사들에게는 새로운 교육공동체, 학부모들에게는 교육의 주체로서 함께 참여할 수 있는 민주적 텃밭이다.

각각 다른 필요가 만나 하나의 큰 그림을 그리고, 꿈을 꾸는 것만이 아니라 힘을 모아 실현해볼 수 있는 곳, 그것이 바로 학교협동조합이다.

3장

학교협동조합의
운영원리

　지금부터 학교협동조합의 구체적인 운영원리를 살펴볼 것이다.
이는 협동조합의 7원칙과 관련이 있는데, 이 협동조합 7원칙은 협
동조합의 작동 원리이자 성공 비결이다. 또한 고정불변의 법칙이
아니라 시대적 상황에 맞게 전 세계 협동조합들이 머리를 맞대고
수정·보완해가는 살아 있는 규칙이다. 구체적으로는 ① 자발적
이고 개방적인 조합원 제도, ② 조합원에 의한 민주적 관리, ③ 조
합원의 경제적 참여, ④ 자율과 독립, ⑤ 교육, 훈련 및 정보 제공,
⑥ 협동조합 간 협동, ⑦ 지역사회에 대한 기여이다. 이러한 원칙
들은 모두 협동조합기본법에 반영되어 있기도 하다.
　현실의 모든 학교협동조합이 이 7원칙을 다 잘 지키고 있는 것
은 아니다. 하지만 모든 학교협동조합이 이 방향을 향해 나아가고
있는 것은 분명하다.

자발적이고 개방적인 조직

국제협동조합연맹의 협동조합 1원칙[1]	한국 협동조합기본법
협동조합은 자발적 조직으로서, 성(性)적·사회적·인종적·정치적·종교적 차별을 두지 않고, 협동조합의 서비스를 이용할 수 있고 조합원으로서 책임을 다하는 모든 사람에게 개방된다.	제21조(가입) ① 협동조합은 정당한 사유 없이 조합원의 자격을 갖추고 있는 자에 대하여 가입을 거절하거나 가입에 있어 다른 조합원보다 불리한 조건을 붙일 수 없다. ② 협동조합은 제1항에도 불구하고 정관으로 정하는 바에 따라 협동조합의 설립 목적 및 특성에 부합되는 자로 조합원의 자격을 제한할 수 있다.

자발적이고 개방적인 조합원 제도(Voluntary and Open Membership), 이 원칙은 국제협동조합연맹이 명시한 협동조합 제1원칙으로서, 한국의 협동조합기본법 제21조(가입)에도 반영되어 있다. 먼저 '자발적인 조직'이라는 성격에 주목해보자. 학교협동조합이라면 이 부분이 특히 중요할 수 있다. 학교라는 공간에서는 '동원'이라는 형식이 흔히 사용되는 경향이 있다. 예전에 학교협동조합 교육을 다닐 때 자주 본 풍경 중 하나는 반장, 부반장 등 학급 임원을 위주로 한 모임들이 상당히 많다는 점이었다. 그런데 재미있는 놀이도 의무가 되면 노동과 다를 바 없다. 반대로 노동

---

1. 이 규칙은 국제협동조합연맹(ICA)에서 협동조합 원칙을 1937년과 1966년 두 차례에 걸쳐 공식 발표한 뒤, 1995년 새로운 시대 변화에 맞추어 새롭게 정립한 것으로, 각 원칙에 관한 설명 중 첫 번째 박스 안의 내용은 ICA의 이안 멕퍼슨(Ian Macpherson) 박사가 정리한 내용(Macpherson, 1996; 장종익, 김신양, 역 2001)이고, 두 번째 박스는 한국의 협동조합기본법의 내용이다. 이를 바탕으로 필자들이 그 아래에 학교협동조합의 특징을 반영하여 7원칙을 설명했다.

도 자발적으로 하면 즐거운 놀이가 된다.

협동조합에서 자발성은 구성원들의 의지와 역량을 결집할 수 있는 중요한 원동력이다. 따라서 조합 가입도 학생들의 자발적인 의사에서 시작되어야 한다. 물론 학교협동조합 자체가 생소한 만큼, 구성원들에게 정보와 교육을 제공할 필요는 있다. 나아가 입학과 동시에 조합원이 되는 제도를 택할 수도 있지만, 그렇게 되면 조합원으로서의 정체성을 형성하지 못할 수 있다. 1970~80년대 학교매점조합이 그 교육적 가능성도 분출하지 못하고 사업적으로도 성공하지 못한 것은 이런 조합원 의식의 부재와 관련이 있다.

두 번째로 협동조합은 개방적인 조직이다. 이는 조합원으로 가입하고 활동하는 데 있어 성(性)적, 사회적, 인종적, 정치적, 종교적 차별이 없어야 한다는 것을 의미한다. 따라서 학교협동조합을 이용하고 조합원으로 책임을 다할 의지가 있는 구성원이라면 누구나 가입할 수 있어야 한다. 이때 중요한 점은 협동조합 참여에 공식적인 차별을 없애는 것 외에, 실질적으로 조직이 열린 문화를 가지고 있는지를 살펴야 한다는 사실이다. 끼리끼리 문화는 물론, 혹시 조합에서 사용하는 언어와 문화가 새 구성원들에게 진입 장벽으로 작용하지는 않을지도 검토해봐야 한다.

마지막으로 자발적이고 개방적이라고 해서 책임감 없이 쉽게 오갈 수 있는 곳은 아니라는 점도 기억해야 한다. 조합원은 권리와 동시에 의무를 지닌다. 적잖은 이들이 학교협동조합을 구성원들의 요구를 대행해주는 소원 성취 조직으로 여기는 경우가 있다. 그러나 협동조합을 한다는 것은 구성원들이 스스로의 힘으로 문제를 해결해가는 것을 의미한다.

물론 외부 도움이 필요한 지점도 있다. 하지만 스스로 설 수조차 없는데 도움을 받는 것은 의미가 없다. 결국 학교협동조합의 시작점은 공동의 목표를 위해 자발적으로 공을 들여야 할 부분은 어디인지, 조합원의 자격은 무엇인지를 스스로 생각해보는 것이다. 사실 어느 범위까지를 조합원으로 할지, 조합원의 권리와 의무는 어디까지인지, 정해진 답은 없다. 각각의 조합이 처한 구체적인 상황에 따라 달라지기 때문이다. 한 예로 학부모, 재학생, 교사 외에 졸업생이나 지역 주민까지 조합원에 포함하고자 한다면, 또한 이에 걸맞은 새로운 범주를 설정하는 것이 필요하다.

그렇다면 이런 문제의식 하에 학생들과 질문을 나눠보는 일도 필요하다. 예를 들어 "끼리끼리 문화는 없는지", "남녀가 평등하게 참여할 수 있는 문화인지" 등이 주제가 될 수 있다. 이 문제를 학생들이 스스로 생각하고 문제점들을 도출해보는 것이다.

필자 역시 학생들과 첫 번째 원칙에 대한 이야기를 나눌 때면 종종 다양성이 가지는 힘에 대해 설명하곤 한다. "앞에서 홍보하는 쇼맨십도 중요하지만, 깐깐하게 사업을 챙기는 쪼잔함도 중요해. 만화를 잘 그리는 친구는 인테리어를 할 수 있고, 커피동아리 친구는 이벤트 판매를 기획할 수 있어. 그러니 좋은 협동조합 학생 임원은 조합원들의 소소한 차이를 협동조합의 자원으로 쓰일 수 있게 알아보는 눈을 가진 사람이야"라는 말로 협동조합에 다양한 인물이 필요하다는 것을 말한다. 즉 제1원칙은 저마다 다른 자원들을 존중하고, 시너지를 발휘할 방법을 모색해가는 과정으로

복정고 학생들이 만든 학교협동조합 홍보 포스터. 학교협동조합에 대해 친근하게 알리며 조합원들의 가입을 유도하고 있다.

서 의미가 크다.

아울러 누군가 조합에 가입하고자 할 때 설명해야 하는 책임과 혜택에 대한 내용을 구성원들 스스로 만들어가는 과정도 큰 교육적 의미가 있다. 협동조합은 지속적으로 새 구성원이 들어와야 생명력을 유지할 수 있는데, 특히 학교협동조합의 경우 매년 신입생이 들어오므로 신규 조합원에 대한 교육과 홍보가 매우 중요하다. 앞서의 교육적 과정이 내부 문화를 점검해보는 과정이었다면, 이 과정은 외부에 조합을 소개하고 조합의 가치를 설득하는 법을 배우는 과정이다. 이를 통해 공익을 위해 타인을 설득하는 방법은 물론, 훌륭한 가치를 홍보하는 기업가 정신 또한 배우게 된다.

조합원들이 민주적으로 관리하는 조직

국제협동조합연맹의 협동조합 2원칙	한국 협동조합기본법
협동조합은 조합원에 의해서 관리되는 민주적인 조직으로서 조합원은 정책수립과 의사결정에 적극적으로 참여한다. 선출된 임원은 조합원에게 책임을 지고 봉사한다. 단위조합에서 조합원은 동등한 투표권을 가지며(1인1표), 연합 단계의 협동조합도 민주적인 방식으로 조직된다.	제23조(의결권 및 선거권) ① 조합원은 출자좌수에 관계없이 각각 1개의 의결권과 선거권을 가진다.

'조합원에 의한 민주적 관리(Democratic Member Control)'는 협동조합을 다른 사업체와 구별 짓는 중요한 요소이다. 이 원칙 역시 협동조합기본법에 규정된 제23조(의결권 및 선거권)에 명시되어 있으며, 세 번째 원칙인 조합원의 경제적 참여와 함께 조합원으로서 핵심적인 권리를 규정짓는 부분이다. 조합원이 되면 사업을 결정할 수 있는 의결 권한과 임원을 선출할 수 있는 선거 권한을 가지며, 출자 금액과 상관없이 모두가 1표를 행사한다는 의미다.

그렇다면 1인 1표 의결이란 어떤 의미일까? 우리나라에서는 적잖은 경우, 학교 일에 학생, 교사, 학부모의 의사가 배제된다. 하지만 모두가 함께하지 않은 결정이 힘을 가질 수 있을까? 서울시의 건강 매점 사업을 돌이켜보자. 이 사업은 보조금을 지급해 과

일을 과일컵 형태로 학교 매점에 싼값으로 공급하는 사업이었는데, 그 성과는 기대에 미치지 못했다. 첫 번째 이유는 개인 사업자인 매점 주인들이 이윤이 적은 과일컵 홍보에 적극적으로 나서지 않았기 때문이며, 두 번째는 학생들이 "가격이 얼마건 과일은 맛이 없다"고 외면했기 때문이다. 이는 구성원들에게 참여 기회를 주지 않은 채 외부에서 실시된 결정은 구성원들의 마음을 움직이기가 쉽지 않다는 것을 보여준다. 특히 청소년들은 더욱 그러하다.

반면 구성원들이 함께 참여한 의사결정의 경우는 어떠할까? 학생들이 뜻을 모아 협동조합으로 설립한 친환경 매점의 경우, 학생들에 대한 식생활 교육이 이루어진 것은 물론 학생들이 직접 시식을 통해 품목을 정했고, 예상과 달리 친환경 간식에 대한 반응이 더 좋았다. 스스로 결정한 만큼 생활 패턴을 바꾸려는 노력도 하고, 주위 친구들에게도 자연스럽게 홍보할 수 있었던 것이다.

이렇듯 충분한 소통과 공감은 사업의 성과에 직접적인 영향을 미치며, 이후 구성원의 동의가 형성된 사안을 1인 1표로 최종 결정할 경우 보다 큰 공감과 권위를 이끌어낼 수 있다. 복정고 협동조합의 다음 에피소드도 이 과정을 잘 보여준다.

당시 복정고에서는 학교협동조합의 매점을 설립하면서 이름을 공모했고, 최종 후보로 학생이 제안한 '복스쿱스(Bok's Co-ops)'와 교장 선생님이 제안한 '복정누리'라는 이름이 선정됐다. 외래어 이름보다는 순수 한글 이름이 좋다는 의견과 신선한 이름이 좋다는 의견이 나뉘었고, 이사회에서는 더 많은 학생들의 의견을 들어볼

복스쿱스 돌잔치 사진: 학생들이 매점 개장 1주년을 기념하여 복스쿱스 돌잔치를 진행했다. 학생들은 스스로 정한 이름에 특히 더 애정과 주인의식을 갖는다.
ⓒ 복정고 교육경제공동체 사회적협동조합 페이스북

것을 제안했다. 그 결과 복스쿱스가 압도적인 표를 얻어 결정되었고, 이후 학생들은 그 이름에 애정을 느끼며 매점을 찾게 되었다. 나아가 교장 선생님 또한 어른들 사이에서 당연하다고 생각한 것이 실제로는 꼭 당연하지 않을 수 있다는 의미로 이 이야기를 자주 인용하게 되었다.

사실 1인 1표 선거권은 우리에게 익숙하다. 학교 내에서 반장, 학생회장 등 다양한 선거가 이뤄지기 때문이다. 다만 학교협동조합의 선거는 학교 선거와 다르다. 학생, 교사, 학부모 각 그룹이 다른 집단에 대해서도 투표하는 게 가능하다. 이를테면 학생이 교사 이사를 뽑기도 하므로, 교사들 역시 학생들로부터 신임을 얻기 위해 정견 발표를 한다. 둘째, 단순히 뽑아놓고 모든 것을 맡기지 않는다. 학교협동조합 역시 효율적인 의사결정을 위해서 총회, 이 사회, 운영위원회 등을 두지만, 협동조합 운영의 특성상 대의제에 머물지 않고 최대한 많은 조합원들이 각종 운영위원회에 소속되어 참여하고, 함께 결정해갈 수 있는 아래로부터의 민주주의가 구현되어야 하기 때문이다.

이런 문제의식 하에 구성원들이 함께 의사결정을 하고 책임을 진다는 건 어떤 의미일까? 앞서 첫 번째 원칙이 다양성 존중과 관련되어 있다면, 두 번째 원칙은 서로간의 다름을 존중하면서도 공동의 안을 만들어가는 일이다. 이 일에는 타협과 양보가 필수적이되, 동시에 개인들의 의사를 존중해야 한다. 개인 의사를 무시하는 공동체는 또 하나의 억압이 될 수 있기 때문이다. 물론 개인을 존중하되 공동체로 묶이는 건, 정해지지 않은 답을 함께 찾아가는 쉽지 않은 과정일 수 있다. 그렇기에 오히려 정답을 정해놓지 않는 것, 과정 자체를 즐기는 것이 학교협동조합의 운영 원리에 익숙해지는 첫걸음이다.

덧붙여 출자 금액과 상관없이 모두 1인 1표를 갖되, 최대한 동일한 출자 금액을 유지하는 것도 중요하다. 돈의 형태를 띠고 있지만, 출자 금액은 사실 자신이 가진 지식, 경험, 사회적 지위 등과 상관없이 모두가 동등하다는 것을 의미한다.

그러나 긍정적이든 부정적이든 한쪽으로 쏠림 현상이 생기면 실질적인 1인 1표의 원리가 구현되기 어려워질 수 있다. 자원을 집중적으로 투여한 소수가 이탈할 경우 조합도 큰 타격을 받아 허물어질 수 있기 때문이다. 이렇게 소수에게 사업 진행이 집중된다면 다른 조합원들은 그 소수의 눈치만을 살피게 된다. 상황이 이렇다보면 1인 1표는 의미가 없게 된다. 따라서 협동조합이 잘되기 위해서는 효율성만을 고려하지 않고, 전체적으로 참여할 수 있는 구조를 만들 수 있어야 한다.

또한 들이는 노력은 각각 다른데 혜택은 모두에게 동일하게 돌아갈 경우, 무임승차 현상이 발생할 수 있다. 따라서 보다 열심히 참여하는 구성원들이 유·무형의 이익을 가져갈 수 있도록 하여 각자가 가지고 있는 여러 자원이 선순환될 수 있는 체계를 만드는 게 중요하다.

이처럼 협동조합을 설립하고 운영하는 일은 이 모든 예상 가능한 상황들을 세심하게 살피고 조정하며 각기 다른 구성원들이 함께 참여할 수 있는 장을 만드는 일이다. 또한 사전에 문제가 발생할 수 있는 부분들에 대해 방안을 만드는 것도 중요하지만, 문제가 발생할 때마다 함께 머리를 맞대고 해결책을 모색해가는 훈련도 해나가야 한다. 이 역시 우리가 함께 살아가기 위해 익혀야 할 중요한 훈련과 교육의 과정이다.

조합원이 경제적으로 참여하는 조직

국제협동조합연맹의 협동조합 3원칙

조합원은 협동조합의 자본 조달에 공정하게 참여하며 자본을 민주적으로 관리한다. 최소한 자본금의 일부는 조합의 공동재산으로 한다. 출자 배당이 있을 경우에 조합원은 출자액에 따라 제한된 배당금을 받는다. 조합원은 다음과 같은 목적의 일부 또는 전체를 위해 잉여금을 배분한다. (1) 잉여금의 일부는 배당하지 않고 유보금의 적립을 통한 협동조합의 발전, (2) 조합원의 사업 이용 실적에 비례한 편익 제공 (3) 조합원의 동의를 얻은 여타의 활동을 위한 지원

한국 협동조합기본법

제22조(출자 및 책임)
① 조합원은 정관으로 정하는 바에 따라 1좌 이상을 출자하여야 한다. 다만, 필요한 경우 정관으로 정하는 바에 따라 현물을 출자할 수 있다.
② 조합원 1인의 출자좌수는 총 출자좌수의 100분의 30을 넘어서는 아니 된다.

• (일반)협동조합

제50조(법정적립금 및 임의적립금) ① 협동조합은 매 회계연도 결산의 결과 잉여금이 있는 때에는 해당 회계연도 말 출자금 납입총액의 3배가 될 때까지 잉여금의 100분의 10 이상을 적립(이하 "법정적립금"이라 한다)하여야 한다. 〈개정 2014.1.21〉
② 협동조합은 정관으로 정하는 바에 따라 사업준비금 등을 적립(이하 "임의적립금"이라 한다)할 수 있다.
③ 협동조합은 손실의 보전에 충당하거나 해산하는 경우 외에는 법정적립금을 사용하여서는 아니 된다.
제51조(손실금의 보전과 잉여금의 배당) ① 협동조합은 매 회계연도의 결산 결과 손실금(당기손실금을 말한다)이 발생하면 미처분이월금, 임의적립금, 법정적립금의 순으로 이를 보전하고, 보전 후에도 부족이 있을 때에는 이를 다음 회계연도에 이월한다.
② 협동조합이 제1항에 따른 손실금을 보전하고 제50조에 따른 법정적립금 및 임의적립금 등을 적립한 이후에는 정관으로 정하는 바에 따라 조합원에게 잉여금을 배당할 수 있다.
③ 제2항에 따른 잉여금 배당의 경우 협동조합사업 이용실적에 대한 배당은 전체 배당액의 100분의 50 이상이어야 하고, 납입출자액에 대한 배당은 납입출자금의 100분의 10을 초과하여서는 아니 된다.

'조합원의 경제적 참여(Member Economic Participation)' 원칙은 협동조합의 독특한 사업체적 특징을 잘 보여준다. 협동조합은 다른 사업체와 달리 조합원이 재정을 스스로 출자하고 이용하고 통제하게 되는데, 그 자체가 협동조합의 핵심적인 운영원리로 작용한다. 이 원칙 역시 협동조합기본법에서 출자의 원칙과 배당의 원칙 등을 통해 규정하고 있으며, 구체적으로는 동법 22조, 50조, 51조, 97조, 98조 등을 통해 구현되어 있다.

먼저 출자와 관련해, 협동조합은 구성원 모두가 출자에 공정하게 참여한다. 앞서 얘기했듯이 이때의 출자를 단순한 돈으로 생각해서는 안 된다. 각 구성원들이 다양하게 내놓을 수 있는 시간, 자원, 역량도 출자금이기 때문이다. 협동조합은 이처럼 저마다의 개성과 다른 능력들이 모아져 아름다운 하모니를 만들어내는 것이며, 이렇게 결집된 자원은 소수에 쏠리지 않고 가능한 균등하게 민주적으로 관리되어야 한다. 나아가 법적으로도 1인의 출자금이 전체 출자금의 30%를 넘지 않도록 하고 있는데, 이는 소수에 대한 의존도가 커지면 협동조합의 민주적 운영 원칙이 위배될 위험이 있어서다. 덧붙여 일반적으로 학교협동조합은 많은 참여를 유도하기 위해 1인당 최소 출자금을 낮게 잡는 경향이 있으므로, 이때는 많은 조합원들을 모집하여 자기자본을 확보하는 것도 중요하다.

협동조합은 사업 진행 후 수익을 얻었을 때 이를 배당하는 방식도 다른 사업체와 다르다. 배당은 크게 세 가지 방식으로 처리되는데, 첫째, 조합의 안정적 운영과 다음 해 사업을 위해 조합 내부에 유보하는 것이다. 협동조합에 대한 오해 중 하나는 주식회사와 달리 원가 경영을 하니 수익을 남겨서는 안 된다는 것인데, 이는 잘못된 인식이다. 사업을 지속하려면 필요 비용을 충당했더라도 다음 사업을 위한 안정적 수익을 창출해 일부를 내부에 유보해야 한다. 협동조합기본법상으로도 일반협동조합은 잉여금의 10% 이상을, 사회적협동조합은 잉여금의 30% 이상을 매해 적립해야 하는데, 이렇게 내부 유보 금액이 최소한 출자금의 3배가 될 때까지 적립을 해야만 안정적인 운영이 가능하다고 보고 있다.

둘째, 수익을 조합원들에게 배당할 수도 있는데, 이는 일반협동조합만 가능하다. 사회적협동조합은 공익적 목적을 강조하는 모델로서 외부의 지원을 받기도 하므로, 수익을 조합원에게 배당하는 것은 적절치 않다. 학교사회적협동조합도 이 경우에 해당한다.

그리고 일반협동조합의 경우도, 주식회사와 달리 수익을 출자금이 아닌 이용량에 비례해 배당하는 것이 우선이며, 법적으로 출자에 대한 배당은 제한적으로만 가능하다. 물론 일반협동조합의 경우도 출자 배당이나 이용 배당을 금지하는 자체 정관을 정할 수 있다.

마지막으로 수익은 조합원들의 동의를 얻은 활동을 위해서 쓰이기도 한다. 조합원들에게 더 질 높은 서비스를 제공하거나 상품 가격 인하, 조합원 교육 확대 외에, 조합원들의 동의를 얻은 여타 활동에 지원할 수 있는 것이다.

그렇다면 이 운영원리와 관련해 진행할 수 있는 교육적인 논의로는 무엇이 있을까? 일단 경제적 참여 방식에 대해 이야기해볼 수 있다. 조합원으로서 책임을 지고 일정한 자원을 협조해야 공동의 사업이 이뤄질 수 있다는 점에서 경제적 책임을 얘기해보는 것이다. 또한 단순히 돈뿐만 아니라 우리가 가진 다양한 능력, 열정, 시간 등에 대해서도 얘기해볼 수 있다. 마지막으로 이러한 자원을 조합원들이 기꺼이 내놓고, 자원들이 순조롭게 결합될 수 있는 구조에 대해서도 고민해볼 수 있다. 바로 협동 노동에 대한 고민이 그것이다.

다음으로는 우리가 공동의 노력을 통해 생산해낸 산출물을 어떤 곳에 적절히 사용할지를 고민해볼 수 있다. 현재 이와 관련해 협동조합기본법상으로는 실제 이용자들에게 많은 혜택이 돌아갈 수 있도록 하자는 큰 원칙만 정해져 있는 만큼, 구체적인 사용처는 다양한 의견들을 총합해야 한다. 일례로 부산국제중·고등학교의 매점협동조합은 정식 법인은 아니지만 협동조합매점을 운영해 얻은 수익을 어디에 기부할지를 조합원 콘테스트를 통해 결정한다. 각 조합원들이 의견을 낸 뒤, 기부한 금액 대비 가장 기부 효과가 큰 기부처를 가장 설득력 있게 제시하는 팀을 선택해, 그 팀에서 발굴한 곳에 기부하는 기부 콘테스트인 것이다. 이러한 방식으로 학생들과 함께하는 교사들이 직접 기부처를 정하게 된다. 이는 좋은 기부 교육의 기회일뿐더러, 사회적 가치에 대해 정의를 내리고 이를 활용하는 길이기도 하다. 또한 영림중학교 학교협동조합의 경우 운영비용으로 학교에 일정한 임대료를 지불하는데, 이에 대해 학교 측은 그 임대료를 어디에 썼는지 알림으로써 - 예를 들어 학교에서 도서관의 선풍기 설치나 책 구입 등 지출 내용을 알려주고 이를 협동조합과 함께 홍보한다 - 이용한 학생들이 우리 매점 수익금이 어떻게 쓰이는지 느낄 수 있도록 교육적 배려를 하고 있다.

자율성과 독립성을 가진 조직

국제협동조합연맹의 협동조합 4원칙	한국 협동조합기본법
협동조합은 조합원들에 의해 관리되는 자율적인 자조 조직이다. 협동조합이 정부 등 다른 조직과 약정을 맺거나 외부에서 자본을 조달하고자 할 때는 조합원에 의한 민주적 관리가 보장되고 협동조합의 자율성이 유지되어야 한다.	제10조(국가 및 공공단체의 협력 등) ① 국가 및 공공단체는 협동조합등 및 사회적협동조합등의 자율성을 침해하여서는 아니 된다. ② 국가 및 공공단체는 협동조합등 및 사회적협동조합등의 사업에 대하여 적극적으로 협조하여야 하고, 그 사업에 필요한 자금 등을 지원할 수 있다. ③ 국가 및 공공단체는 협동조합등 및 사회적협동조합등의 의견을 듣고 그 의견이 반영되도록 노력하여야 한다.

'자율과 독립(Autonomy and Independence)의 원칙'은 매우 당연한 것이나, 실제적인 실행에서는 고려해야 할 부분들이 많은 원칙이다. 협동조합은 공익적 성격이 강하지만, 그렇다고 국가나 공공단체의 하부 조직은 아니다. 즉 공익적 역할을 수행하기 위해 서로 협력은 필요하지만, 이때도 수평적 파트너십을 유지할 수 있어야 한다. 따라서 이 조항은 협동조합기본법에서도 제10조에 '국가 및 공공단체의 협력 등'이라는 제목으로 규정되어 있다.

학교협동조합 역시 학교나 교육청의 하부 조직이 아니라, 조합원들이 자율적인 의사결정을 통해 외부와 독립된 관계를 갖는 조직이다. 이 같은 힘은 앞서 살펴본 세 원칙으로부터 나오는데, 즉 협동조합은 구성원들이 자발적이고 개방적으로 만든 조직, 구성원들의 민주적 방식에 따라 의사가 결정되고, 구성원들의 자원이 결합되어 설립·운영되는 조직으로서 스스로의 힘을 갖게 된다.

그렇지만 이를 국가나 외부 단체로부터 어떠한 지원도 받지 않겠다는 것으로 곡해해서는 안 된다. 국제협동조합운동의 이론가이자 실천가인 레이들로(Laidlaw, A. F.) 박사도 협동조합을 '지원하는 것'과 '권력을 행사하는 것'은 구분해야 한다고 강조했다. 즉 지원은 필요하지만, 그것이 협동조합의 독립성과 자율성을 해쳐서는 안 된다는 것이다. 특히 그는 공익적 사업을 시행하는 협동조합에 대한 국가의 지원을 강조하고 있다.

국가와 학교협동조합의 관계도 마찬가지다. 학교협동조합 운영에는 교육청, 지자체, 학교 지원이 필수적이다. 다만 지원책을 펼 때 그 효과를 점검하는 것도 중요하지만 학교협동조합을 산하 기관처럼 여기며 그 자율성을 해치지 않도록 주의를 기울여야 한다. 따라서 개별 학교협동조합의 자율과 독립을 유지할 수 있는 지원 원칙과 방향을 설정해야 한다. 몇 가지 원칙과 방향을 정리해보면 다음과 같다.

첫째, 교육청이나 지자체가 학교협동조합을 지원할 때, 양적 지표에 함몰되거나 관 주도의 톱다운 방식의 지원이 아니라 아래로부터의 자생력을 가질 수 있도록 하는 지원이 중요하다. 예컨대 한 교육청에서 학교협동조합 시범사업을 한다고 할 때, 조합 설립을 유인하기 위한 설비 지원(하드웨어)뿐만 아니라 구성원들이 스스로 학습할 수 있도록 교육 지원(소프트웨어)을 함께 결합해야만 구성원들이 자생력을 가지고 학교협동조합의 가능성을 보다 원활하게 발현할 수 있다. 학교협동조합에 대한 정책 성과를 점검할 때에도 단기간의 양적 성장보다는 학교협동조합을 매개로 발생하는 교육적 효과인 질적 성장에 주목할 필요가 있다.

둘째, 학교협동조합 간의 협력을 활성화하도록 하여 학교협동조합들의 자생력을 강화할 수 있도록 해야 한다. 예컨대 지자체와 교육청에서 학교협동조합 상호 멘토링 사업 정책을 마련하여 안정화된 선배 학교협동조합이 새로 시작하는 신생 학교협동조합을 지원하는 것은 좋은 정책 사례라고 할 수 있다. 처음 시작하는 학교협동조합 입장에서는 아무리 잘된 운영 매뉴얼이 있더라도 많은 시행착오를 거칠 수밖에 없기 때문이다. 다만 이러한 멘토링이 재능 기부만이 되지 않도록 적정한 자문비를 책정하여야 할 것이다. 이러한 상호 멘토링 사업이 중요한 이유는 기존의 학교협동조합의 역량을 강화하고, 상호 간 네트워크를 통해 궁극적으로는 학교협동조합 연합회를 만들 수 있는 터전을 마련할 수 있기 때문이다.

셋째, 학교와 학교협동조합과의 협력적 관계 설정이 중요하다. 학교협동조합은 교육청이나 지자체의 하부 조직이 아니듯이 학교의 하부조직도 아니다. 그러나 학교협동조합이 자리 잡고 발전하기 위해서는 학교 관리자들(교장, 행정실장 등)과의 협력이 필수적이라 때에 따라 관계에 혼동이 오기도 한다. 이때 중요한 것은 학교와 학교협동조합이 상호 독립적이자 유기적으로 연결된 의사 결정 체계를 가지고 있다는 점을 인식하는 것이다.

예컨대 한 학교의 관리자가 학교협동조합의 운영을 걱정해 책임감을 느끼고 학교협동조합의 지출 내역을 매달 사전 결재받도록 요구했다고 하자. 이때 조합 실무자는 당황해 이것이 협동조합의 독립성 원칙에 맞는지 고민할 것이다.

이런 식의 문제는 관리자가 협동조합 시스템을 정확히 이해하지 못한 데서 오는 혼선이다. 학교협동조합의 경우, 각종 중요 서류가 조합에 비치되어 있어 조합원 누구나 열람할 수 있으며, 지출 내역도 매번 사전 열람은 어렵지만 사후적으로는 오픈되어 있다. 또한 교직원이라면 이사 등 임원의 형태로 매월 열리는 이사회나 분과위원회 등에서 협동조합의 경영을 가까이서 지켜보고 함께 할 수 있는 만큼 굳이 사전 결재로 조합 원칙을 훼손할 필요는 없다. 실제로 이런 사례가 한 번 있었지만, 다행히 그 관리자는 조합 측 실무자의 이야기를 듣고는 기존의 요청을 취소했다. 조합 업무에 방해가 되지 않도록, 일반 조합원으로서 조합에 비치된 서류를 열람하기로 한 것이다.

물론 학교협동조합이 시작 단계에 있는 상황에서는 여러 혼동이 있을 수밖에 없다. 중요한 것은 서로의 선의를 믿고 학교와 협동조합이 유기적이면서도 수평적인 협력관계를 찾아가는 것이다.

마지막으로 교육청, 지자체 등 국가기관의 지원과 관련해 또한 유의할 점은, 학교협동조합을 교육 공공성의 책임을 민간에 떠넘기는 수단으로 여겨서는 안 된다는 점이다. 정부와 협동조합은 상호 협조와 보완을 통해 사업과 공공 서비스를 제공한다. 이처럼 수요자가 직접 운영에 참여하는 공공 서비스는 수요자의 요구를 효과적으로 반영하고 다양한 자원을 활용할 수 있기 때문에 매우 바람직하다. 1990년대 이후 이탈리아에서 사회적협동조합법이 제정되고, 한국에서도 2012년 협동조합기본법과 함께 사회적 협동조합 제도가 도입된 것도 이런 유용성 때문이다. 하지만 정부가 이를 악용하여, 구조조정이나 무리한 민영화, 혹은 예산 절감 등을 목적으로 국가의 책임을 방기하려 든다면 문제가 발생할 수 있다. 예를 들어 돌봄교실 등 교육 분야에서 학교와 연계한 협동조합 모델이 생겨나는 것은 매우 바람직하지만, 그 내용이 정부의 공적 책임과 예산을 절감하는 차원으로 왜곡되어서는 안 될 것이다.

그렇다면 개별 학교협동조합의 민주적인 구조, 자율성, 독립성을 위해 지자체와 교육청이 제공할 수 있는 구체적인 지원으로는 어떤 것이 있을까? 학교협동조합을 설립하고 운영해가는 과정에서 주요 업무를 크게 교육, 사업, 행정 세 부분으로 나눌 때, 각각의 연계망들을 고려한 지원을 구상해야 할 것이다.

먼저 교육적인 부분은 학교가 중심이 되어 운영하되, 교사 및 청소년 경제교육을 고민하는 다양한 협동조합 및 사회적기업가들이 함께 내용을 만들어가야 한다. 뒤에 서술하는 외국 사례에서 볼 수 있듯이 학교협동조합 교육은 협동조합 연합회와 학교 교사들 간의 협업을 통해 공동으로 개발되는 경우가 많다. 교육청 및 지자체에서는 이러한 협업 개발이 활성화될 수 있도록 자원을 연계해줘야 할 것이다.

사업적인 부분에서는 지역의 생협 등 사회적경제조직과의 연계가 강화되어야 한다. 궁극적으로는 학교협동조합 연합회가 설립되어 공동 사업을 추진하고, 사업 초기 세팅하는 데 지원을 해줘야 하겠지만, 그러한 체계가 만들어지기 전까지는 다른 사회적경제조직의 협력이 필요한 지점이다. 다음 장의 영림중학교 사례에서 나오지만, 학교협동조합이 있는 지역 기초지자체의 사회적 경제 중간지원조직이라면, 지역 협동조합을 가까이서 지원하는 만큼 무엇이 필요한지 직접 물어보고, 그 필요에 맞는 자원을 연계시키는 역할을 가장 잘할 수 있다.

끝으로 행정적인 부분은 지금 학교협동조합 생태계를 구성함에 있어 가장 시급한 부분이다. 학교협동조합 관련 서류를 작성하고 행정적인 절차를 밟아나가는 과정에서 이에 익숙하지 않은 교사, 학부모들의 시행착오와 어려움이 있기 때문이다. 이 때문에 많은 의욕적인 구성원들이 역량을 소진하고 정작 교육적 에너지는 잃고 있다. 따라서 행정적인 부담을 덜어주는 것은 에너지를 낭비하지 않고 보존해 긍정적 교육 효과를 만들어내는 중요한 계기가 될 수 있다.

이를 위해 우선 학교협동조합과 상담지원센터와의 연계가 필요하다. 현재 협동조합 상담 및 교육을 담당하는 협동조합 상담지원센터들이 기재부 및 지자체별로 있고, 이러한 상담지원센터와의 유기적인 연계가 필요하다. 이와 관련해서는 부록에서 간략히 도움을 받을 수 있는 곳을 안내했다.

더불어 제도적 개선과 정비가 시급하다. 현재 학교협동조합을 사회적협동조합으로 법인화하는 과정에서 여러 행정적인 이슈들이 있다. 수의 계약, 교원 겸직 등 다양한 이슈들도 학교 현장과 유기적으로 접목될 수 있도록 법과 제도의 변화가 필요한 부분이다.

교육, 훈련 및 정보를 제공하는 조직

국제협동조합연맹의 협동조합 5원칙	한국 협동조합기본법
협동조합은 조합원, 선출된 임원, 경영자, 직원들이 협동조합의 발전에 효과적으로 기여하도록 교육과 훈련을 제공한다. 협동조합은 일반 대중, 특히 젊은 세대와 여론 지도층에게 협동의 본질과 장점에 대한 정보를 제공한다.	제7조(협동조합등의 책무) 협동조합등 및 사회적협동조합등은 조합원등의 권익 증진을 위하여 교육·훈련 및 정보 제공 등의 활동을 적극적으로 수행하여야 한다.

'교육, 훈련 및 정보 제공(Education, Training and Information)'은 다른 협동조합에서도 매우 중요하지만, 학교협동조합에서는 보다 본질적인 중요성을 가진다. 협동조합의 정체성을 유지하고, 조합원들의 적극적 참여로 조합만의 강점을 이끌어내기 위해 우선적으로 지켜야 할 항목이기 때문이다. 따라서 성공한 모든 협동조합은 그 자체로 훌륭한 교육 공동체인 경우가 많다. 나아가 학교협동조합은 이 부분에 더욱 에너지와 관심을 쏟아야 한다. 학교라는 공간적 특성, 더불어 조합원들이 성장기의 청소년이라는 구성원들의 특징, 나아가 매년 새로운 조합원이 유입되는 특성 때문이다.

그럼에도 학교협동조합을 통해 이뤄지는 다양한 경험 중에 어느 것이 교육적으로 더 의미 있고 장려되어야 하는가는 좀 더 고민이 필요하다. 존 듀이는 『경험과 교육(Experience and Education)』이라는 저서에서, 새로운 교육은 책이나 교사로부터 배우는 것보다 경험을 통한 배움, 개성의 표현과 함양이 강조된다고 말한 바 있다. 또한 모든 경험이 교육적일 수는 없는 만큼, 학생들이 몰입할 수 있고 "이어지는 경험 속에서 결실을 맺고 새로운 것을 창조하면서 살아 숨 쉴 수 있는" 경험을 선정해야 하며, 따라서 살아 있는 경험을 토대로 성공적 교육 체제를 만드는 일은 기존의 전통적인 교육을 고수하는 것보다 어려울 수 있다고 덧붙인다.

이 같은 교육적 경험의 준거와 관련해, 다음 두 가지 지점은 학교협동조합의 교육적 활동을 설계할 때 매우 중요한 부분이 된다.

> 첫째는 학생들이 현재 가지고 있는 경험을 낳은 요건들로부터 문제가 생겨나고, 그 문제가 학생들이 갖고 있는 역량의 범위 내에 있는 것인가 하는 점이다. 둘째는 문제가 학생들로 하여금 적극적으로 정보를 수집하고 새로운 아이디어를 내놓도록 만드는 힘을 지니고 있는가 하는 점이다. 그렇게 습득된 새로운 사실과 아이디어들은 이후의 경험 속에서 새로운 문제들이 생성되도록 만드는 토대가 된다.
>
> Dewey, 1938; 엄태동 편저, 2001, p115

여기서 가장 중요한 것은 학생들이 '역량의 범위' 내에 있는 문제를 경험할 수 있도록 하는 일종의 '설계'다. 사실상 학교협동조합 활동들은 학생들이 처음부터 해나가기에는 무리한 부분이 적지 않다. 이 때문에 조합 활동에서 교육적 효과를 이끌어내려면 학생들 스스로 성취해갈 만한 수위의 과업을 설계하는 일이 매우 중요하다. 여기에 절대적 기준이 있는 건 아니다. 개별 조합 상황에 따라 다를 수 있고, 구성원들 각자의 경험의 양과 질에 따라 달라질 수도 있다. 이처럼 학생들의 역량은 고정된 것이 아니고 얼마든지 발전 가능성이 있지만, 그럼에도 이 모두를 단계별로 나아가도록 설계하는 일이 관건이다.

나아가 이렇게 쌓은 경험들이 기존의 경험이나 이후의 경험과 연계되어 창조적인 경험 과정으로 나아갈 수 있도록 독려해야 한다. 일반적으로 협동조합교육을 교과 과정과 연계한다고 할 때, 가장 먼저 경제 교육 혹은 사회 과목을 떠올린다. 하지만 이런 활동들이 늘 특정 과목으로 수렴되는 것은 아니다. 예를 들어 학교협동조합 소식지를 만드는 일은 국어 과목과 연계성이 있고, 홍보 포스터를 만드는 것은 미술 과목과도 연계된다.

실제로 홍덕고에서는 학교협동조합 설립을 준비하며 다양한 과목과의 연계를 진행했다. 이를테면 사회 교사는 협동조합의 운영 원리에 대한 수업을 진행하고, 가정 교사는 식생활 교육을 주제로 협동조합을 이야기했다. 국어 교사는 협동조합 관련 지문을 활용해 수업을 했다. 덧붙여 현재 교과목에 머무르지 않고, 이 모두를 아이들이 미래 진로를 결정해가는 데 도움이 될 수 있는 교육적 경험으로 연결시킬 수도 있을 것이다.

이처럼 학교협동조합에서 이뤄지는 교육, 훈련 및 정보 제공은 교육적 경험을 매개로 다양하게 확장되며, 이를 위해서는 기존의 지식 전달 방식을 넘어, 보다 세심하고 준비된 교육 프로그램이 필요하다. 협동조합에 대한 개념 및 조합 활동과 관련한 다양한 교육들이 면밀하게 설계되어야 한다. 하지만 이 부분에서 아직까지 부족한 점이 많은 게 사실이다. 이 부족함을 해결하려면 보다 많은 사람들이 학교협동조합에 관심을 가져야 하며, 특히 교사 및 교육 관계자들의 노력이 필요하다. 이와 관련해 6장에서는 지금까지 학교협동조합지원네트워크 등을 통해 만들어지고 운영되어온 교육 프로그램들을 소개하고자 한다.

협동조합 간 협동의 조직

국제협동조합연맹의 협동조합 6원칙

협동조합은 지역 및 전국 그리고 인접 국가 및 국제적으로 함께 일함으로써 조합원에게 가장 효과적으로 봉사하고 협동조합운동을 강화한다.

한국 협동조합기본법

제8조(다른 협동조합 등과의 협력)
① 협동조합등및 사회적협동조합등은 다른 협동조합, 다른 법률에 따른 협동조합, 외국의 협동조합 및 관련 국제기구 등과의 상호 협력, 이해 증진 및 공동사업 개발 등을 위하여 노력하여야 한다.
② 협동조합등 및 사회적협동조합등은 제1항의 목적 달성을 위하여 필요한 경우에는 다른 협동조합, 다른 법률에 따른 협동조합 등과 협의회를 구성·운영할 수 있다.

'협동조합 간 협동(Co-operation Among Co-Operatives)'은 당위적 조항으로 느껴지지만, 사실상 협동조합의 활동을 성공으로 이끌기 위한 중요한 요소 중의 하나다. 협동조합의 원동력은 협업으로, 내부적으로는 조합원들 간의 협업, 외부적으로는 다른 협동조합과의 협업을 생각해볼 수 있다. 또한 타 협동조합과의 협동은 같은 학교협동조합 간의 협동, 지역의 다른 협동조합과의 협동으로 나눠진다.

먼저 학교협동조합 간 협동을 살펴보면, 사업 모델이 같은 조합끼리 공동 사업을 통해 규모의 경제를 누리는 것이야말로 전형적인 협동조합의 발전상으로 볼 수 있다. 우리에게 익숙한 생협을 예로 들자면 아이쿱생협, 한살림, 두레, 행복중심, 대학 생협 등도 연합회를 통해 사업과 조직의 많은 부분을 효율화한다. 또한 다음 장에서 소개될 말레이시아의 학교협동조합은 앙카사(ANGKASA)라는 연합을 통해 성장했다. 특히 학교협동조합들은 사업 범위와 규모가 작은 만큼 연합회를 통한 사업의 규모화가 큰 이점을 가져다줄 수 있다.

한국은 아직 학교협동조합이 초기 단계에 있고, 설립된 조합도 많지 않아 조합 간 협동이 먼 일처럼 느껴질 수 있다. 하지만 협력이 요구되는 당장의 사안들도 적지 않고, 실제로 온·오프라인에서 모이기 시작한 몇몇 협동조합들은 혼자였을 때보다 훨씬 많은 것을 할 수 있게 되었다. 지난 2014년 11월 22일에 열린 제1회 전국 학교협동조합 연합워크숍에는 총 7개의 학교협동조합이 모였다. 이 첫 모임에서는 교육적 교류가 진행되었는데, 각 학교의 학생 임원들이 모여 서로의 활동을 소개하고, 고민을 나누고, 강의도 들으며 새로운 정보와 에너지를 나누었다. 학부모 및 교사 임원들도 따로 모여 어떻게 학교협동조합에서 학생들을 교육할 것인지, 어떻게 학교협동조합 매점 사업을 보다 원활히 운영할 것인지 서로의 사례를 나누었다. 행사가 끝난 뒤 많은 이들이 이 워크숍을 통해 "자신의 활동에 새로운 방향을 다잡을 수 있는 계기가 되었다"고 술회했으며, 이후 이 워크숍은 한 달에 한 번 오프라인 모임으로 지금까지 이어지고 있다. 2016년 12월 26일에는 서울시 사회적경제지원센터와 한국대학생활협동조합연합회가 주최하여 〈전국 학생조합원 한마당〉이 열리기도 했다. 학교협동조합을 운영하고 있거나 준비 중인 22개 초·중·고 그리고 대학생들 100명이 참석해 활동 사례를 공유하고 교류했다.

이처럼 기존 조합들이 모이면 새로이 설립된 조합들도 도움을 받을 수 있게 되었다는 것도 큰 이점이다. 언급했듯이 학교협동조합이 홀로 설립부터 운영까지 틀을 잡아가는 과정은 매우 힘겹고 지난하다. 따라서 연합회가 없는 지금 상황에서는, 먼저 시작한 학교협동조합이 새로운 학교협동조합들에게 가장 좋은 스승일 수 있으며, 실제로 제1회 연합워크숍 이후 만들어진 온라인 모임은 새로 시작한 협동조합에게 정보와 노하우를 전수하는 역할을 맡고 있다. 앞서 자율과 독립의 원칙에서 언급한 것처럼 학교협동조합 상호 멘토링 사업을 통해 학교협동조합 내 자원이 순환될 수 있는 체계를 지자체나 교육청이 지원하는 역할을 할 수 있을 것이다.

여기서 더 발전한다면 교육 사업 협력도 기대해볼 수 있다. 공통적으로 필요한 교육 프로그램, 매뉴얼, 운영 시스템 등을 함께 개발하고 운영함으로써 비용 절감과 콘텐츠의 다양화가 가능해진다. 외국의 사례처럼 협동조합 연합회와 학교 교사들이 협력을 통해 공동 교육 프로그램을 개발할 수도 있을 것이다. 뒤에서 서술하겠지만, 프랑스의 '프레네 교육' 역시 일종의 학교협동조합을 통해 확산된 경우라고 볼 수 있다. 프레네 교육을 위해 필요한 학습 자료 전반을 같은 문제의식을 지닌 교사들이 사업자 협동조합이라고 할 수 있는 '비종교적 교육을 위한 협동조합(La Coopérative de l'Enseignement Laïc, CEL)'을 만들어 공동으로 개발했고, 이를 통해 프레네 교육이 확산된 것이다.

또한 장기적으로 공동 사업도 고려해볼 수 있다. 지금이야 몇 개 안 되는 학교협동조합들이 분산되어 각자 지역의 협동조합이나 납품업체를 통해 제품을 구입하지만, 조합 수가 늘어나 일정한 지역에 밀집이 가능해지면 물류 효율화 시스템도 갖출 수 있고, 공동구매 계약을 통해 단가를 낮출 수도 있을 것이다. 현재 서울, 경기도, 부산 등에서 학교협동조합 수가 늘어날 전망이기에 이처럼 공동의 노력을 통한 이득과 효과도 점차 커질 것으로 전망된다.

다음으로, 현재 학교와 지역의 연계가 확대되는 추세에 있는 만큼 학교협동조합 간의 협동만이 아니라 지역의 다른 협동조합과의 협동도 중요하다. 일례로 교내 친환경 매점을 운영하는 경우 지역 협동조합 및 관련 단체로부터 많은 도움을 얻을 수 있다. 식생활 교육을 받을 수도 있으며, 특화 상품을 개발할 수도 있다. 이런 사례는 특히 지역 생협과의 협동 사례에서 활발한데, 한살림 성남 용인의 경우 복정고에 가격과 용량을 낮춘 맞춤형 빵을 개발해 공급하고 있고, 식생활 교육팀이 학생 교육에 참여한다. 아이쿱 역시 연합회 차원에서 학교협동조합에 공급 가능한 작은 규격의 과자, 음료, 아이스크림 목록을 적극적으로 제공하고 있다. 그런가 하면 행복중심 서울생협에서는 기초지자체인 관악구 사회적경제 생태계조성사업단과 함께 신규 학교협동조합 설립을 지원하고 있다. 두레생협 소속 생협들은 지역성이 보다 강한데, 영림중과 복정고 등 초창기에 설립된 협동조합에서 실질적으로 활동가들이 참여하고 있다. 이렇게 물품만 아니라 인력적 연계도 가능하다. 예를 들어 지역 생협의 이사장이 퇴임 후 자신의 경험을 바탕으로 학교협동조합 코디네이터가 될 수 있을 것이다.

생협만이 아니다. 다양한 교육협동조합, 체험여행협동조합 등도 학교협동조합과 연계될 수 있다. 방과 후 사업, 수학여행 등 사업별로 지역 협동조합들과 연계가 가능하다. 예를 들어 지역의 협동조합들과 함께 현장체험학습을 기획해볼 수 있다. 이러한 학교협동조합이 갖는 연계성, 확장성 때문에 복정고협동조합은 성남 사회적경제조직들이 모이는 '성남 사회적경제 한마당'이라는 행사에 지역사회의 일원으로 초대를 받은 바 있다. 이 학교의 학생 임원들은 지역 장터와 토크 프로그램 등 다양한 활동에 참여했고, 이처럼 협동조합 간 교류를 통해 학교에서 제공해주지 못하는 경험을 지역 사회에서 경험할 수 있었다.

지역사회에 기여하는 조직

<table>
<tr><td>

국제협동조합연맹의 협동조합 7원칙

협동조합은 조합원의 동의를 얻은 정책을 통해 그들 지역사회의 지속가능한 발전을 위해 노력한다.

</td><td>

한국 협동조합기본법

제45조(사업)
① 협동조합은 설립 목적을 달성하기 위하여 필요한 사업을 자율적으로 정관으로 정하되, 다음 각 호의 사업은 포함하여야 한다.
1. 조합원과 직원에 대한 상담, 교육·훈련 및 정보 제공 사업
2. 협동조합 간 협력을 위한 사업
3. 협동조합의 홍보 및 지역사회를 위한 사업

</td></tr>
</table>

'지역사회에 대한 기여(Concern for Community)' 역시 자칫 당위적인 조항처럼 비칠 수 있다. 협동조합기본법 제45조(사업)에 따르면 이 원칙은 앞서 살펴본 제5원칙인 '교육·훈련 및 정보 제공', 제6원칙인 '협동조합 간 협동'과 함께 협동조합 정관에 반드시 포함되어야 할 세 가지 사업이다. 이 역시 강제적 당위성만 가지는 것이 아니라 협동조합의 주요한 정체성이자 성공 요인 중 하나로 작용한다.

신생 학교협동조합이 벌써부터 지역사회 사업을 벌인다는 게 어불성설처럼 느껴질 수도 있다. 하지만 협동조합 및 학교협동조합의 경우 지역사회를 고려하지 않고는 지속적인 성장이 불가능하다고 봐야 한다. 이들의 사업이란 결국 지역사회의 다양한 자원을 결합하며 선순환을 만들어내는 활동이기 때문이다. 지역사회

를 사랑하는 협동조합은 절대 실패하지 않는다는 격언을 되새겨
봐야 한다.

지역사회에 대한 기여라고 꼭 거창한 것만 생각할 필요는 없다.
협동조합의 상생과 발전을 위해 지역사회라는 터전을 고려하는
것부터가 시작이다. 또한 넓게 보면, 지역사회는 단지 마을을 지
칭하는 명칭이 아니라 한 나라 혹은 세계를 의미하기도 한다. 지
역과 나라 또는 세계를 고려하는 윤리적 소비도 대표적인 지역사
회에 대한 기여인 셈이다. 실제로 학교협동조합이 친환경 식품 판
매에 관심을 가지는 것은 학생들의 건강을 위해서이기도 하지만,
동시에 우리 농민과 자연을 위해서기도 하다. 공정무역 초콜릿을
판매하는 것도 비슷하다. 이는 지구 반대편의 노동자들이 공정한
노동환경 하에서 일하도록 힘을 합치는 일이다. 즉 학생들이 윤리
적 소비를 실천하고, 이를 다른 친구들에게 알리는 것 자체가 지
역사회에 대한 기여다.

복정고 학교협동조합에서도 비슷한 사례가 있었다. 2015년 밸
런타인데이 때 복정고에서는 공정무역 제품인 '용감한 초콜릿'을
판매했다. 이를 통해 학생들은 돈 대신 평화를 선택한 용기 있는
농부들을 알아가고, 페루에 평화를 가져다줄 구매 활동을 통해 공
정무역의 가치와 스토리를 자연스럽게 접할 수 있었다. 이 모두는
일반 매점이 아닌, 학생들이 자치적으로 만들어가는 학교협동조합
매점이 있었기에 가능한 일이었다. 그 결과 '용감한 초콜릿'은 졸
업식 날까지 연장 판매를 실시해 초과 판매를 달성할 수 있었다.

그럼에도 그동안 학교와 지역과의 연계점이 부족했던 상황에

복정고 공정무역 초콜릿 캠페인: 학생들이 졸업식 날 다른 학생들과 가족들에게 공정무역 캠페인을 하고 있다.　　　　　ⓒ 복정고 교육경제공동체 사회적협동조합 페이스북 페이지

서, 학생들에게 7원칙 교육을 할 때 가장 어려운 부분이 '지역사회에 대한 기여' 부분이기도 하다. 이 상황에서 비단 학교협동조합 형태가 아니라도 점차 지역과의 연계를 실천하는 학교들이 많아지고 있다는 것은 희소식일 수밖에 없다. 예컨대 충남 부여여고의 경우, 학생들이 '스트리트 아트'라는 공공미술 프로젝트를 진행한 적이 있다. 마을 주민들과 어떤 작품을 만들지 논의를 진행하며 마을 공간을 바꾸어가는 프로젝트였다. 그 결과, 학교 주변 지역에 6개, 교내에 36개의 미술작품이 제작되고 40개의 UCC 동영상도 만들 수 있었다(부여타임스, 2015. 3. 1). 경기 이천 양정여고

에서는 학생들 스스로 소상공인 살리기 프로젝트를 기획, 진행했다. 지역사회의 분식점들이 소비자들로부터 외면받는 원인을 분석하고 함께 해결책을 모색한 것이다(한겨레신문, 2014. 10. 27). 또한 국사봉중학교에서는 '에너지 매니지먼트'라는 수업을 들은 뒤, 직접 지역 상가와 가정을 상대로 에너지 진단과 컨설팅을 하는 실습 교육을 했다. 윤우현 교사는 "지역사회와 연계한 대안적 교육을 통해 아이들이 스스로 공동체적 가치를 깨닫고 정서적 안정과 창의력을 높일 수 있다고 믿는다"며 지역사회와 연계된 교육의 가치를 강조했다(한겨레신문, 2014. 4. 8).

이러한 일은 특별한 학생들만 할 수 있는 것이 아니다. 앞서 1장에서 얘기한 수송초등학교의 안전지도 사례처럼 초등학생들도 자신의 지역에서 기여할 수 있는 일을 찾으면서 훌륭한 교육 프로그램을 수행할 수 있는 것이다.

이처럼 지역사회는 학교협동조합의 성장에 큰 영향을 미치는 훌륭한 텃밭이자, 학생들의 교육적 경험을 확장하고 적용해볼 수 있는 교육의 공간이다. 이는 어찌 보면 당연한 일로서, 학생들 역시 지역 주민이고 시민이라는 점을 돌이켜봐야 한다. 교육 근대화와 더불어 좁은 공간에서 좁은 교육만 받는 대상화된 주체로 인식되기 전만 해도, 우리 아이들은 가정과 이웃, 사회가 연결된 마을 안에서 자연스럽게 배우고 성장했다.

학교협동조합은 그간 부자연스럽게 분절되어 있던 학교와 마을을 다시금 이어주는 다리가 될 수 있으며, 마을과의 연계에 촉매제가 될 수 있다. 물리적으로나 개념적으로나 학교가 지역사회 모두의 중요한 공적인 공간으로 재탄생하는 것이다. 이것이 원활해지면, 학교에서 이루어지는 다양한 교육들이 마을 주민들에게 흘러가고, 마을의 자원들이 교육 영역 안으로 흘러들어올 수 있게 된다.

이상 학교협동조합의 운영원리를 협동조합 7원칙에 입각해 하나씩 살펴보았다. 그렇다면 이제 4, 5장을 통해 국내외에서 구현되고 있는 학교협동조합의 모습을 살펴보자.

4장

학교협동조합
국내 사례

　지금까지 학교협동조합을 둘러싼 배경과 학교협동조합의 특성을 살펴보았다. 이번 장에서는 현재 진행 중인 학교협동조합들의 생생한 이야기를 들어보고자 했다. 여기서 어떤 학교가 학교협동조합의 모범적인 상이라고 말하기는 어려울 듯하다. 모든 학교협동조합들은 각각 처한 상황, 조합원들의 특성에 따라 다양한 모습으로 발전하고 있기 때문이다. 따라서 이 장에서는 학교협동조합의 이상적인 상으로서 제시되는 것이라기보다 현재 학교협동조합의 다양한 모델을 보여주고자 했다. 초·중·고별, 지역별로 대표적인 사례를 뽑아보았다. 앞으로 학교협동조합이 많아지면 사례들 역시 보다 풍부해질 것이다.

학부모들이 함께 만들어가는 마을 학교

방과 후, 돌봄의 문제에 주목하다

가장 먼저 소개하는 모델은 농산어촌 초등학교를 중심으로 만들어지고 있는 학교협동조합 모델이다. 인구가 작은 농산어촌의 작은 학교는 폐교 위기에 놓이곤 한다. 하지만 위기는 기회라고, 작은 시골 학교를 살리기 위한 노력으로 교사들과 학부모들이 중심이 되어 새로운 교육이 활발해지면서 학생 수가 느는 동시에 혁신 교육의 중심지가 되는 경우도 많다. 경기도 조현초등학교, 부산의 금성초등학교가 이러한 사례이다. 금성초등학교에서 학부모들이 협동조합을 만든 과정을 중심으로 이러한 모델을 살펴보자.

금성초등학교는 해발고도 801미터의 금정산성에 위치한 곳으로, 오가는 마을버스와 시내버스가 각각 한 대에 불과할 만큼 도심과 떨어져 있다. 이 불편한 지리적 환경으로 인해 2005년에는 학생 수가 46명까지 줄어들어 폐교 위기에 처했다.

하지만 천혜의 자연환경과 적은 학생 수는 정해진 교과과정에서 벗어나 다양한 체험 프로그램을 운영할 수 있는 조건이기도 했다. 이처럼 금성초등학교는 불리한 조건을 긍정적인 자원으로 바꿔가며 2006년도부터 혁신모델학교, 자율학교를 운영하기 시작했다. 문화예술 통합교육과정을 운영해 행복한 학교, 무학년제 다모임, 집중기 계절학교 등 학생들이 소통의 기쁨을 체화하도록 했다. 더불어 다양한 주제 중심의 프로젝트 수업을 적극적으로 진행했다. 학생들이 직접 영화를 찍고, 영화 매체를 통해 사회 등 교과 수업을 진행하는 식이다. 그런가 하면 아이 10여 명이 들어갈 만한 학교 뒷산 통나무집도 아이들이 손수 만들었다. 학교 주변 숲을 탐방하면서 자연을 배우고 그림을 그리기도 했다. 이처럼 학교 주변의 모든 것이 중요한 교육적 자료로 쓰이고, 자연과 어우러지는 교육, 다양한 체험 활동 등이 학부모들로부터 큰 호응을 받으며 학생 수가 늘어나기 시작했다. 그렇게 학교가 살아나자 지역도 살아났다. 전교생 121명 중 학교 때문에 온 가족이 이사를 온 학생이 3분의 2가 넘는다(부산일보, 2014. 7. 2). 이제 금성초등학교는 전국적으로 가장 유명한 혁신학교 중 하나로 언론에도 여러 차례 소개된 바 있다.

여기서 한 걸음 더 나아가, 금성초등학교는 학교협동조합을 설립했다. 2013년에 2014년부터 돌봄 교사가 무기 계약직으로 전환된다는 소식을 접한 뒤였다. 그렇게 되면 교사들의 처우도 떨어지고 학생들에게 친환경 식품을 제공하는 것도 힘들어지리라는 우려가 커졌다. 특히 불편한 지리적 환경이 걱정되었다. 금전적 이해관계로 위탁업체에 고용된다면, 분명히 보수도 열악하고 처우가 좋지 않을 텐데 어떤 돌봄 교사가 통학거리도 먼 이곳까지 올까 하는 생각이 들었다. 생각 끝에 학부모들은 '차라리 우리가 돌봄과 방과 후 프로그램을 진행해보는 것은 어떨까?'라는 질문을 던지기에 이르렀고, 그간 쌓아온 공동체 정신과 경험을 십분 발휘하여 금성교육문화협동조합을 시작할 수 있었다.

마을 주민들과 함께하다

그간 학부모 모임을 통해 활동에 참여해본 경험이 많았으므로 뜻을 모으기도 어렵지 않았다. 우선 준비 모임을 시작했다. 2013년 3월에 발기인을 모집하고 매주 목요일마다 정기 회의를 열기로 했다. 회의 후에는 돌아가면서 한 사람씩 정해진 책을 읽고 온 후 일일 선생님이 되어 설명을 하고, 이에 대해 함께 토론도 진행했다. 격주 1회로 현지 답사도 갔다. 답사 대상은 돌봄 관련 기관과 지역 학교들로 이 답사는 매우 중요한 경험이 되었다.

정기 모임은 정해져 있었지만, 좁은 마을이다 보니 거의 매일 만나 논의를 펼치기도 했다. 처음부터 방향을 정한 것은 아니었음에도 서서히 큰 골격이 갖춰지고 있었다. 금성교육문화협동조합의 김도연 이사장은 아직도 활동에 대한 고민이 진행 중이라고 말한다. "다양한 시도를 해보고 모든 가능성을 열어둔 뒤, 각각의 상황에서 최선을 일구어내며 계속해서 성장하고 정체성을 찾아가는 협동조합"이 김 이사장을 비롯해 금성교육문화협동조합의 꿈이라는 것이다(2014.11 인터뷰).

또한 더 많은 마을 주민과 함께하기 위한 노력도 전개됐다. 금성초등학교 협동조합의 경우는 학부모들의 참여도가 높았던 만큼 당장의 사업만 염두에 둘 거라면 준비된 사람들까지 정예 강사로 육성해 모든 것을 일사천리로 진행할 수도 있었다.

그럼에도 금성교육문화협동조합은 조심스럽게 더 많은 마을 주민과 함께할 수 있는 방법을 모색하고자 했다. 특히 2006년 전후, 혁신학교로 발돋움하면서 외부에서 새로 유입된 가구들과 본래

거주자 사이에 미묘한 경계가 생겨난 터였다. 하지만 마을은 아이들이 자라고 교육적 경험을 갖는 현장인 만큼 모두가 함께 가는 것이 중요하다고 생각한 조합은 '실천하는 배움으로 웃음꽃 피는 마을문화를 창조한다'는 슬로건 하에 마을 주민들을 만나고 소통했다. 이 과정에서 "너희가 뭔데 금성이라는 이름을 넣냐."라는 오해 섞인 질책도 듣기도 했다. 하지만 그런 이들에게는 "많이 도와주세요"라며 더 가까이 다가갔다.

농산물 판매 체계와 공동구매도 추진했다. 이 마을은 부산 도심 안에 있지만 금정산성으로 둘러싸여 작게나마 농사를 짓는 인구가 많았다. 이런 농산물들의 판로를 마련하는 체계를 세움으로써 마을 주민들의 이해를 구하고, 마을 안으로 더 깊이 녹아들어가는 등 마을 전체 조직을 연결하는 역할을 자임했다.

구성원 내부 자원을 결집시키다

이 모든 사업에 앞서, 가장 중요한 방과 후 교육 콘텐츠 확보는 배움으로부터 시작했다. 앞서 말한 정기 모임과 답사 외에 방과 후프로그램 연수에 참여한 것이다. 제1기 도시농업전문가 과정 연수(3명 연수, 2014.5.22~8.22), 숲 밧줄놀이 지도자 과정 연수 (19명 이수, 2014.7.1~ 9.30) 등이었다.

더 중요한 건 구성원 내부의 자원을 발굴하는 일이었다. 예컨대 조합 학부모들 중에 자연미술 전공자가 4명 있어서, 이들이 직접 프로그램을 짜서 자연미술 스터디를 시작했다. 또한 교육 활동 외에도 협동조합 로고를 정하거나 마을 행사를 준비하는 등 일상적인 사업에서도 구성원들이 자발적으로 협력했다. 아래 김도연 이사장의 말처럼 혼자서는 완벽하지 않지만 각각 할 수 있는 것이 다르기 때문에 그것을 모아내자 굉장한 시너지가 발휘될 수 있었다.

> 어머니들이 경력이 단절되어 있다 보니 하라고 시키지도 않았는데 "나 옛날에 그거 해봤어." 하면서 해오셨다. 밤을 새우면서까지 "이거 어때, 이거 어때?" 하고 물어보는 식이다. 각각의 재능이 있는 분들이 있다. 사람이 재산이다. 혼자서는 완벽하지 않지만 각각 할 수 있는 것이 다르기 때문에 그것을 모아내면 굉장한 시너지가 발휘된다.
>
> 2014.11 김도연 이사장 인터뷰

그렇지만 주도해서 일을 해본 사람이라면 이런 과정이 쉽지만은 않다는 걸 알게 된다. 의욕만으로는 안 되는 일도 있고, 부분적으로는 성공일지라도 전체로 보면 문제점이 보이는 경우도 많다. 이 때문에 협동조합을 처음 시작하는 이들은 조합원의 자발성과 참여만으로 모든 것이 완성될 것이라고 생각했다가 이내 실망하는 경우가 왕왕 있다. 하지만 이들 역시 영림중의 경우처럼 천천히 나아가는 방법을 택했다. 시간을 두어 최대한 많은 이들이 참여할 수 있도록 한 것이다.

또한 역할 분담을 나눠 놓되 실제로는 함께 진행하는 부분이 많았고, 역량이 있는 사람은 역량 있는 사람대로, 힘들어 쉬겠다는 이도 존중받을 수 있도록 했다. 사업에 대해 모르는 이들이 있으

금성교육문화협동조합에서 학부모들이 함께 운영하는 '숲 밧줄 놀이' 교육 프로그램. 밧줄을 재료로 자연 그대로의 나무들을 이용하여 밧줄 구조물을 설치하고 놀이한다.

출처: 금성초등학교

면 적극적으로 설명도 했다.

이렇게 하나둘 교육 프로그램들이 준비되기 시작했다. 밧줄을 재료로 자연 그대로의 나무들을 이용하여 밧줄 구조물을 설치하고 놀이하는 '숲 밧줄 놀이', 자연을 해치지 않고 자연으로 다시 돌려보낼 수 있는 미술 활동인 '자연 미술(LAND ART)', 아이들 스스로 생태 텃밭에서 제철 작물을 기르며 자연의 생태 순환을 자연스럽게 배우는 '지렁이농부교실' 등 자연과 어울리는 방과 후 교육이 그렇게 탄생했다.

이 과정 끝에 2014년 6월 26일 조합원 50명이 모여 드디어 금성교육문화협동조합이라는 이름으로 총회를 진행하고, 8월 14일에는 일반협동조합 설립 등기를 했다.

다양한 체험 프로그램들은 이웃 학교들에도 전파해, 백산초등학교 주말 가족 프로그램(2014.11.8), 명덕초등학교 초등 숲 체험 프로그램(2014.11.20) 등을 진행했다. 방과 후 수업 외에도 마을 주민들과 함께할 수 있는 사업을 적극적으로 진행해 2014년 10월 23일에는 금성초 예술꽃축제 숲밧줄, 자연 미술 사진전 및 에코백 전시를 진행했고, 11월 22일에는 한 달간 기획하고 준비한 마을 상생 문화축제를 개최했다.

소멸될 수 있는 지역을 되살리는 마을 학교

농산어촌의 여러 지역에서 조금씩 차이가 있지만 이처럼 학부모, 교사, 마을 주민이 결합해 학교교육을 바꿔내어 마을을 다시 살린 사례들이 늘어나고 있다. 농산어촌 마을[1]은 생활에 필요한 재화 및 서비스 공급 자체가 어렵다. 이는 비싼 가격의 문제가 아니다. 수요가 있음에도 공급이 일어나지 않는, 농촌에서 일어나고 있는 '시장 실종'이다. 한 예로 버스를 들 수 있다. 2010년 '농림어업 총조사'에 의하면 전국 농촌 마을(행정구역 리) 3만6000개 중 시내버스가 운행되지 않는 지역이 3400곳(9%), 하루 10회 미만 운행 지역이 1만6000여 곳(43%)에 이른다. 버스회사로서는 갈수록 인구가 줄어 수요 기반이 취약해지고 있는 농촌 지역에 버스를 운

---

1. 한겨레신문(2016.4.17), 「'사회적 배제' 심화되는 농어촌…자립형 사회적 경제로 푼다」
   http://www.hani.co.kr/arti/economy/economy_general/740079.html

행하는 일을 꺼릴 수밖에 없다. 그러나 이는 다른 측면에서 보면 농촌이 겪고 있는 '사회적 배제'라고 할 수 있다. 농촌에 산다는 그 자체로 교통·의료·문화·교육 등 다양한 영역에서 소외를 당하고 있는 셈이다. 농촌 지역에 공급되는 공공 서비스와 상업적 생활 서비스도 계속 줄어들고 있는 중이다. 이는 다시 시장 구매력 저하로 연결돼 지역 과소화를 재촉한다. 악순환이다.

교육 역시 이렇게 시장에서 실종된 중요한 사회 서비스 중 하나이다. 시장으로 해결되지 않고 정부도 해결해주지 못하는 문제에 농산어촌 학부모, 교사, 지역 주민이 함께 힘을 합쳐서 협동조합 방식으로 새로운 교육을 만들어내고 있는 것이다. 이는 단순히 교육의 변화만이 아닌 사라질 수 있는 지역을 살리는 일이기도 하다. 일본의 행정 관료 출신 마스다 히로야가 2014년에 펴낸 『지방소멸』에 따르면, 현재의 인구 감소 추세대로라면 향후 25년간 일본 지자체의 절반에 이르는 896개 지자체가 소멸하게 된다. 2016년 3월 한국고용정보원이 내놓은 「한국의 '지방소멸'에 관한 7가지 분석」 보고서는 마스다 히로야의 방법을 적용할 경우 우리나라 79개 지자체가 '소멸 위험지역'에 속한다고 분류했다. 여기서 중요한 건 대부분 농촌 지역이라는 점이다.

이러한 지방 소멸을 막는 마을 재생, 출산 장려 정책의 기본은 아이들이 행복하게 자랄 수 있는 마을학교를 만드는 일이다. 각 가정이 제공할 수 없는 돌봄과 교육을 마을이 품으면서 함께 제공할 수 있다. 현재 지자체마다 앞다퉈 지역 인구 과소화를 해결할 수 있는 방안을 마련하고 있다. 하지만 피상적이고 일시적인 정책이 아닌 근본적인 대책이 되기 위해서는 '행복한 삶'을 바탕으로 한 정책 설계가 이뤄져야 한다. 아이들의 웃음소리가 이어질 수 있는 마을이 되기 위해서는 아이들이 마을 안에서 자유롭게 뛰놀고 마을에서 살아가는 사람과 관계를 맺으며 교육을 주고받을 수 있는 새로운 마을 배움터를 만들어야 한다.

이러한 관점에서 본다면 행복한 마을 학교는 비단 농산어촌만의 것이 아닌 도시에서도 반드시 이뤄져야 하는 목표이다. 농산어촌과 달리 방과 후 강사와 교육 프로그램의 공급은 포화 상태이지만, 시장논리 속에 정작 아이들을 위한 돌봄과 교육은 실종된 지 오래다. 따라서 도시에서도 마을교육공동체로서 지역의 교육협동조합들이 모색되고 있다. 서울시의 경우 2016년 금북초, 양화초, 월천초, 신천초 등 4개의 학교를 선정해 도시형 방과 후 학교협동조합 시범사업을 진행하기도 했다. 아직 1년의 시범사업이기에 섣불리 평가를 하기 어려운 부분이 많고, 여러 과제도 나오고 있다. 무엇보다 2016년부터 교육부에서 방과 후 학교 위탁업체를 선정할 때 조달청 나라장터를 활용한 2단계 입찰 방식을 도입하면서 최저가격이 우선되다 보니 프로그램의 질이나 강사의 능력은 뒷전이 되는 문제가 발생하고 있다. 따라서 위탁이 아닌 학부모, 교사, 지역 주민이 기존의 방과 후 수업을 모니터링하거나 새로운 맞춤형 방과 후 프로그램을 기획하고 운영하는 방식으로 전환해서 진행 중이다.

중·고등학교 협동조합 방식의 매점

학부모가 원하는 건강한 먹거리, 학생들이 원하는 매점

2012년부터 생겨난 학교협동조합 중에 현재까지 가장 활성화된 유형은 매점 중심 모델이다. 우선 학생들이 가장 관심 있어 하면서, 학부모들의 공통의 관심사인 건강한 먹거리와 결부된 아이템이라는 특색이 있다. 또한 일상적인 매출이 일어나고 학교 안에 협동조합 방식의 매장이 생겨나며 가시화된다는 특색이 있다. 덧붙여 물품 선정, 홍보 및 마케팅 등 학생들이 교육적으로 참여할 수 있는 요소가 많다는 장점도 있다.

우선 학부모가 참여하게 된 계기로 서울 영림중의 사례를 살펴보자. 발단은 학부모회의였다. 모여서 회의를 하던 도중 출출해진 학부모들은 간식을 사기 위해 매점을 다녀왔다. 그런데 사온 과자나 빵을 보고 나서는 모두들 얼떨떨해했다. 대부분 시중에서는 거의 보기 힘든 제조사의 제품들로, 500~600원짜리 튀김과자, 1000원짜리 햄버거, 피자 등이었다. 학부모들은 내 자녀들이 품질도, 영양도 신뢰하기 어려운 음식을 먹고 있었다는 것을 깨닫고 항의를 하러 매점으로 향했다. 하지만 매점 주인도 사정이 있었다. 아이들이 적은 용돈으로 사먹는 데다 하교 시간도 일러 판매할 시간이 짧은 상황에서 수익을 올리려다보니, 어쩔 수 없이 아이들이 많이 찾고 마진도 많이 남는 제품을 들여올 수밖에 없었다는 것이다. 정체를 알 수 없는 간식거리를 그대로 두자니 찜찜하고, 그렇다고 매점 주인을 무조건 탓할 수도 없는 상황이었다. 2년에 걸쳐 학교 매점 모니터링도 진행해보았지만 개선이 되지 않았다. 결국 아쉬운 사람이 우물을 판다고, 어머니들이 직접 나서기로 하며 협동조합이 시작되었다.

학생들의 경우는 어떠할까? 오롯이 학생들의 뜻과 의지로 시작하게 된 부산국제중·고 사례를 살펴보자. 이 학생들의 계기는 학교 인턴십이었다. 부산국제고등학교 1학년은 겨울방학 때 외부단체 인턴십 프로그램에 참여하고 있다. 그중 15명의 학생들이 2014년 초 부산 사회적기업센터에서 인턴십을 하다가 협동조합을 알게 되며 학교협동조합의 상을 떠올리게 되었다. 먼저 아이들은 협동조합을 통해 공동의 필요를 해결할 수 있다는 점에 마음이 끌렸다. 부산국제중·고의 경우 기숙사 학교인데도 매점도 없고 학교가 산중턱에 있어서 가장 가까운 슈퍼도 쉬는 시간에 다녀오기는 힘든 거리였으며, 담임교사의 허락없이 다녀오는 것도 허용되지 않았다. 간혹 반 친구의 생일이나 기념행사 때 담임교사의 허락을 받아 저녁식사를 마치고 부리나케 다녀오는 정도였다. 인턴십을 마치고 왔음에도 머릿 속에서 협동조합에 대한 생각이 떠나지 않았다. 아이들은 우리끼리 매점을 만들어보면 어떨까란 이야기를 하기 시작했다. 결국 15명이 모여 처음에는 가벼운 마음으로 예비 대표를 뽑았다. 투표 같은 것도 없이 가위바위보로 정했다. 그렇게 처음에는 작은 동아리 형태였음에도 아이들은 상당히 적극적으로 도전했고, 당시 교장 선생님도 열린 마음으로 이를 받아들였다. 1장에서 언급했던 것처럼 학생들이 실생활에서 직접 경제활동을 하며 체험해보면 좋겠다는 생각에서였다.

교사가 느끼는 교육경제공동체로서 매력

교사 입장에서 매점은 그 자체로 매력적이지는 않다. 학생들을 위한 교육 이외에도 여러 행정업무에 치이는 교사 입장에서 매점까지 맡아서 한다고 생각하면 한없이 부담스러울 수밖에 없다. 많은 학교들에 학교협동조합 매점이 생겨나는 것은 학생과 학부모들의 필요만은 아니다. '매점'이 단순한 사업 아이템이 아니라 교육적 기재로 작용하기 때문이다.

필자가 참여했던 경기도 성남시 복정고 학교협동조합 인큐베이팅 과정을 살펴보자. 2013년 7월 29일 매점운영분과위원회(벤치마킹팀)와 시청에서 그룹별 벤치마킹 결과를 공유하기로 했다. 2학기 매점 오픈을 위해 방학 중 매점 공사를 진행하려면 서둘러 매점 구조와 운영 방식을 결정해야 했었다. 방학임에도 토요일에 총 18명의 학생들이 모였다. 3학년 학생 이사의 회의 진행하에 대학생협연합회, 국민대 생협 등을 방문하고 돌아온 그룹들이 각자 내용을 발표하기 시작했다. 능숙한 3학년 팀의 발표 이후 1학년 팀이 수줍어하며 발표를 미루자 학생 이사가 능숙하게 다른 팀에게 먼저 발표를 하도록 했다. 이후 다시 1학년 팀에게 발표를 권하자 수줍어하던 1학년 아이들도 용기를 내서 발표를 시작했다. 발표를 마치고 나자, 한 학생이 대학 생협 외에 타 고등학교의 매점도 살펴볼 필요가 있다고 제안했다. 고등학교 매점들은 개인 사업자가 운영하기에 학생들이 탐방하기가 쉽지 않을 듯해 고민하던 차에 1학년 학생 위원이 묘책을 내놓았다. "온라인으로 조사하면 어떨까요? 저 그 학교들에 친구들 있어요." 그러자 옆에 있던 3학년 학생 위원과 또 다른 2학년 학생 위원도 이 학교 학생회에 아는 친구들이 있다고 거들었다. 아이들이 어떤 질문을 추가로 물을지를 자문해왔기에 몇 가지 아이디어를 제안했다. 3학년 학생 이사가 칠판에 내가 제안한 질문들을 적었다. 학생 위원 2명이 추가적으로 의견을 내서 질문 내용이 추려졌다.

매점을 협동조합 방식으로 준비하고 운영해가는 과정에서 다양한 교육적 요소들이 발견된다. 사업을 하면서 겪게 되는 여러 문제들, 그 문제들을 많은 사람들과 함께 해결해가는 경험은 교육적 성장의 계기들이 된다. "자리가 사람을 만든다"라는 말이 있다. 학교협동조합 교육 및 인큐베이터 역할을 하면서 가장 크게 느낀 것은 학생들은 어른들의 믿음만큼 성장한다는 점이었다. 학생들은 좌충우돌하면서도 스스로 해답을 찾아갔다. 물론 때로는 학생들끼리 해결하기 어려운 부분이 있을 수 있고, 그때는 정보를 제공하거나 가능한 선택지들을 보여줄 필요가 있다. 하지만 가장 중요한 건, 아이들 스스로 답을 찾아가는 과정 그 자체다. 귀로 들은 지식보다는 직접 체험하며 얻은 지식이 훨씬 오래가기 때문이다. 같은 협동조합 공부를 해도, 책으로 읽거나 강의로 듣는 대신 다른 협동조합과 매점을 조사하면서 배우는 것은 더 강렬한 배움이다. 또한 그 결과를 나누는 일에서도 또 다른 방식의 배움이 형성된다. 난관이 닥쳤을 때 문제를 해결하기 위해 아이디어를 모으고, 지식을 습득하고 이를 교류하면서 문제를 해결하는 능력은 미래를 이끌어갈 우리 아이들이 리더로서 가져야 할 덕목이기도 하다. 결국 학교협동조합은 다양한 과정 속에서 이런 배움을 제 공하는 것이다.

특히 이러한 교육활동들은 학생, 학부모, 교사 분과위원회별로 다양한 방식으로 이뤄지며, 상호 배움의 효과를 극대화한다. 다음은 「2015 서울시 학교협동조합 연간 보고서」에 실린 5개 학교 협동조합 매점의 주요 분과위원회 활동들이다.

학교	분과위원회명	주요 활동
영림중	운영진	매점 운영
	강사단	교육활동
독산고	교육팀	협동조합 교육 등
	사업팀	사업 운영
삼각산고	교육부	협동조합 교육, 먹거리 교육, 나도선생님 기획, 체인지메이커대회 기획
	창업지원부	스타트업 페스티벌 기획(4회) 지원
	홍보부	협동조합 홍보, 교육지원사업 홍보, 아트페어 기획
	상품개발부&재무부	매점에 들어오는 상품 개발 및 재무 관리, 시식회, 상품 만족도 설문조사
삼성고	매점물품운영위원회	매점 물품 선정
	교육홍보위원회	교육 및 홍보 활동
	세바쿱(학생 사회적 경제동아리)	사회적경제 교육 이수 등 앞의 매점물품운영위원회, 교육홍보위원회 소속된 경우도 있음
	학부모 교육 동아리	사회적경제 교육 이수 등 지역 주민 중에는 조합원이 아닌 사람도 포함
	학부모 활동 동아리	캘리그래피 동아리 및 비누 수익 사업 동아리 등
선사고	홍보분과위원회	조합원 모집 및 홍보
	공간위원회	매점 등 공간 배치 및 인테리어
	운영위원회	매점의 설립 준비, 품목 정하기
	창업분과	창업이 필요한 활동 채택

위 보고서에 따르면, 이러한 다양한 분과 활동 이외에도 5개 학교가 평균 12회(88시간)의 크고 작은 교육 활동을 진행했고 모두 1159명이 참여했다.

무엇보다 이러한 교육들은 직접 협동조합을 만들고 운영하는 러닝 바이 두잉의 체험교육 과정과 결합되며 진행된다는 점이다. 그 과정에서 학생들의 변화가 생겨나고, 학교도 변화하기 시작한다. 처음에는 막연하게 학교협동조합을 담당했던 교사들도 학생들의 교육적 성장을 목격하며 매력을 느끼게 된다. 자신의 의견을 활발히 내며, 실현시키기 위해서 머리를 싸매고, 다른 친구들과 함께 협력하면서 학생들은 자신도 모르게 성장해간다. 앞서의 부산국제중·고 학생들도 얘기한다. "가격을 몰라서 헤맬 때도 있었고, 원하는 물건이 없다는 불만을 들은 적도 있었지만, 시간이 지나자 익숙해지고 나름의 대처법도 생겼다."(부산국제중·고 학교협동조합 학생 이사 수기, 2014)라는 것이다.

최근에는 학생들의 협동조합 창업 교육과정으로도 연계되고 있다. 바로 특성화 고등학교 모델이다.

춘천 한샘고등학교가 2016년 2월 28일 창립총회를 하고 6월 3일 인가를 받아 학교 카페 및 매점 운영을 시작했고, 경기도 성남의 분당경영고가 매점 오픈을 준비 중에 있다. 이들 특성화 고등학교의 특징은 전문 직업인 양성을 목표로 하는 학교의 교육과정과 연계성이 강화되었다는 점이다. 특히 서울 성수공업고등학교의 에코바이크과의 경우 기존 매점 위주의 고등학교 모델에서 탈피하여 학생들의 실습 교육, 창업과 연계해 진행하고 있다. 에코

경기도 성남의 분당경영고에서는 학교협동조합 카페를 준비하면서 주니어컴퍼니 '해솔'을 통한 크라우드 펀딩 등을 진행했다. 이 과정에서 관광과, 디자인과, 경영과 등 특성화고등학교 답게 학과별 학생들의 재능을 연계해 활동했다. 　　　　　　　　　　출처: 분당경영고

바이크과는 자전거와 모터사이클 정비에 대한 전문적인 이론과 실습을 통하여 전문 기능 인력을 양성하여 배출하고 있다. 이를 위해 학생들의 진로와 취업에 대한 교육, 다양한 현장 체험학습 및 인력 양성 프로그램이 운영되고 있다. 성수공업고등학교 바이크쿱은 이러한 특성화 고등학교의 시설, 인적 자원을 활용하여 지역 주민을 대상으로 자전거 · 모터사이클 정비 교육과 관련된 평생교육 사업 등을 준비했다. 특히 학교 인근과 한강변 등에 폐기되거나 방치되는 자전거를 수거하여 수리하고 불우 이웃이나 지역 주민 등 자전거가 필요한 사람에게 나누기도 한다. 이렇듯 학

교협동조합이 기존의 특성화 고등학교의 학교 기업 제도와 연계될 경우 더욱 다양한 모델이 만들어질 수도 있을 것이다.

가치를 생각하는 사업체

학교협동조합 매점의 가장 큰 보람은 뭐니 뭐니 해도 아이들에게 건강한 먹거리를 제공하게 되었다는 점일 것이다. 나아가 매점 수익금을 다시 학생들에게 돌려주는 선순환 구조를 만들었다는 보람도 있다. 마진이 적어 순이익은 많지 않지만, 기본 운영비를 제외한 모든 이익금은 학생 복지, 교육 활동에 쓰인다. 학생들에게 간식이나 쿠폰을 나눠주기도 하고, 지역 아동센터와 학생들이 봉사활동을 나가는 기관에 지원하기도 한다.

이러한 가치를 생각한 사업체는 학교 내의 관계도 변화시킨다. 학부모들은 이제 내 아이만이 아니라 다른 아이들까지 내 관계로 여기게 되었다. 손님과 주인이 아닌, 누구 친구의 엄마가 된다. 학생들이 쉬는 시간이나 하굣길에 대뜸 달려와 "아줌마, 저 오늘 생일이에요" 종알대고, 매점 활동가는 "그래, 축하해" 하고 웃으며 말을 건넨다(학교협동조합지원네트워크 2014.6.16). 아이들과의 또 다른 소통의 역할[2]이 생긴다. 협동조합 매점에서 일하는 분은 단순한 판매자가 아니다. 아이들과 소통하며 협동조합 매점을 더욱 협동조합스럽게 만드는 중요한 활동가이기 때문이다. 선사고

---

2. 서울시교육청 · 서울시 · 서울시사회적경제지원센터(2016), 「학교협동조합 매점 함께 만들고 운영해요」

삼성고 학교협동조합 매점 옆의 커뮤니티 공간. 교양서적 이외에도 잡지, 만화책, 보드게임, 충전기, 담요 등 학생들을 위한 쉼터에 맞게 다양한 물품을 구비하고 있다.

교육공동체 사회적협동조합 박경화 이사장은 "매니저 분이 학생들 이름을 다 불러줘요. 오늘은 왜 얼굴이 안 좋아?라고 물어보기도 하고요"라며 협동조합 매점 매니저의 역할을 강조한다. 매니저 역시 우리 학교의 가족이며, 단순히 매점이 하나 생긴 게 아니라 학교 안에 학생들을 이해해주고 돌봐주는 사람이 생기는 것이라는 것을 강조한다. 따라서 매니저로서 제일 중요한 덕목은 '아이들한테 관심이 많고 소통이 가능하며 따뜻한 사람'이라고 한다.

학교협동조합 공간[3] 역시 단순히 물품을 판매하는 공간만이 아

3. 서울시교육청 · 서울시 · 서울시사회적경제지원센터(2016), 「학교협동조합 매점 함께 만들고 운영해요」

닌 매점 주변의 학생 커뮤니티 공간까지 포함하여 확장된다. 이 공간을 어떻게 꾸밀지에 대해서도 함께 의논하며 만들어간다. 삼성고 사회적협동조합의 경우, 학교협동조합 매점 옆의 커뮤니티 공간에는 만화책, 보드게임 등이 놓여 있다. 학교란 공부뿐만 아니라 학생들이 일상적인 생활을 하는 곳으로 매점 옆 공간이 이러한 휴식처의 역할을 하게 되는 것이다. 정수기가 놓여 있어서 물을 마시기도 하고 담요를 빌려주기도 한다.

초등학생들의 조합원 활동

초등학생도 할 수 있을까?

앞서의 사례들은 학부모 혹은 고등학생 조합원이 중심이 되다보니 학교협동조합은 초·중학생이 참여하기는 어려운 것이 아닌가란 생각이 들 수 있다. 협동조합 조합원의 나이 제한에 대한 선험적인 규정은 없다. 각자가 즐겁게 참여할 수 있는 만큼 자리를 마련할 수 있다. 교육에서 나이 제한이 없는 것과 같다. 나이가 많든 적든 각자의 역량과 흥미에 따라 참여할 수 있으며, 이러한 다양한 구성원들의 참여 속에서 상호 배움이 만들어지기 때문이다.

특히 초등학교 학교협동조합은 다음 장에서 얘기할 프랑스 학교협동조합에서 흔히 접할 수 있는 모델이다. 우리나라에서도 프랑스 학교협동조합의 교육철학인 프레네 교육을 실천하는 교사들이 늘어나고 있다. 프레네 교육까지 들어보지 않았더라도 학생들의 다양한 재능을 상호 연계하는 지식 시장과 협동학습 기법은 이미 많은 초등학교 교사들이 실천하고 있는 내용이다.

그럼에도 우리의 상상력은 현실의 사례에 갇히기 쉽다. 그런 점에서 2016년 새롭게 만들어진 학교협동조합 중 초등학생들이 직접 조합원이 되어 교사, 학부모들과 다양한 활동을 한 사례를 추가적으로 소개하고 싶다. 강원도 춘천의 금병초등학교와 영월의 연당초등학교 사례이다.

체험 중심의 특색 있는 작은 학교 금병초 협동조합을 배우다

먼저 금병초등학교는 도내에서 처음으로 학생과 학부모, 교사, 지역 주민 등이 '학교협동조합'을 설립했다.

금병초등학교는 춘천의 작은 학교[4]이다. 소설가 김유정 선생의 생가와 문학관이 있는 춘천시 외곽인 신동면 실레마을에 위치해 있다. 학교 근처에는 김유정역이 있다. 한때 전교생이 650명에 달해 분교에서 본교로 승격된 60년 역사가 넘는 금병초등학교는 점차 학생 수가 줄어 2010년에는 53명까지 감소했다. 앞서 소개한 부산의 금성초등학교와 비슷하게 이 학교도 작은 학교만의 장점을 살려 체험 중심 교육을 목표로 학부모, 교사, 지역 주민이 함께

---

4. 보은사람들(2012. 9. 20), 「2012…시골 작은 학교 마을이 희망이다」
　 http://www.boeunpeople.com/ne['pws/quickViewArticleView.html?idxno=9260

힘을 뭉쳤다. 지역적 특성을 살린 김유정 닮아가기, 주말농장, 학급농장, 개별 농장 등에서 이뤄지는 야외 현장학습과 동아리 활동하기 등을 통해 작은 학교만의 특색을 살렸고, 현재는 학생들이 190여 명으로 늘었다.

2015년 가을 학교협동조합을 계획하면서도 중요한 것은 아이들의 체험 교육을 극대화할 수 있는 방안이었다. 학부모들이 먼저 협동조합에 대해 교육을 받고 발기인 모임을 진행하며 가장 많이 얘기한 부분은 학생들이 최대한 많이 조합원으로 참여해 다양한 활동을 했으면 좋겠다는 것이었다. 초등학생들이 어른들도 이해하기 힘든 협동조합을 이해할 수 있을까? 지역의 사회적경제 지원센터에서도 협동조합 교육을 나오면서 사실 이런 부분을 걱정했다고 한다. 하지만 아이들의 눈높이에서 협동조합 교육은 얼마든지 가능했다. 아이들과 함께 협동 게임을 하며 친해지고, 신영복 선생님의 글귀와 그림을 보여주며 각자가 생각하는 '협동'의 의미를 그림과 글로 풀어보도록 하였다. 한 학생은 젓가락 그림과 함께 "협동은 젓가락이다. 왜냐하면 젓가락은 두 개의 젓가락이 같이 협동해서 무엇을 잡으니까"란 글귀를 적었다. 아무리 뛰어난 젓가락, 금젓가락, 은젓가락이라도 혼자서는 제 역할을 할 수 없다. 아이들의 직관적인 이해와 설명은 어른들도 감동시켰는데, 특히 '협동은 젓가락이다'는 서울시협동조합지원센터의 포스터 그림으로도 활용되었다.

이렇게 협동조합에 대해 서로 이야기를 나누고 함께하고 싶은 일들을 논의한 다음, 2016년 1월 29일 '금병초등학교비단병풍사

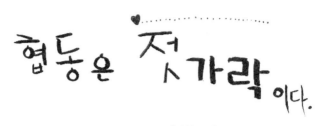

'협동은 젓가락이다'는 금병초등학교 협동조합 교육을 받으면서 서희지 학생이 협동에 대해 표현한 글과 그림이다. 서울시협동조합지원센터 포스터 그림으로도 활용되었다.

출처: 금병초등학교

회적협동조합'이란 이름으로 창립총회를 열었다. '비단병풍'은 한자로 비단 '금' 자에 병풍 '병' 자를 쓰는 '금병'초등학교 이름을 한글로 풀어낸 말이다. 창립총회를 준비했던 학부모는 "아이들이 행복했으면 좋겠다. 하루하루 늘 행복했으면 좋겠다. 아침에 일어나면 가장 먼저 달려가고 싶은 곳이 여전히 늘 학교였으면 좋겠다"라는 바람을 비쳤다.

삶과 하나 된 배움터 만들기

초등학생이 중심이 된 새로운 학교협동조합 모델은 이렇게 차근차근 준비를 거쳐, 6월 27일 매점 개소식을 하며 시작되었다. 학교의 지리적 위치상 건강, 안전, 기호 모두를 만족할 간식 구매처가 없으며 특히 돌봄 교실에 제공되는 간식은 선택의 폭이 제한적이었다. 따라서 건강하고 다양한 돌봄 간식을 비롯하여 성장기 어린이들에게 건강한 먹거리 제공에 대한 요구가 있었다. 그렇지만 앞서의 중·고등학교처럼 매점 사업이 주는 아니었다. 학부모들을 제외하면 250명 정도 되는 소규모여서 매점을 통해서 수익 창출을 기대하지는 않았다. 초등학생들이 활동을 하며 경제교육을 경험할 수 있는 목적으로 하고 있다. 학생들은 직접 '꿈을 먹고 자라는 아이'를 뜻하는 꿈먹이 매점 이름과 로고 등을 만들었고, 지역 내 생협 등에서 물품을 받아 판매하고 있다. 매점 운영은 여러 분과위원회로 나누어 활동을 한다. 판매는 학부모 한 분의 자원봉사가 있지만 학생들도 2인 1조로 나눠서 한 시간 이상씩 참여하도록 했다. 6월 정식 오픈 전에 십시일반이라는 두레장터를 열기도 하고, 판매하는 연습도 해봤다. 매점 물품을 선정해서 가격도 결정하도록 했다. 개점에 앞서 어떤 품목을 판매할지 학생들과 함께 논의를 하고, 개점식 공연 계획도 같이 세워나갔다. 운영시간은 1시 반부터 4시까지로 했다. 방과 후 프로그램이 많아서 4시까지 운영을 하고 있다. 학부모들이 학교에 많이 방문하고 머무르는 시간이 길어서 카페 운영도 고민을 했었는데, 아직은 매점을 중심으로 하고 있다.

무엇보다 아이들이 중심이 된 활동을 만들어가려고 했다. 학교협동조합 담당 홍순미 선생님은 "학교협동조합을 통해 학생과 학부모가 함께 교육을 만들어가면서 학교의 주인이라는 생각을 많이 하게 되었다"며 학교협동조합을 통한 교육자치를 강조했다. 초등학생들도 교육을 일방적으로 받는 게 아니라, 자신들이 원하는 교육을 스스로 발견하고 찾아내며 교육의 주체가 된다고 한다. 또한 아이들이 마을 속에서 함께 교육 활동을 하면서 마을과 연계하고 소통해 갈 수 있도록 했다. 2016년 5월에는 김유정 문학제를 소개하는 팸플릿을 전달하고 안내하는 봉사도 했다. 작은 미션을 수행하며 게임도 하고, 매점 이용권 쿠폰 증정도 했다. 마을과 함께 김유정 마을 콘텐츠 사업 등도 아이들과 함께 기획해 보고 있다. 하절기에는 학생과 학부모 조합원들이 마을을 흐르는 팔미천에서 환경 정화 활동과 수생생물 관찰을 통한 생태체험캠프도 운영한다. 2016년 12월에는 조합 학생 기자들이 신문 만드는 방법을 배워 '시루이야기'라는 마을 신문을 직접 제작하는 등 학생들이 중심이 된 새로운 협동조합동아리(코클레아레)는 다양한 마을 활동을 계획하며 추진했다.

또한 마을과 함께하는 이러한 활동은 학생들의 교육과정과 연계되어 진행된다. 5학년 실과 '생활 속 목제품' 단원 수업 시간[5]을 살펴보자. 아이들은 우리 마을에 필요한 것이 무엇일까 고민한 결과, 마을 어르신들과 관광객들이 쉴 수 있는 나무 벤치를 만들기로 했다. 나무를 자르는 법부터 최종 조립까지 세심하게 가르치는 선생님은 마을에서 목공소를 운영하는 김남현 씨였다. 그

---

5. 강원도교육청(2016.12.8), 「삶과 하나 된 배움터 만들기 - 금병초 비단병풍학교협동조합」

5학년 실과 '생활 속 목제품' 단원 수업 시간에 마을을 위한 나무 벤치를 제작하게 되면서 학생들에게 나무를 자르는 법부터 최종 조립까지 가르치고 있는 마을 주민

출처: 금병초등학교

런가 하면 금병초등학교 졸업생이자 학부모인 김희정 씨는 2학년 학생들에게 마을의 옛 이야기를 들려준다. 마을의 하천이 얼마나 깊었는지, 어떤 물고기가 살았는지, 금병산의 붉은 흙으로 찰흙을 어떻게 만들었는지 등을 알려준다. 이렇게 5학년 선배들이 완성한 나무 벤치에 2학년 동생들은 옛 마을 풍경을 그려넣었다.

학교협동조합은 마을과 학교의 징검다리가 되고 있다. 학교만으로도, 마을만으로도 완성할 수 없는 마을교육공동체 교육이 학교협동조합 속에서 기획되고 운영되는 것이다. 명지연 이사장은 "재학생의 대부분이 학구 외 지역에서 오는 현실을 감안해 학교뿐 아니라 마을에 대한 추억과 소중함을 느끼게 해주고 싶었어요. 현장체험의 한계, 틀에 박힌 교육을 벗어나고자 하는 학부모들의 의사도 적극 반영했죠"라고 했다.

어린이 자치회 활동을 토대로 1년여간 준비한 영월 연당초등학교[6]

춘천의 금병초등학교처럼 영월의 연당초등학교도 기존의 중·고등학교 매점 운영이 중심이 된 학교협동조합 모델은 소규모 농산어촌 학교에는 적합하지 않다고 보았다. 연당초등학교가 위치한 남면은 충북과 접경을 이루고 있는 전형적인 농산어촌 지역으로 인구 유입이 적고 대부분의 주민이 농업에 종사하고 있다. 전교생이 40명이 안 되는 작은 학교로서, 대부분 학생들이 통학구역이 넓어 하교 후 함께 활동하는 시간이 거의 없는 편이다.

이러한 마을 특성에 맞는 새로운 모델을 만들기 위해 바로 학교협동조합을 설립하기보다는 2016년 1년여간 꾸준한 활동을 진행하며 차근차근 준비해갔다. 먼저 학생들이 중심이 되는 학교협동조합 활동을 위하여 어린이 자치회 활동 및 권한을 강화해나갔

---

6. 연당초등학교(2016), 「연당초등학교 사회적협동조합 운영 결과(2016학년도)」 토대로 재정리

다. 학교협동조합 사업으로 진행되는 생태환경 시설을 대표하는 초등학생 대표를 선출하여 협동조합 운영의 주체로 아이들을 주인공으로 하였다. 이 학생들과 함께 학부모, 교직원이 함께 모여 연당교육공동체협의회를 만들었다. 회의는 어린이 자치회 주관으로 실시되었으며, 여기서 학교협동조합 설립을 위한 발기인을 선출하였다. 물론 처음부터 이 과정이 바로 되지는 않았다. 원주협동사회경제네트워크 및 외부의 협동조합 교육단체들의 도움과 지원 속에서 협동조합을 알아가고 회의 방식을 익혀나갔다.

아이들이 중심이 되어 키우고 판매하는 협동조합 방식의 학교농장

그럼 이렇게 아이들이 중심이 되어 하는 협동조합 활동은 무엇일까? 연당초등학교에서 주목한 사업은 농업이었다. 주민 대부분이 직업으로 하는 일. 흔히들 아이들은 공부에만 전념해야 하고, 일은 어른이 되어서나 하는 것이라고 생각한다. 학교는 사회, 일과 분리된 오로지 공부로만 가득 채워지는 특화된 공간으로 여겨진다. 하지만 우리의 삶이 총체적이듯이 공부와 일 역시 분리되지 않는다. 일반적으로 도시 아이들에게 농업·농촌 체험활동은 생명의 소중함을 인식하고, 건강한 식습관을 유도하며, 농업의 가치를 인식하는 계기가 된다. 하지만 농업은 그 자체로 훌륭한 경제활동이다. 생산, 판매, 정산 등 일련의 과정 속에서 앞서 설명한 매점만큼이나 다양한 경제교육 활동의 요소들이 추출될 수 있다.

연당초등학교는 먼저 마을의 협조를 받아 학생들이 마을 주민과 함께 친환경 생태 실습 및 노작활동을 할 수 있는 비닐하우스 텃밭을 확보했다. 지역에서 많이 생산되는 아로니아 재배를 위하여 지역의 농장과 협의하여 학생 1인당 1그루의 아로니아 나무를 계약 재배하기로 약정서를 체결하였다. 계약 재배 약정서는 어린이 자치회와 아로니아 농원의 대표가 서명하였다. 이렇게 50그루 계약이 이뤄졌다. 아로니아 1주는 5000원에 계약하며, 재배된 아로니아는 향후 아로니아 가공 사업에 활용하기로 했다. 마을 주민들은 학생들이 아로니아를 재배 및 생산, 가공하는 활동에 참여하고 지도할 수 있지만, 어디까지나 학생들이 책임을 지는 구조였다. 수익금은 연당초등학교 사회적협동조합에 귀속되며, 교육 목적으로 학생들에게 배당금을 지급할 수 있도록 했다.

학생들이 재배한 농산물은 학생들이 직접 포장하였다. 포장지에는 연당초등학교 사회적협동조합 농산물임을 알 수 있게 스티커를 부착하였다. 생산자와 생산 날짜 역시 표기하였다. 이렇게 최종 포장된 농산물은 교직원 및 지역사회를 대상으로 판매되었다. 마을의 생태체험 텃밭에서 수확된 농산물 판매를 위해 학생들은 시장가격을 조사했고, 이를 토대로 스스로 가격을 결정했다. 가공 제품도 논의되었다. 어린이 자치회의를 통하여 아로니아잼 브랜드를 만들기로 했다. 학생들의 투표 결과 잼의 브랜드는 '연아로아 잼'으로 최종 결정되었다. 판매 후 어린이 자치회에서 입금과 지출을 파악하여 금전출납부를 작성하였다. 연당초등학교 사회적협동조합 창립 전 농산물 판매를 통한 수익금은 학교 회계로 편입되었으며, 수익금 중 일부는 어린이 경제교육을 위

연당초등학교 어린이 자치회의를 통하여 아로니아 잼 브랜드를 만들기로 한 후 이름을 짓기 위해 투표하는 모습. 학생들의 투표 결과 '연아로아 잼'으로 이름이 결정되었다.

출처: 연당초등학교

하여 학생통장으로 적립되었다. 이를 위하여 전교생 1인 1통장을 개설하였으며, 1인당 2만 원의 배당금이 지급되었다. 학교협동조합 담당인 안용성 선생님은 "학교협동조합 활동을 통해 학생들이 노동의 의미를 알 수 있었고 지역경제 흐름에 대한 이해력이 매우 좋아졌다"며 협동조합을 통한 교육적 효과를 강조했다. 지역 주민들과 함께하는 활동을 통하여 민주적인 어린이 자치회 활동, 어린이 경제교육, 생태체험활동 등 세가지 중요한 교육활동을 펼쳐냈다. 또한 교사들은 언젠가는 학교를 떠나야 하는 입장이므로 지역에서 계속 거주하는 지역 주민들의 요구를 최대한 반영하고자 노력하였다고 한다. 시간이 다소 걸리더라도 지역 주민들과 함께 의논하며 학교와 함께 발전하는 마을을 만들기 위한 지속적인 협동조합 운영을 만들어가려는 것이다.

이러한 일련의 활동들은 모두 학생들을 위한 교육을 위해 기획됐고, 무엇보다 아이들이 안전할 수 있도록 학교와 마을은 안전지도를 의무적으로 실시했다. 2016년 1년은 이렇게 생소한 초등학교 학교협동조합 모델을 만들어가며 학생, 교사, 학부모들이 함께 익혀가는 과정이었다. 2016년 9월 7일 창립총회를 하고, 2017년 1월 교육부에 인가 신청을 한 상태이다. 2017년에는 마을과 함께 아이들 중심의 새로운 학교협동조합 사업들을 펼쳐낼 예정이다.

이상 초등학교에서 학부모, 지역 주민, 교사들이 함께 만들어가는 마을 학교 모델, 중·고등학교의 매점 사업 모델, 초등학생 조합원들도 함께하는 체험학습 및 교육농 모델 등을 살펴보았다. 덧붙여2014년 세월호 참사 이후 기존 대규모 수학여행에서 탈피하여 소규모 테마형 교육 여행을 추구하면서 이를 학교협동조합 모델로 탐색해보는 시도도 있다. 이와 관련해서는 필자들이 공동 저자로 참여한 『학교협동조합, 현장체험학습과 마을교육공동체를 잇다』(살림터, 2015)를 참고하기 바란다. 지역별 특성과 학교의 특성에 따라 학교협동조합의 모습은 같은 사업 모델이라고 해도 천차만별이다. 특정한 학교만을 모범사례라고 할 수 없으며, 현재의 모습이 전부도 아니다. 따라서 현재의 사례를 중심으로 학교협동조합의 모습들을 얘기하는 것은 한계가 있다. 그럼에도 구체적인 사례를 통해 이해하기 쉽도록 몇 가지 유형에 따른 사례로 정리해보았다. 앞서 소개한 대로 특성화 고등학교의 다양한 창업 모델은 기존의 중·고등학교 매점 중심 활동과는 또 다른 면이 있다. 또한 같은 매점 사업 중심의 교육경제공동체라 하더라도 학교에 따라 다양한 방식의 창업 교육, 협동조합 활동으로 변주되고 있다. 또한 바리스타 교육과 카페 운영 등을 학교협동조합 형태로 모색하는 특수학교도 생기는 등 해가 거듭될수록 다양한 변화가 생기고 있다. 초등학교 역시 학부모, 지역주민 중심의 방과 후 운영, 학생 중심의 체험학습 모델 이외에도 학생들이 수학여행을 기획해보거나 문구점을 운영하는 방식으로도 뻗어나가고 있다. 따라서 현재의 사례와 특히 이 책에 언급된 사례들은 학교협동조합을 이해하는 매개로서 의미가 있을 뿐이다. 몇 가지 사례에 갇히기보다는 학교 구성원이 참여할 수 있으면서도 교육적으로 의미 있는 활동들을 모색할 수 있다면 얼마든지 새로운 모델을 만들 수 있을 것이다. 다음 장에서는 우리나라와는 또 다른 해외 사례들을 통해 더욱 학교협동조합에 대한 상상력을 키워가보자.

5장

학교협동조합
외국 사례

　지금까지 국내 학교협동조합의 사례를 살펴보았다면, 지금부터 외국의 학생들은 어떤 기치와 제도 아래 학교협동조합을 운영하고 있는지 살펴볼 것이다.

　대표적으로 말레이시아와 영국, 프랑스의 경우를 살펴볼 텐데, 각각의 나라마다 세부적인 내용과 형식은 다르지만 학교협동조합을 통해 민주 시민을 양성한다는 목적만큼은 공통된 모습을 보였다. 또한 협동조합 연합회와 학교 교사들 간의 긴밀한 협력, 정부의 적극적인 지원 속에서도 자율성을 보장하는 정책 등이 성공의 열쇠라는 점도 공통점이었다. 이는 앞으로 걸음마 단계에 있는 우리나라 학교협동조합이 어떤 방향으로 전진해야 할지를 보여주는 중요한 사례들이라고 할 수 있다.

학교협동조합 공화국, 말레이시아

국가 인재 양성을 위한 발돋움

우리나라는 아직 학교협동조합에 대한 인식이 미비한 편이다. 그렇다면 외국은 어떨까 궁금해서 찾아본 결과, 외국의 경우도 학교협동조합에 대한 사례가 풍부한 편은 아니었다.

그러던 중, 반갑게도 학교협동조합의 천국 말레이시아 사례를 접할 수 있었고, 2014년 1월 19일부터 23일까지 서울시 학교협동조합 추진단과 함께 벤치마킹을 위해 말레이시아를 방문할 수 있었다. 현지 일정 동안 교육부(Ministry of Education), 학교협동조합을 운영하고 있는 Sekolah Menegah Seri Puteri 학교, 협동조합 중간 지원조직이라 할 수 있는 MCSC(Malysia Co-operative Societies Comission), 협동조합 전국 연합회에 해당하는 앙카사(ANGKASA)를 포함해 총 4개 기관을 방문했다.

말레이시아에서 학교협동조합이 급격히 성장하게 된 것은 1953년 정부에서 학교협동조합 설립을 허용하는 결의안을 채택하고 1968년 9개 학교를 시범 운영한 결과였다. 그러던 중 다른 협동조합과 마찬가지로 협동조합법(Co-operative Societies Act, 1993) 하에 이루어졌던 학교협동조합의 특수성을 인정해 1996년부터는 교육부 지침으로 모든 중·고등학교에서 자유롭게 설립할 수 있도록 했다. 그 결과, 2013년 기준으로 말레이시아에 존재하는 총 1만587개의 협동조합 중에 2097개인 전체 1/5이 학교협동조합이며, 조합원 수가 무려 177만 명에 달한다. 다만 학교협동조합은 대부분 규모가 작기 때문에 총 매출액(한화 환산 시 약 77억 원)은 전체 협동조합 총 매출액(약 4조 원)의 1.5%에 불과하다. 그럼에도 말레이시아가 학교협동조합을 적극적으로 육성한 이유는 교육적 효과 때문이었다.

말레이시아는 젊어서 사업을 시작하거나 부를 누릴 만한 환경이 마련되지 않았던 만큼, 사업이 무엇인지 간접적으로나마 배울수 있는 교육이 필요했다. 즉 학교협동조합을 통해 공동의 필요를 해결하며 사업체를 운영하는 법을 배우고 경영, 회계 등 살아 있는 경제 교육을 시행할 수 있었다. 이런 특색은 우리가 방문했을 당시 교육부 관계자의 다음과 같은 환영사에서도 잘 드러난다.

교육부 학교 운영 담당 부국장 국가의 발전이나 경제발전에 있어 교육은 중요한 역할을 합니다. 교육을 통해 개개인이 속한 공동체나 국가에 큰 도움이 될 수 있는 인재가 양성됩니다. 학교협동조합의 목표는 학교협동조합 멤버들 간의 독립성과 자립성을 키우는 것을 목표로 합니다. 또 투자를 하는 법과 예산을 절약하는 법을 배워나갑니다. 학생들이 학교에 가서 주로 배우는 것은 교과서를 통해서지만, 학교협동조합을 통해서 실무를 배우고 있습니다. 회계장부를 비롯해, 선생님에게 배운 걸 실제 경제에서 어떻게 잘 활용할 수 있는지를 배웁니다. 이렇게 학생들이 학교를 떠나기 전에 사업을 어떻게 운영하는지를 배울 수 있습니다.

2014. 1. 20 인터뷰

스스로 일어나는 교육적 성장의 공간

말레이시아 학교협동조합의 구조는 총회-이사회-위원회로 이루어져 있다. 회계 파트와 사무 파트가 나눠져 있는데, 우리가 방문한 Sekolah Menegah Seri Puteri 학교에서는 교사 7명과 학생 7명을 중심으로 활동하고 있었다.

이 학교의 매점은 기숙사 학생들의 편의를 위해 담당 교사 1인이 주도적으로 지도하고, 다른 교사들도 보조 지도자로 참여하고 있었다. 또한 교사는 어디까지나 조언자 역할로, 조합 내 의사결정의 주체는 학생이 맡는다.

학생들은 조합 내에서 스스로 리더를 뽑고, 교육부나 학교 관계자는 학생들이 자기 힘으로 조직 구조를 만들어갈 수 있도록 장려한다. 조언을 해주거나 독려할 뿐 직접적으로 관여하지 않는다.

이사회를 구성하는 것도 학생들이다. 교장은 조합 활동이 끝나면 연례 결산을 하고, 여기서 얻은 수익을 다른 학교협동조합 활동을 돕는 데 쓴다. 학부모들도 학생들이 아직 어리기 때문에 대신 계약서에 사인하는 정도일 뿐, 학부모회도 따로 없다.

결국 학생들은 학교협동조합에서 직간접적으로 사업을 경험할 뿐 아니라 다른 사람을 배려하고 참을성을 기르는 법, 효과적으로 소통할 수 있는 법을 배우며 협동의 정신과 더불어 자립심을 키운다. 말레이시아 협동조합 연합회 부회장에 의하면, 조합에 들어온 아이들은 처음에는 물건만 사다가 시간이 흐르면 더 큰 역할을 맡으며 자연스레 조합 활동에 참여하게 된다고 한다. 어떤 강요 없이 자연스럽게 성장할 수 있는 기회다(2014.1.21).

사업적인 부분도 다양해서 우리나라에는 학교 매점 사업이 대부분인 반면, 말레이시아에서는 수학여행, 세탁소, 농업, 기념품 제작 등 학교 내에서 소비하고 생산하는 대부분의 사업을 학교협동조합 방식으로 수행하고 있었다.

그중 수학여행 프로그램을 들여다보면, 이 프로그램은 2010년에 45명의 학생들이 홈스테이 방식으로 참여하면서 시작되었다. 전국 곳곳에 있는 다른 지역의 학교를 방문해 그 지역 문화를 배우고 서로 이해하는 시간을 가지는 프로그램이다. 학교협동조합의 프로그램이라 여행 경비도 저렴하고, 학생들도 프로그램을 운영하며 다양한 체험을 하게 된다. 한 예로 다른 지역에서 오는 학생들을 가이드해주기 위해 자신의 지역을 체계적으로 공부하며 자연스레 지역에 대한 이해도가 높아지는 것이다. 더불어 좀 더 즐겁고 보람찬 여행을 만들기 위해 워크숍에서 다양한 논의를 펼쳐 함께 프로그램을 발전시키고 있다.

이러한 수학여행은 2004년 전 세계적으로 생겨난 카우치 서핑(Couch Surfing)의 교육적 변형이라고 할 수 있다. 카우치 서핑은 여행하고자 하는 곳의 현지인으로부터 도움을 받아 무료 숙박 및 경우에 따라 가이드까지 받을 수 있는, 여행자들을 위한 비영리 커뮤니티로, 현재 20만 개 도시에 1천만 명 이상의 가입자가 있다. 우리나라의 경우 가슴 아픈 세월호 사고로 인해 수학여행의 안전성 문제가 논란이 되면서 소규모 테마형 수학여행을 위한 프로그램을 모색하는 상황이라 말레이시아 학생들이 기획한 소규모 테마형 여행, 상호 학습 등은 배워볼 수 있는 부분이다.

역할별 기관 구축을 통한 체계적인 육성

연합회의 구상면에서도 말레이시아 학교협동조합 모델은 큰 시사점을 가진다. 이 작업을 이해하려면 우선 학교협동조합을 둘러싼 다양한 정부 기관과 연합회 기관의 역할을 이해해야 한다.

말레이시아는 협동조합과 관련한 업무를 내수경제부(Ministry of Domestic Trade, Cooperative and Consumerism)가 총괄하며, 내수경제부 산하 정부 출연기관이라고 할 수 있는 말레이시아 협동조합진흥원(Malysia Co-operative Societies Comission, MCSC)은 협동조합의 등록, 관리, 감독을 맡는다. MCSC에는 1200명의 공무원이 일하며, 자체에 독립적인 이사회 기구가 있어서 이 이사회에 말레이시아 중앙은행, 내수경제부, 재경부 등 여러 정부 부처 관련 기관이 함께 들어와 있다. 정부 산하의 협동조합 중간 지원 조직이라고 생각하면 될 것이다. 개별 학교협동조합들은 해결하기 어려운 부분들이 생기면 MCSC에 도움을 요청한다. 학교협동조합 관련 국제 세미나를 열고 싶으면 MCSC의 지원을 받아 하는 식이다.

다음으로 협동조합 대학인 CCM(Cooperative College of Malaysia)은 협동조합 교육 콘텐츠를 생산하고, 협동조합 임직원들을 훈련시키는 역할을 한다.

마지막으로 협동조합 연합 조직인 앙카사가 있다. 앙카사는 1971년 설립되었고, 1996년 협동조합법이 통과되자 공식적으로 상위 네트워크의 지위를 가지게 되었다. 현재 700여 명의 직원이 일하고 있으며, 연합 조직으로서 역할을 수행하고 있다. 앙카사의 역할은 크게 세 가지이다. 첫째, 말레이시아 협동조합을 대표하는 연합 조직으로서 의미를 가진다. 정부와의 협상 테이블에서 대표를 맡고 있으며, 국제 행사에서도 대표로 참가한다. 둘째, 협동조합 사업을 촉진하고 발전시키는 역할을 한다. 새로운 사업 영역을 개척하거나 기존의 사업들을 강화하고, 전국적·국제적 네트워크를 마련해 사업을 공고하게 구축한다. 마지막으로 협동조합의 가치와 원칙을 이해시키고, 실천으로 이끄는 것도 앙카사의 몫이다.

이처럼 말레이시아는 중간 지원 기관, 교육기관, 연합회 등 3개의 기관이 유기적으로 연계되어 있고, 위원회를 통해 서로 역할을 조정하며 협력하고 있다.

이 중에서도 학교협동조합의 경우, 특성상 교육부와 협력 관계가 구축되어 있다. 교육부는 주로 개별 학교의 특성에 맞춰 법적·정책적 가이드라인을 제공하는 역할을 한다. 예를 들어 현재 말레이시아 교육부에서는 학교협동조합을 통한 급식 사업을 허락하지 않았는데, 이는 식중독에 대한 우려 때문이다.

학교협동조합 초창기에는 교육부나 교사들과도 마찰이 많았다고 한다. 예를 들어 수업과 학교협동조합 참가 시간 조정 문제, 업체 선정과 관련한 갈등들이었다. 하지만 계속된 세미나와 협업을 통해 이런 문제들을 조금씩 해결해가고 있다.

물론 말레이시아 학교협동조합 역시 사업적인 부분에서 몇 가지 어려움을 겪고 있다. ① 재정적 어려움, ② 협동조합 내 리더십의 지속성 문제, ③ 학생과 교사들의 활동 시간 부족, ④ 교육부에 의한 제한(급식 사업), ⑤ 비즈니스 모델 개발 등이 그것이며, 이를 해결하기 위해 여러 기관이 머리를 맞대고 고민 중이다.

그중에서도 개별 학교의 힘만으로는 수행할 수 없는 영역에 대해서는 협동조합 연합회인 앙카사 중심으로 지원이 이루어지고 있다. 그중에 가장 중요하게 다뤄지는 부분은 교육이다. 앙카사는 학교협동조합 운영과 관련한 다양한 매뉴얼과 교육 프로그램을 개발해 보급한다. 이런 체계적인 매뉴얼과 교육 프로그램은 학생과 교사들로 하여금 '사업 참여에 대한 부담'을 덜어준다.

앙카사에서 제공하는 교육 프로그램 모듈은 다음과 같다. ▲ 협동조합 정체성 이해하기 ▲ 학교협동조합의 리더십 ▲ 학교협동조합인들의 소통 기술 ▲ 내부 감사의 기초(학생용과 교사용 별개) ▲ 회의 관리 및 회의 자료 작성법 ▲ 학교 매점의 관리 ▲ 학교협동조합운동 힘갖추기(교사용) ▲ 협동조합 법과 관리(교장용) ▲ 공식적인 연설법 등이다. 또한 개별 프로그램에 걸맞게 특화시킨 교재도 보급한다. 예를 들어 앞서 설명한 수학여행 프로그램을 위해서는 각 지역의 역사적·생태적 특화 자원을 안내한 책자를 보급한다. 또한 책자뿐만 아니라 학교협동조합 운영에 필요한 컴퓨터 프로그램을 개발해 학교협동조합들에게 무상으로 나눠주기도 한다.

운영과 관련한 지원도 있다. 이는 흡사 우리나라 대학생협연합회의 공동구매 지원 제도와도 유사하다. 물품을 결정하는 것은 학교지만, 앙카사는 조합에 물품 리스트를 제공하기도 하고, 공동가격 협상을 통해 조합이 저렴한 가격에 납품업체로부터 물건

말레이시아의 다양한 교재와 매뉴얼. 여러 가지 자료들을 충실하게 정리해놓아서 개별 학교들의 부담을 덜어주고 있다.

을 공급받을 수 있도록 조정하는 역할도 한다. 교복, A4 용지 등에 대한 공동구매도 마찬가지 방식으로 이뤄지는데, 앙카사를 통해 공동구매를 할 경우 일반 소비자 가격보다 15~30% 저렴한 가격에 구매할 수 있다.

끝으로 학교협동조합에 대한 홍보와 교류 행사도 빠지지 않고 진행한다. 매년 학교협동조합의 날을 열어, 각 학교가 학교협동조합을 통해 창의력을 뽐낼 기회를 주고 있다.

협동조합 방식으로 학교를 설립한 영국

협동조합의 원리가 학교 운영에 적용된다면

영국은 1844년 최초로 성공적인 협동조합(로치데일 공정선구자협동조합)이 탄생했던 나라답게 일찍부터 협동조합 발전을 도모했다. 1870년에는 현재 영국협동조합연합회(Cooperatives UK)[1]의 전신인 협동조합유니온(Co-operative Union)이 설립되면서 협동조합 원칙 및 운영 방안 등에 대한 교육이 체계적으로 이뤄지기 시작했다. 협동조합의 정체성이라는 무형의 가치를 지속적으로 유지, 발전시키려면 교육이 중요했기 때문이다.

나아가 1882년에는 협동조합유니온 산하에 교육위원회가 설치되고, 1919년에는 맨체스터에 첫 협동조합대학(the Co-operative College)[2]이 설립되었다. 협동조합대학은 조합원과 임원들의 훈련, 젊은 세대 양성, 아울러 협동조합의 전통을 계승 발전시키고 국제 교류와 함께 협동조합 연구를 심화시키는 역할을 담당했다. 또한 협동조합의 가치와 원칙을 교육하는 것과 더불어 지역사회와의 관계도 강조한다.

이처럼 교육을 조합 발전의 원동력으로 삼았던 영국에서 최근 협동조합 방식으로 학교를 설립하기 시작한 것은 그래서 시사점

---

1. www.uk.coop

2. www.co-op.ac.kr

이 크다. 교육이 협동조합의 운영원리로서 강조되는 것에서 나아가, 이제는 협동조합이 교육에 영향을 미치는 시대가 열린 것이다. 그 제도적 계기는 2006년 '교육과 감독에 대한 법(Education and Inspection Act)'이라는 새 법이 발효된 데서 시작한다. 이 법을 통해 외부 파트너가 학내 구성원과 함께 트러스트를 구성하여 자금 지원과 함께 학교 운영에 참여하는 트러스트 학교(Trust School) 제도가 생겼다. 이는 협동조합 방식의 학교, 즉 협동조합학교(Cooperative School)가 활용할 수 있는 제도였다.

더욱이 2007년 정부가 '교육기술부'를 '아동학교가족부(The Department for Children, Schools and Families)'로 재편하면서 교육 소외를 해소하고 사회 통합을 실현하는 방안으로 협동조합학교의 설립을 적극 권장하기 시작했고, 2008년 '레디쉬 베일 기술학교'의 협동조합 전환을 시작으로 협동조합 방식으로 운영하는 학교들의 수가 급증했다. 그리고 6년 만인 2014년 말, 그 수가 무려 800여 개로 확장되면서 영국의 공교육과 협동조합 운동에 새로운 바람을 일으키기 시작했다.

그러나 제도적 변화만으로 지금 영국에서 불고 있는 협동조합학교의 바람의 이유를 설명할 수는 없다. 여기에는 영국 최대의 협동조합인 협동조합그룹(The Cooperative Group)과 협동조합대학, 그리고 학교의 숨은 노력이 있었다. 이러한 과정에 대해서는 2014년 한국사회적기업진흥원이 영국 협동조합대학을 방문하여 학교협동조합 총책임자인 줄리 소프(Julie Thorpe)를 인터뷰

3. http://www.coop.go.kr/COOP/edu/getListVideoEduOversea.do

한 내용을 참고[3]하여 서술했다.

오랜 협동조합 역사를 자랑하는 영국이지만, 정작 공교육에서 협동조합과 관련한 교육 시간은 많지 않았다. 역사를 배울 때 협동조합과 로치데일 선구자들을 잠깐 언급하는 정도가 전부였다. 이에 협동조합 운동가들은 자라나는 세대들에게 협동조합을 적극적으로 알려낼 길을 찾다가 특성화 학교(Specialist School) 프로그램에 관심을 가지기 시작했다.

이 프로그램을 통해 민간과 학교가 협약을 맺어 민간 파트너로부터 교육기금과 전문 지식을 제공받아 활용하도록 하고 있다. 영국 정부는 특성화 학교가 민간 파트너로부터 기부받은 기금과 매칭되는 기금을 학교 측에 다시 지원하고 있다. 예술, 수학, 기술 등 특화된 과목을 보다 전문적으로 교육하라는 취지에서 만들어진 프로그램으로, 많은 학교들이 비지니스 및 기업을 특성화 주제로 선택하고 있었다.

협동조합그룹은 바로 이 지점에 주목했다. 협동조합과 관련된 전문 지식과 교육기금을 원하는 학교에 제공하기로 한 것이다. 그렇게 최초로 10개 학교가 결합되었다. 협동조합그룹이 전문 지식을 각각의 학교에 전하고, 교사들과의 협업을 통해 중·고등학생들을 위한 협동조합 교육 자료를 만들 수 있었다.

성과는 여기서 그치지 않았다. 이 교육 자료를 다른 학교들과 공유하는가 하면, 인터넷(school.coop/resources)에 게시해 누구나 참조하고 활용할 수 있도록 했다. 덕분에 많은 학교들이 수업 시간에 협동조합의 주요 가치 및 정직, 사회적 실천 등을 다룰 수 있게 되었다.

영국 협동조합대학 내 학교협동조합 총책임자 줄리 소프씨는 당시 상황을 잘 기억하고 있었다. 그에 의하면, 당시 10개 학교 네트워크가 지금의 학교협동조합 운동의 중요한 초석이 되었다고 한다. 이 학교들은 비즈니스 관련 교육의 일부로서 협동조합 교육이 가치가 있다는 것을 알았을 뿐 아니라 이를 다른 과목에서도 다룰 수 있다는 것을 이해하기 시작했던 것이다. 또한 협동조합의 기본 아이디어가 학교 운영에도 유용하다는 인식이 커지면서 학교협동조합이 확산되기 시작했다고 한다.

이렇듯 역사 과목에서 짤막하게만 언급됐던 협동조합 내용들이 비즈니스 및 기업 과목에서 활용될 수 있다는 생각은 교육에 대한 사고의 전환을 불러왔다. 다른 과목에서도 충분히 협동조합의 가치와 운영원리를 적용할 수 있고, 나아가 학교 운영에도 적용해볼 수 있었던 것이다. 그렇게 하나의 질문이 도출되었다.

"학교 자체를 협동조합 방식으로 만들고 운영하면 어떨까?"

협동조합의 상상력은 그렇게 도약했다.

학교의 본질, 교육의 본질이란 무엇인가

영국 협동조합 학교의 특징으로는 운영 구조와 교육, 지역사회와의 관계를 들 수 있다. 여기에는 학교와 교육의 본질에 대한 고민이 담겨 있다.

첫째, 운영구조면에서 협동조합학교는 협동조합의 가치와 원칙을 반영한다. 협동조합학교는 구체적으로 채택하고 있는 모델에 따라 협동조합 트러스트 학교, 협동조합아카데미, 그리고 기타 협동조합학교로 나뉠 수 있다. 그러나 어떤 경우에든 협동조합의 가치와 원칙에 따른 운영 구조를 명시하고 있을 때 협동조합학교라고 부른다. 즉 국제협동조합연맹에서 정의한 자조, 자기책임, 민주주의, 평등, 형평, 연대와 같은 가치와 앞에서 살펴본 협동조합 7원칙이 그것이다.

협동조합학교는 이러한 운영구조로서 학생, 교사, 학부모, 교직원, 지역사회, 졸업생 대표와 같은 이해 관계자가 운영에 참여하는 것을 강조한다. 그리고 다양한 분과위원회를 통해 실질적 의사결정 참여를 가능하게 한다. 예컨대 브리스틀의 코텀협동조합아카데미를 예로 들면 전체 재학생 1150명 중 1137명이 조합원으로 가입해 있고 이들은 학생 대표를 선출할 권리를 갖는다. 학생 대표는 학년별로 14~16명 정도가 선출되는데, 선출된 대표들은 5개 분과(커리큘럼과 수업, 급식, 내부 공간, 외부 공간, 행동과 관계)에 소속돼 학생들의 의견을 수시로 모은다(김정원, 2014).

둘째, 운영 구조뿐만 아니라 교육에서도 협동조합 정신을 추구한다. 협력을 체득하기 위한 별도의 교육 과정이 편성되어 있을 정도인데, 한 예로 영국 협동조합그룹)이 협동조합대학과 함께 발간한 초등교육 과정용 공정무역 교재『Make your School Fairtrade Friendly-a co-operative guide for primary schools』는 공정무역의 개념과 역사부터 경제를 포함한 미술, 음악, 역사, 수리 능력을 모두 포함하는 융합 교육 교재로 활용된다. 이처럼 협동조합과 관련한 교육은 역사나 사회, 경제 등에 다양하게 적용될 수 있으며, 이를 통해 다양한 직간접적 체험이 가능하다.

이런 체험을 위해 협동조합대학에서는 학생들이 직접 협동조합을 운영하며 체험할 수 있는 '청소년 협동조합(Young Co-operatives)' 프로그램을 제공한다. '공정무역 간이가게'를 학생들이 협동조합 방식으로 운영하는 것으로 시작해서, 지금은 학교농장, 재활용 등으로 영역이 확대되었다. 이를 통해 공정무역 등의 가치와 원리를 체험을 통해 배울 뿐만 아니라, 시장에서의 자원 활용법을 익혀나간다. 즉 스스로 물건을 선택하고 가격을 매기고 시장을 조사하고 홍보 방법을 개발하고 현금을 관리하면서, 비즈니스 기술과 협동조합적 방식으로 함께 일하는 방법을 배우는 것이다.

더불어 교육 내용뿐 아니라 교육법에도 협동조합 원리가 적용된다. 교사와 학생들이 함께 만들어가는 수업이다. 이런 수업의 풍경에 대해 줄리 소프는 다음과 같이 말한다.

> 교육하는 방법에도 협동조합 측면에서 바라보는 시선이 고려되어야 합니다. 아직 많은 개선의 여지가 있지만 진정한 참여형 교육 방식은 한 열정적인 교사의 수업뿐 아니라 학교 전체에 적용되는 것입니다. 학생들이 수업을 교사와 공동으로 만드는 것입니다. 어떤 협동조합학교에서는 학생이 수업에 대한 완전한 통제권을 가지고 있습니다. 당신이

---

4. http://www.youngco-operatives.coop

협동조합대학의 줄리 소프 "청년들이 활동적인 시민이 되기를 바란다면 그들이 18년 동안을 어떤 틀에 맞춰 고립되어 살게 할 수는 없습니다. 그리고는 사회로 내보내서 그 곳에서 잘 살아가고 기여하라고 기대할 수 없습니다. 따라서 지역 커뮤니티와의 지속적인 교류가 중요합니다."

ⓒ 송문강

> 그 교실에 들어섰을 때 교사가 있다는 것을 알아채지 못할 겁니다. 교사는 모든 지식을 아는 사람이 아닌 퍼실리테이터(조력자)가 됩니다.

한국사회적기업진흥원, 2014

마지막 특성인 지역사회와의 관계는 지역 이해 관계자들 사이에서 자연스레 생겨난다. 예를 들어 브릭쇼 협동조합 트러스트(Brigshaw Co-operative Trust)는 2010년 설립된 협동조합학교로 7개 초등학교와 상급 학교인 브릭쇼 고등학교로 구성되어 있는데, 지역을 기반으로 8개 학교가 한데 뭉치면서 지역 내 광범위한 지식, 기술, 인력이 교류하는 중요한 공유 플랫폼으로 발전했다.

또한 자원의 순환만이 아니라 학생들의 미래의 삶을 기획할 수 있는 삶의 공간으로서의 의미 또한 가지게 되었다. 이와 관련해 줄리 소프는 학교가 지역 커뮤니티에 참여하고 커뮤니티의 요구에 반응하는 것이야말로 중요하다고 말한다. 나아가 지역 커뮤니티가 학교의 운영과 활동에 참여하는 것도 필요하다고 덧붙인다.

함께 만들어가는 새로운 시도

이렇듯 젊은 인재 양성을 위해 시작했던 협동조합학교 운동은 이제 학교의 본질, 교육의 본질에 대한 고민으로까지 확대됐다. 지역사회와 학교가 앞으로 어떤 식으로 만나야 할지도 이 고민에 포함된다.

물론 영국이 협동조합학교 정책을 추진하는 근간에는 정부의 예산 줄이기, 공교육의 민영화 흐름이라는 실용적인 동기들이 있었다. 그렇지만 협동조합 분야의 외부 자원과 지역사회의 자원이 결합되면서 오히려 학교와 교육의 본질을 깨닫고 다양한 혁신을 고민하는 계기가 되었다. 즉 협동조합 관계자들이 협동조합적 가치, 정신 및 특성을 교육에 적극적으로 적용해가면서 협동조합과 학교 모두의 새로운 도약을 이끌어낼 수 있었다.

제도란 항상 변화의 요인들을 가지고 있게 마련이다. 협동조합학교 정책의 긍정적 이면에는 앞서 설명한 협동조합그룹의 노력과 협동조합학교 연합회(The Schools Co-operative Society), 협동조합대학 등의 조직화된 지원이 존재한다. 협동조합대학은 초 · 중 · 고등학교들의 협동조합 전환에 대해서 법적인 고려 사항, 전환 후 트러스트 운영위원회 구성과 운영 등에 관한 실질적인 정보를 제공한다. 그뿐만 아니라 일대일 상담 서비스와 다양한 교육 프로그램을 마련해 개별 학교의 부담을 덜어줬다(송문강, 학교협동조합지원네트워크, 2014. 10. 16).

개별 협동조합학교가 혼자였다면 결코 학생들에게 적합한 교육과정 프로그램을 설계하고 법적 이슈, 정책적 이슈 등에 적절히 준비하고 대응하기 어려웠을 것이다. 특히 다양한 이해 관계자가 참여하고, 지역사회의 이슈들이 얽혀 있는 상황에서 협동조합 방식의 학교 운영과 교육 방법을 채택한다는 것은 사실 교사들의 의지와 열정만으로는 불가능한 일이다.

물론 아직 영국 협동조합학교의 역사는 시작 단계이다. 제도의 변화 속에서 긍정적인 흐름들을 만들어낸 부분도 있지만, 전체적으로 어떠한 방향으로 흘러갈 것인가에 대해서는 관계자들도 예측하기 힘들어 하고 있다. 그렇지만 분명한 것은 교육과 협동조합을 고민하는 여러 조직의 노력이 결합되지 않았다면 지금과 같은 새로운 시도는 불가능했다는 점이다.

영국 학교협동조합의 모습을 살펴보고자 하는 경우, 스프레드아이에서 제작하고 2016년 1월 SBS에서 방영한 「협동조합은 학교다」를 참조하기 바란다.

학생 자치 프로젝트로 민주 시민을 양성하는 프랑스

학교협동조합을 둘러싼 두 가지 흐름

프랑스의 학교협동조합은 조합을 둘러싼 두 흐름이 존재한다. 첫째는 학교협동조합중앙회(Office Central de la Coopération à l'Ecole, OCCE)로 대표되는 학교협동조합 운동이다. 프랑스에서 학교협동조합 논의가 시작된 것은 19세기 말로, 당시의 사회경제 사상에 영향을 받았다. 이와 관련해 주목해야 할 2명의 사상가가 있는데, 그중 하나가 바르텔레미 프로피(Barthélemy Pfofit)다. 그는 농촌협동조합의 경험을 바탕으로 학교협동조합을 생각했던 사상가로서, 교사들의 지도 아래 아이들이 조합을 운영하는 형태를 추구했다. 또한 학교협동조합은 이익만 추구해서는 안 되며, 아이들의 책임감과 주도성을 길러주고 넓게는 도덕성과 사회성 형성에 큰 역할을 한다고 보았다(平野一郎·松鳥鈞編, 1985, 정훈; 2007, p.210, 재인용). 한마디로 말해 그에게 협동조합은 '작은 국가'였다.

다른 한 사람은 에밀 뷔농(Emile Bugnon)으로 사회적 경제의 대표적인 사상가인 샤를 지드(Charles Gide)의 영향을 받았다. 그는 학교협동조합을 통해 경제적인 문제를 해결할 수 있다고 믿으며 조합의 상을 그려나갔고, 1929년 국가 기구로 인정받은 프랑스 OCCE의 초대 대표로 추대되었다. 이어서 1936년에는 교육부

장관이 학교협동조합을 장려하는 공문을 초등 교사들에게 발표했고, 1939년에는 45개의 학교협동조합 지부가 설치되었으며, 2차 세계대전이 끝나자 학교협동조합은 더 견고한 성장의 기반을 만들어갔다.

OCCE가 공식적으로 활동해온 지 근 80년, 현재 프랑스의 협동조합은 전국 102개 지역에서 5만여 개 소규모 조합으로 나뉘어 400만 명의 조합원이 활동하고 있다. 이 조합들은 협동조합 교육시설은 물론, 협력 단체의 학교생활과 활동을 아우르는 정부 기관 역할을 하며, 어린이와 청소년을 비롯해 유치원에서 대학교에 이르기까지 상호협력을 책임지고 있다.

이와 비슷하지만 다른 흐름은 셀레스탱 프레네(Célestin Freinet)로부터 시작된다. 그는 독일의 발도르프 교육학, 이탈리아의 몬테소리 교육학과 함께 대안적 교육방법으로 유명한 프레네 교육의 창시자이다. 특히 프레네 교육은 대안학교를 별도로 설립하려 하기보다는 기존의 공교육 내에서 공동학습과 삶으로부터 시작하는 교육을 이뤄내려고 노력한다는 점이 특색이다. 프레네 역시 앞서의 프로피처럼 학교 자체를 하나의 작은 사회로 보고, 학급을 하나의 공동체이자 공동생활의 장으로 보았다. 따라서 학생들과 교사는 학습 계획을 함께 짜고 실천하며, 이 과정에서 필요한 체계와 법을 만들어가고, 서로 간의 역할을 나누고 책임의식을 갖는다고 생각했다(정훈, 2007).

1928년, '프레네 교육'을 실천하던 교사들이 '비종교적 교육을 위한 협동조합(La Coopérative de l'Enseignement Laïc, CEL)'을

창립했다. 이 기구의 목적은 교사 간 상호 교류 및 학습 자료 제작으로, 이들은 프레네 교육에서 사용되는 학습 자료 전반을 제작하고 판매했다(디틀린데 바이예, 2002, 송순재 외 역, p.364). 앞서 영국과 말레이시아의 사례에서 협동조합 연합회와 교사들의 협력으로 교육 프로그램 및 교재가 공동으로 개발되었던 것과는 조금 다르게 프레네 교육과 관련하여 같은 문제의식을 가진 교사들이 직접 만든 협동조합이었다.

CEL과 앞서의 OCCE와 차이는 급진성에 있다. 프레네 학교협동조합은 운영기금을 마련하고 관리하는 등의 경제적이고 기술적 측면은 부차적으로 여기는 반면, 사회적·도덕적인 측면의 협력이야말로 중요하다고 생각했다(Freinet, 1994, 정훈 재인용). 또한 그는 협동조합의 원리가 모든 학교 활동으로 확대되어야 한다고 보았다. 교실 그 자체, 시간표와 작업(학업) 리듬, 가르치는 내용 모든 것을 상호 신뢰, 책임감, 인간 진보와 시민교육이라는 세 가지 근본원리 하에 독립적으로, 협동조합의 방식으로 조직되어야 한다고 강조했다(Mialarer, 1985, 정훈 재인용). 이러한 프레네의 협동조합에 대한 생각은 다음 글에서 잘 드러난다.

> 우리는 우리의 아이들이 읽고, 쓰고, 셈하기는 물론이고, 그들이 능률적으로 삶과 대면하며 살아갈 수 있게 평가하고, 측정하고, (물건을) 사고팔고, 자금이나 기업을 운영하고, 편지를 쓰고, 주문을 하고, 유용한 물건을 만들고, 유익한 여행을 감행하는 방법을 알기를 몹시 원할 수 있다. 그런

데 이 모든 것은 책 속에서 배울 수 없다. 학교협동조합은 이러한 교육을 위해 가장 좋고 가장 실제적인 수업이다. 당신은 또한 오늘날의 복잡한 세계 속에서 우리의 아이들이 더 이상 수동적으로 순종하는 것에 만족할 수 없다는 점을 이해한다. 당신의 아이들은 더욱 더 스스로를 제어하고 인간과 시민으로 존재하는 법을 배워야 한다.

프레네, 「학부모에게 보내는 호소」, 정훈

이후 CEL은 1948년에 설립된 현대학교협동조합협회(L' l'Institut coopératif de l'école moderne, ICEM)와 1957년에 설립된 현대학교운동국제연맹(La Fédération internationale des Mouvements de l'École moderne, FIMEM)으로 분화 발전되었는데, 이 두 조직은 다소의 관점 차이는 존재하나 공교육에서 학생들의 자치활동을 통한 교육을 실현하겠다는 목표에서는 공통점을 가진다.

또한 전후 OCCE의 조직 체계 구축과 위상 확립에 중요한 역할을 했던 장 드 생 오베르(Jean de Saint Aubert)는 프레네 식 흐름과의 화해에도 적극적으로 나서, 지금은 이 두 주축이 서로 영향을 주며, 활동과 구성원들이 서로 중첩되는 경우가 많아졌다(Strakey, 1997, 정훈 재인용). 한 예로 대부분의 프레네 학급들은 합법적 지위와 법적 권한 획득을 위해 OCCE의 공식 회원으로 가입한다(디틀린데 바이에, 송순재 외 역, p.292).

OCCE가 제도화된 모습으로서 안착되어갔다면, 프레네를 바탕으로 한 CEL은 협동조합의 원리를 교육에 적용해 근대 교육 운동의 새 기틀을 세웠다. 우리나라에서도 2000년 후반에 이르러, 공교육 내 대안교육 운동의 필요성을 느끼고 교사들의 연구회와 프레네교육연대(cafe.daum.net.freinetclub)가 만들어지기도 했다.

학급 자치 프로젝트의 과정

프랑스 학교협동조합은 언뜻 잘 와닿지 않는 게 사실이다. 사실 프랑스 학교협동조합은 하나의 정형화된 상으로 규정할 수 없다. 특히 말레이시아의 사례에서처럼 사업화된 모습을 위주로 들여다보면 더 모호하다. 프랑스의 경우, 성과를 판단할 때 특정한 결과물보다는 과정에 초점을 맞추기 때문이다.

1948년 투르 의회에서 장 드 생 오베르가 밝힌 학교협동조합의 상은 다음과 같다. 학교협동조합은 같은 뜻을 가진 학생과 교사들의 지지로 생성된 사회로서, 인류의 발전 이상을 토대로 조합원들의 도덕교육, 시민교육, 지성교육을 목표로 하는 조직이다. 사업 결과에서 나온 이익은 학교를 꾸미고, 일의 조건을 개선하며, 구성원의 교양, 교육과 여가를 조직하고, 학교와 학교 졸업 후 상호 도움과 연대성을 발달시키는 데 쓰여야 한다.

그렇다면 프랑스 학교협동조합의 구체적인 모습은 어떨까?

한마디로 프랑스 학교협동조합의 핵심은 '학생과 교사의 공동 프로젝트'에 있다. 어떤 과업을 수행할지는 학생들이 결정하는데, 프로그램 진행에 필요한 재원 마련을 위해 스스로 아이디어를 제시하고 학급 교육 기구와 지출과 관련된 사항도 함께 결정한다.

이를테면 시민들의 자발적인 기부와 조합원 보조금, 축제, 자선 바자회, 졸업 앨범 할인 판매 등을 활용해 자금을 모으는데, 연말에 자금이 남아 있다면 새로 배정될 학급 협동조합에 불입하거나 학급의 장래 조합원들에게 남기는 방식 중에 택할 수도 있다. 이처럼 프랑스 학생들은 자율적 활동을 통해 연대감을 고취하고 협동을 배우며 현장 실습의 기회도 얻게 된다. 협동조합에서는 학생들이 이 활동들에 능동적으로 참여할 수 있도록 협동조합 위원회를 운영한다. 위원회에서는 교사와 학생이 참여하는 정기 회의를 통해 학급의 생활을 조직하고 관리하는데, 토론 주제는 학급과 학교 프로젝트 운영에 한정되며, 이 정기회의에서 위원회는 학생

프레네 교육을 하고 있는 기프라비엥 학교 **프로젝트 학습을 통해 배운 것을 표현한 아틀리에의 모습이다.**
ⓒ 전성실

들이 발언권과 민주적인 토론 방식을 배울 수 있도록 한다.

　나아가 학생들은 다양한 역할과 직무를 수행하는데, 회의의 의장, 도서관 관리자, 중재자, 학교 신문기자까지 각자의 역할로 능동적으로 참여해 법, 정의, 권리의 관계에 관심을 가지며 성장한다. 이처럼 학생과 교사가 함께 만들어가는 모습은 다음의 프랑스 초등학교 학급 협동조합에서 발행된 학생신문의 글에서도 찾아볼 수 있다.

　　학급 회의에서 아이들과 교사는 협동에 대해 논의하는 일이 종종 있다. 예컨대 학급소풍을 계획하고 실천하는 것도 협동과 관련된다. 이러한 협동은 다른 모든 수업기술들보다 묘사하기 힘들다. 극히 다양한 형태로 표현되기 때문이다. 작은 교실에서 여러 아이들이 각자 동시에 다른 일을 하는 것은 모두에게 많은 이해와 통찰을 요구한다. 학생들은 함께 작업하면서 서로 배려한다. 이 모든 것이 강요나 처벌이 없이도 성공할 수 있는 이유는 학생 스스로 협동조합에 속한다고 느끼기 때문이다.

　　　　　　　　　　　　　디틀린데 바이예, 송순재 외 역, p.291

　물론 학생들만으로는 관리에 어려움이 있는 만큼 학교협동조합의 재정은 학급에서 선출된 대표단, 학부모, 교사, 조언자들이 금전출납부와 OCCE의 재정 관리 프로그램을 통해 운영하고, 매년 지출 장부와 활동 내역을 발표한다. 또한 재정이 올바로 사용되었나 확인하기 위해, 재정 관리에 참여하지 않은 교사나 학부모

최소 2인으로 구성된 감리단을 꾸려 지출 내역을 확인하고 감시한다.

한편 학교협동조합은 자신들이 공립학교의 체제 유지와 그 기능에 있어 국가 공동체의 책임을 대신하는 단체는 아님을 확실히 하고 있다. 노동 이행이나 교육 수단(복사기, 교과서 또는 교육자재)의 임대 또는 구입, 학교 프로젝트(Projet d'Ecole)와 학교 위원회에서 구상한 의무 활동과 관련한 재정 마련 활동에는 개입하지 않는 것이다.

협력적 민주시민으로 성장하는 터

프랑스 학교협동조합 활동의 기본 원칙은 "민주적인 운영과 회계상의 엄정성과 투명성"이다. 원칙적으로 학교협동조합은 시민교육, 책임감 있는 교육, 연대 교육을 지향하는 '학생 단체'로서, 연령에 따라 현실적 책임감을 부여하는 교육을 통해 학생을 미래의 시민으로 양성하는 데 주 목표가 있다. 즉 학교협동조합을 달리 말하면, 교육 현장과 협동의 가치(연대와 상부상조)가 긴밀히 연결되어 자주적이고 연대하는 시민을 양성하기 위한 매우 강력한 교육 수단이라고 볼 수 있다.

이처럼 학교협동조합이 행동하는 시민교육일 수 있는 이유는 학생들이 협동조합에 적극적으로 참여해 프로젝트를 수행하고, 재원을 찾기 위해 노력하면서 토론과 결정, 실행, 평가의 과정을 배울 수 있기 때문이다. 프랑스 학교협동조합에서 학급에서 일어나는 다양한 문제는 교사만이 아닌 학생들이 함께 해결해야 할 공동의 과제로 여겨지며, 이 자체가 훌륭한 교육이 된다. 한 예로 OCCE는 학생들이 다툼이나 학습 부진 등 다양한 어려움을 겪을 때 전체 학급에 다음과 같은 질문을 통해 해결책을 모색할 것을 권하고 있다.

> ※ 규칙 안에서 학우를 도우려면 무엇을 할 수 있을까?
> ※ 학급 내의 관계를 어떻게 하면 개선할 수 있을까?
> ※ 새 학급에서 시작한 프로젝트를 위한 자금을 어떻게 마련
>   할 수 있을까?
> ※ 몸싸움이나 말싸움에 어떻게 개입해 해결해야 할까?
> ※ 학급의 한 학우가 다른 학우를 괴롭힐 때 무엇을 해야 할
>   까?
> ※ 한 학우가 교훈을 얻도록 하려면 어떻게 도와줘야 할까?
>
> OCCE 브로슈어 중에서

프레네 교육철학과 프랑스 학교협동조합은 우리에게 어떤 시사점을 줄까?

협동조합과 교육의 만남이 단순히 몇몇 학교 사업을 바꾸는 데 머물지 않고 교육에 대한 중요한 전환의 계기가 될 수 있다는 것을 보여준다. 학교 내의 다양한 문제들을 교사만이 해결할 수 있다거나, 교사가 주도적으로 풀어가는 것이 아닌, 그러한 문제들을 풀어가는 과정 자체가 하나의 유의미한 교육의 과정이 될 수 있다는 발상의 전환이다. 우리의 삶 자체는 다양한 문제가 있을 수밖

에 없으며, 아이들은 살아 있는 존재이기에 그러한 문제를 무조건 없애려고 하기보다는 함께 풀어가는 방법을 익혀 나가야 하는 것이다.

이러한 협력하는 민주시민으로서의 삶의 방식을 자연스럽게 습득하도록 하는 것이 프랑스 학교협동조합의 매력이 아닐까 싶다.

이처럼 각각 다른 역사적 발전 경로와 특색을 지닌 말레이시아, 영국, 프랑스 사례를 살펴보았다. 말레이시아 사례를 통해 학생이 학교협동조합을 통해 적극적으로 다양한 사업에 참여하며 경제교육을 삶에서 습득할 수 있다는 점을 보았고, 영국 사례를 통해 학교의 운영원리가 바뀔 수 있다는 점을 보았다면, 프랑스의 경우는 학생과 교사의 협력적 관계 모색을 통한 삶의 방식 찾기를 보았다. 각 사례들은 우리나라에 각기 다른 시사점을 주며, 특히 앞으로의 학교협동조합을 둘러싼 교육부, 기재부, 협동조합 연합회 등 다양한 조직들 간의 관계 모색과 제도적 설계를 위한 아이디어를 준다.

6장

학교협동조합 설립 및
운영에 필요한 교육 설계

　이 장에서는 학교협동조합 설립과 운영에 필요한 교육 설계와 관련한 이야기를 해볼 것이다. 프롤로그에서 학교협동조합을 접하면서 크게 교육, 사업, 행정 세 가지 부분을 신경 써야 한다고 얘기를 했다. 앞서 국내 사례에서 부분적으로 언급했듯이 현재 학교협동조합 법인격을 갖춰가는 데 있어 학교만의 노력으로는 힘든 부분이 있다. 매점 등 사업 역시 마찬가지이다. 따라서 학교 내부의 자원만이 아닌 외부의 전문 인력과 여러 관계 기관의 도움을 받아가며 함께 만들어가야 한다. 이 부분과 관련해서는 부록에서 도움을 받을 수 있는 곳들을 소개하겠다. 여기서는 행정과 사업 부분보다 더 중요하면서 학교 내에서 교사, 학부모들이 특히 신경을 많이 써야 할 교육적인 부분에 초점을 두고 설명하도록 하겠다. 학교협동조합에 점차적으로 익숙해지는 단계에 따라 협동조합에 대해 친숙해지기 → 협동조합 조직하기 → 협동조합 체계 갖추기 → 협동조합 프로젝트 과정으로 나눠 설명할 것이다.

학교협동조합 교육의 시작점

본격적으로 교육과정을 살피기에 앞서서 학교협동조합 교육의 방법과 상에 대해서 간략히 언급하고자 한다.

앞에서 살펴본 외국 사례에서도 알 수 있듯이 학교협동조합 활성화와 안정적 유지를 위해서는 제도적 개선도 필요하지만, 운영 매뉴얼과 함께 다양한 교육 프로그램이 개발되어야 한다. 외국의 경우 학교협동조합의 초기 단계에는 더 큰 협동조합 연합회나 지원 기관이 참여해 교사와 함께 여러 프로그램을 개발하다가, 이후 협동조합 수가 많아지고 자리를 잡게 되면 학교협동조합들 스스로 만든 연합회가 중심이 되어 이 역할을 이어간다.

하지만 우리나라는 이제 막 학교협동조합 협의회를 논의하고 있는 상황인 만큼 학교협동조합 교육 프로그램도 걸음마 단계라고 볼 수 있다. 사실 이런 상황은 다른 협동조합이나 사회적경제 분야도 마찬가지다. 관행적인 집체형 강의의 한계를 느끼면서도 학습자들이 적극적으로 참여할 수 있는 교육, 경험을 통해 협동조합을 이해할 수 있는 교육은 찾아보기 어려우며, 이런 상황에서 적합한 학교협동조합 프로그램을 찾는다는 것은 우물에서 숭늉 찾는 격일 수 있다.

그렇기에 필자들도 고등학생들에게 교육을 진행할 때 막막한 점이 한두 가지가 아니었다. 처음에는 어느 수준까지 협동조합에 대해 얘기하고, 어느 선까지 사업을 함께 논의할 수 있을지 고민이 됐다. 그러다가 '학생들을 믿어보자'고 생각하면서 마음이 편해졌다. 교육은 가르치는 사람 혼자만의 몫이 아니며, 중요한 것은 학습자들이 스스로 배워갈 수 있도록 조력해주는 것이다. 오래 전 필자는 대학생협에서 벌어지는 학생 참여 활동의 특징에 대해 석사논문을 쓴 적이 있는데, 그때 내린 결론도 마찬가지였다. 그 글을 여기서 잠깐 인용해보겠다.

대학생협에서 학생 참여는 어떤 원리를 통해서 이루어지는가? 나는 이에 대한 대답으로서 교육을 제시한다. 교육이 '가르침과 배움을 통한 인간 형성 과정'이고(조용환, 1997), 가르침(교수: 教授)과 배움(학습: 學習)이 사회적으로 고정된 역할이 아니라 인간 활동의 양 측면을 이야기하는 것이라면(한숭희, 1999), 그리고 교수(자)가 유형적일 수도 있고 무형적일 수도 있다면, 학생들의 생협 참여 과정은 학생들 자신이 학습자와 교수자로서 순환적 역할을 하는 가운데 이루어지는 교육과정으로 설명될 수 있다. 조용환(1997)은 교육의 개념적 구성요소를 설명하면서 최소한 학습자와 교수자 어느 한쪽이 교육적 의도가 있어야 한다고 말하고 있다. 생협의 학생 참여 활동도 이러한 의도성을 가지고 시작된다. 먼저 학습자의 의도성을 볼 수 있다. 생협의 학생 활동가가 되는 과정을 보면 '사회 변화에 대한 관심', 그리고 '현실적 사업에서 그 가능성을 발견하고자 하는 욕구'가 참여를 시작하는 동기가 되고 있다. 이렇게 성장을 향한 학습의 의도가 선행될 때, '진지하고도 집요하게 배움을 추구하는 학습자는 유형, 무형의 교수(자)를 반드시 만나게 되어 있다(Ibid,

1997).' [학생들]은 "따로 선배가 있어서 예전의 형태를 물려받은 것이 아니었지만" 세미나와 강좌 사업, 그리고 다른 생협에 대한 탐방을 기획하고, 학생 위원들 간 "상호소통을 활발히 하면서" 생협에 대한 상을 만들어나갔다. 이 과정에서 그녀가 읽었던 책과 그녀가 만난 사람들과 함께 활동한 학생 위원들은 순간순간 그녀의 교수자가 될 수 있었다. 그리고 그녀는 그러한 과정과 체험을 통해 자신이 "좀 더 열려 있을 수 있게 됐으며" 생협 설립 과정에 참여했던 경험이 "개인의 성장 과정에서 꼭 필요했던 일"이었다고 말하고 있다. 이러한 과정을 통해 학생 활동가는 새로운 지식과 가치체계를 획득하거나 또는 기존의 불완전하고 회의적이었던 가치체계를 통합적이고 의미 있는 것으로 만들어나간다.

박주희, 2004

협동조합 교육은 단순히 지식을 전달한다고 끝나는 것이 아니다. 또한 선생도 고정된 것이 아니라 책과 친구들과 외부에서 만난 사람들 모두가 스승이 될 수 있다. 학생들끼리도 상호 간에 훌륭한 선생 역할을 할 수 있으며, 스스로 교육의 자료, 교육의 순간들을 만들어낼 수 있다. 필자들도 대학생협을 하며 이런 경험을 했기에, 학생들을 좀 더 믿고 함께 교육 프로그램을 기획하기로 마음먹었다.

물론 어린 학생들에게 대학생만큼의 주도성을 기대하기는 어렵다. 심지어 어떤 관계자는 필자가 "고등학생들을 대학생처럼 대한다"며 핀잔 아닌 핀잔을 주기도 했다. 물론 중·고등학생의 특수성을 인지하는 것도 중요하다. 함께 프로그램을 만들었던 교사의 표현을 빌리자면 "중·고등학생들은 의욕적으로 달려들다가도 또 쉽게 흥미를 잃기도 하고, 지속적으로 스스로 과제를 설정하는 훈련이 부족한 경우가 많기" 때문이다. 따라서 프로젝트 수업을 진행할 때는 사전에 과제를 잘 가이드해서 의미 있는 교육적 경험을 제공하되, 무엇보다도 학생들의 역량을 세심하게 살펴야 한다. 학생들 입장에서 해나가기 힘든 일을 무리하게 밀어붙여서는 안 되는 것이다. 물론 역량은 경험 속에서 향상되고, 친구들이나 다른 전문가들과 협력하면서 커질 수 있기에 처음부터 역할을 한정 지을 필요는 없다. 이렇듯 학생들 전체의 흥미와 역량을 관찰해 적절한 과제를 지속적으로 설정할 수 있도록 도와주는 일은 매우 중요하다.

이러한 어려움에도 불구하고 상호 교육, 참여와 소통에 기반한 교육, 공동의 과제 설정과 문제해결이라는 원칙적 접근은 큰 틀안에서 맞는 방향이었다. 이미 혁신교육을 고민하는 교사들은 '배움의 공동체'라는 개념 속에서 비슷한 수업을 진행하고 있다. 다음은 이런 관점으로 수업을 진행한 어느 학교의 교실 풍경으로, 그 성과를 잘 보여준다.

매 시간 도전 과제로 만든 것을 제시하자 아이들은 전보다 더 몰입했고, 그러는 가운데 크건 작건 새로운 생각을 해냈다. 그리고 그것이 표현될 때 아이들은 서로 "와" 하고 감탄했다. 수업 시간은 아이들이 감탄하고 서로 인정해주는 시간이 되었다. 그리고 교사 입장에서는 아이들의 놀라운 성취를 볼 수 있는 시간이 되었다. 기존에는 교사의 설명을 통해서 아이들이 배웠다. 그런데 도전 과제를 제시하면 아이들이 활동하면서 스스로 또는 자기들끼리 배웠다. 또는 다른 아이가 깨달은 것을 듣고 감탄하면서 배웠다. 그러면서 수업 시간이 살아났다.

남경운 외, 2014, p.48

이처럼 학생들은 서로의 표현과 공유를 통해 더 많은 것을 배우고, 도전 과제를 통해 해결 능력을 습득한다. 어른도 마찬가지다. 어른들을 대상으로 한 협동조합 교육에서도 일방적인 강의보다는 수강생들 간의 토론과 발표, 액션러닝이 훨씬 교육 효과가 크다. 즉 학교협동조합 교육에서 고민하고 만들어낸 교육 방식은 일반 협동조합과 사회적경제 교육에도 긍정적으로 작용될 것으로 보인다.

물론 우리나라 협동조합 교육은 이제 시작이지만, 프랑스의 프레네 교육 기법이 이미 국내에 소개되어 많은 교사들이 연구해온 만큼 앞으로 학교협동조합 교육도 풍성해지리라 기대해본다. 또한 기업가 정신을 교육하는 앙트십 프로젝트, 진로직업체험 교육 등 청소년 경제교육이 체험과 문제해결 중심으로 바뀌어가고 있다는 것도 희소식이다. 이런 노력들과 학교협동조합 현장의 필요들이 결합된다면 지금보다 더 풍부한 교육 프로그램이 만들어지

는 것도 불가능한 일이 아니다. 물론 자원은 아직 부족하고 시간
도 촉박하지만, 결국 좋은 교육 프로그램은 부족하더라도 학생들
과 함께하며 만들어가는 것이 되어야 한다. 즉 학교협동조합을
함께 만든다는 것은 이렇게 교육 프로그램 역시 함께 만들어간다
는 의미와 다름 아닐 것이다. 그럼 지금까지 필자와 학교협동조
합 관계자들이 만들어간 교육 내용을 학교협동조합을 만들어가
는 단계에 따라 소개해보겠다.

학교협동조합과 친숙해지기

협동조합에서 가장 중요한 요소는 사람이다. 사람을 모으는 과
정에 가장 많은 공을 들이고, 이것이 가장 힘들기도 하다. 서두르
지 않고 많은 시간을 들여 함께 해나갈 사람들을 모아가야 한다.
이때 중요한 점은 앞서도 반복해 이야기했듯이 자발적인 참여 유
도다. 진짜로 학교협동조합이 무엇인지 알고 싶고, 함께 활동해
보고 싶은 학생들이 모일 수 있어야 한다.

2012년 12월 협동조합기본법이 시행된 지 2년 사이 6000개가
넘는 협동조합이 설립되었음에도, 아직까지도 대중들은 협동조
합을 생소하게 여긴다. 더욱이 협동조합의 70% 이상이 자영업자
중심의 사업자 협동조합인 상황에서 학교협동조합은 더 낯설 수
밖에 없다. 또한 일상생활에 잘 쓰이지 않는 생소한 개념들로 이

루어진 협동조합을 청소년들이 금방 친숙하게 받아들이기란 더 쉽지 않다.

이런 상황에서 학생들이 협동조합에 호감을 표시하고 자발적으로 선택할 수 있을까? 학생들의 자발적인 참여 보장이라는 명목하에 혹여 방치가 되지는 않을까?

마치 상대방의 이름만 듣고 결혼을 선택할 수 없듯이 학교협동조합과 학생들도 서로를 알아가기 위한 시간이 필요하다. 물론 어느 정도 활동하고 난 뒤에 나와 맞지 않다고 느껴 다른 것을 선택할 수도 있겠지만, 그럼에도 언제든 학생들이 충분히 협동조합을 경험할 수 있도록 항상 문을 열어두는 일이 필요한데, 이것이 바로 학교협동조합 교육이다.

다만 학교 구성원들이 학교협동조합을 자신의 언어로 표현하고 실제적 삶으로 받아들이기 위해서는 상당한 시간이 필요하다. 그렇다면 신생 학교협동조합을 만들어가는 과정에서 진행했던 교육과정을 하나씩 살펴보며 학교협동조합에 대한 이해의 폭을 넓혀보도록 하자.

하고 싶은 게 뭘까?

'학교 안에서의 공동의 필요를 사업으로 만든 우리들의 규칙 있는 모임'이라는 학교협동조합에 대한 정의마저도 사실상 학생들에게는 와닿지 않을 수 있다. 말 자체가 어렵게 느껴지기도 하고, '대체 우리한테 뭐가 필요하다는 거지?' 하고 생각할 수도 있다. 입시에 짓눌려 꿈과 욕구를 잃어버린 아이들에게 "자, 어떤 불편이 있고, 필요가 있니?" 물어봐야 시큰둥한 얼굴들인 경우가 많다.

이 때문에 필자들은 학교협동조합을 교육할 때 가장 먼저 "우리가 하고 싶은 게 뭘까?"라는 질문을 던진다. 이를 위해 개인 인공위성 프로젝트에 관한 동영상 광고(http://youtu.be/qyFclzg-iaI)를 보여주기도 한다. 송호준이라는 예술가는 개인의 힘으로는 인공위성을 쏠 수 없다는 사람들의 편견을 깨기 위해 2013년 4월 19일 세계 최초로 개인 인공위성을 발사하는데, 광고 말미에서 이렇게 말한다. "일단 하자! 안 되면 말고!"

또는 기본 소득에 대한 이야기를 한 뒤, 죽을 때까지 한 달에 일정한 수입이 들어온다면 무엇을 할 것인가란 질문을 던지기도 한다. 일종의 소셜픽션 방법을 활용한 수업인데, 소셜픽션은 노벨평화상 수상자인 무함마드 유누스 그라민 은행 창립자로부터 아이디어를 얻은 수업 방법으로, 그는 "공상과학소설이 결국 과학을 움직였다. 먼저 상상해야 변화가 일어난다. 그렇다면 사회를 변화시키려면 소셜픽션(social fiction)을 써야 하는 것 아닌가?"라고 말한 바 있다. 이 수업은 사회적 관계의 변화에 대해 상상해보는 것으로, 기본 소득 논의에 이어 이번에는 생계에 대한 부담이 없어진다면 무엇을 하고 있을지 생각해보는 것이다.

누구나 하고 싶은 일이 전혀 없을 수는 없다. 다만 자신이 없고, 기울여야 하는 노력이 크니 지레 포기하는 것이다. 특히 요즘처럼 무거운 걱정 때문에 많은 것을 포기하게 만드는 시대에는 더욱 그렇다. 하지만 막상 적은 내용을 보면 꼭 많은 돈, 많은 준비가 없어도 당장 실천해볼 수 있는 꿈들이 적지 않으며, 누군가와 힘을 합쳐 해나갈 수 있는 꿈들도 있다. 즉 혼자는 못 하지만 함께라면 해볼 수 있는 꿈들로서, 결국 협동조합은 그렇게 혼자서는 힘든 꿈을 함께 현실화하는 일과 같다.

결국 이 나눔의 시간이 끝나면 필자는 학생들에게 다시금 협동조합을 이렇게 얘기하곤 한다. "협동조합은 함께 만들어가는 우리의 꿈"이며, 이 꿈은 부질없는 공상도, 헛된 망상도 아닌, 현실적인 상상력이라고 말이다.

함께 꾸는 꿈을 보다 와닿게 하기 위해 학생들이 좋아할 만한 사례를 들기도 하는데, 학교의 불편을 친구들과 해결하기 위해 만든 학교협동조합, 같은 라이프스타일과 공간 개념을 지닌 이들이 함께 사는 집을 만든 주택협동조합, 같은 대상을 좋아하는 이들이 만든 팬클럽 협동조합 등을 사례로 든다. 특히 이런 내용은 말로만 전달하지 말고 관련 동영상을 짧막하게 한두 개 정도 보여주는 것을 추천한다. 아래 동영상은 교육 때 활용할 만한 동영상이다.

학　교　복정고 교육경제공동체 사회적협동조합(2분) http://youtu.be/3GjAORAz8Fw
주　택　민달팽이 주택협동조합(4:15) http://youtu.be/X-Nf2fkAF50
팬클럽　120213 지식채널e- 클럽 그 이상의 클럽(4:28)
　　　　http://youtu.be/zJFq51HQTEw

다음은 이상의 내용을 감안해 구성한 1차시 교육 프로그램으로 대구와 서울에서 진행한 고등학생 대상 학교협동조합 설립 교육 때 개발해서 적용한 바 있다.

주제	협동조합은 함께 만들어가는 우리의 꿈		
시간	45분	진행 방식	강의, 시트지 작성, 공유
준비물	동영상, PPT, 학습자별 종이와 필기구		
단계	프로그램내용		시간
도입	• 꿈과 관련한 동영상 보기 　① 누가 인생을 마라톤이라 했나? (2분) http://youtu.be/v2vB9fv8hPY 　② 송호준, 인공위성(3분) http://youtu.be/qyFclzg-ial • 생각 나누기 　- 모두가 같은 꿈을 꿔야만 할까? 　- 하고 싶었지만, 불가능하다고 생각해서 포기한 꿈이 있나?		10분
전개	• 소셜픽션 써보기 　- 서울시사회적경제지원센터에서 한겨레경제연구소에 위탁한 　　프로그램 http://sehub.net/archives/8103 활용 가능 　- 소셜픽션 상황 제시: 모든 사람에게 한 달에 150만~200만 원씩 주어져 　　각자가 하고 싶은 것만을 하고 살 수 있을 때, 내 하루는 어떠할까?		20분
마무리	• 생각 나누기 　- 적은 것 중에 지금 당장 할 수 있는 것은 무엇일까? 　- 혼자서 어렵다면 함께 할 수 있는 것은 없을까? • 함께하는 꿈으로서 협동조합 　- 협동조합은 함께 꿈을 이뤄가는 한 방법이라는 것을 알려준다. 　- 1~2가지 사례를 짧게 제시해볼 수도 있다.		15분
유의 사항	• 소셜픽션 상황은 기본 소득에 대한 교육보다는 학생들이 자신들의 꿈에 대해 　서 지레 가지게 되는 걱정과 체념을 없애기 위한 작업이기에 기본 소득 논의 　위주로 가지 않도록 노력한다. • 단순히 글을 적는 것만이 아닌 다른 사람의 꿈을 듣고 자신의 생각을 확장하 　는 것이 중요한 만큼 생각 나누기 작업은 빼서는 안 되는 중요한 작업이다. • 짝을 맞춰서 얘기를 해보게 하고, 그중 몇몇 사례를 자연스럽게 학생들과 공유 　할 수 있도록 분위기를 조성한다. • 마지막에 협동조합에 대한 이미지를 주며 사례를 1~2개 언급할 때, 너무 길어 　지지 않도록 주의한다.		

학생들 각자가 자신의 필요와 욕구를 사회와 연결시켜 사고하

는 워밍업 부분은 사회적경제와 연관시켜 몇 차례 수업을 더 진행해도 좋다. 이 수업과 더불어 추천하고 싶은 교육 프로그램으로 충남발전연구원과 충남 청년사회적경제 강사 모임인 「어지간히」가 개발한 2014년 중·고등학생들을 위한 사회적경제 교육 교재[1]도 추천한다.

우리가 이해하는 협동조합이란?

협동조합에 어느 정도 친숙해졌다면, 이제 학생들 자신의 언어로 협동조합을 얘기해보는 시간이 필요하다. 이때 20분이 넘지 않는 짧은 도입 강의를 곁들이는 것도 좋다. 예컨대 필자들은 2장에서 언급한 "협동조합은 필요를 사업으로 전환한 규칙 있는 모임"이라는 주제로 프레젠테이션 자료를 활용해 효과적으로 사례를 전달하는 짧은 강의를 진행한 바 있다. 학교협동조합 뉴스레터 자료실(blog.naver.com/schoolcoop)에 관련 교안이 있다.

이처럼 짧은 강의가 끝나면 본격적으로 학생들 스스로의 언어로 협동조합을 말해보는 시간이 필요한데, 언급했듯이 협동조합 교육에서 자기 언어화는 반드시 필요한 과정이다. 이와 관련해『교사는 수업으로 성장한다』의 저자 박현숙 선생님은 표현과 공유의 중요성을 언급한 바 있다. 표현과 공유는 흔히 발표를 뜻하는데, 그럼에도 발표를 굳이 표현이라고 하는 이유는 학생들이 교사들이 묻는

---

1. http://csec.or.kr/win/research/list.php?li_no=79

질문에 답을 할 때 교과서적인 지식의 언어가 아닌 자신의 체험과 배경지식으로 해석한 자신의 언어로 말하기 때문이다. 박현숙 선생님은 학생이 책에 있는 말을 그대로 말하는 것은 모르는 것이며, 정말로 책의 내용을 이해했다면 자신이 이해한 자신의 말로 설명할 수 있어야 한다고 언급한다. 나아가 이렇게 표현된 말은 이해하지 못한 다른 친구들의 이해를 돕게 되는데, 학생이 자신의 체험이나 배경지식으로 해석하고 이해한 말을 친구들과 나누기 때문에 일종의 공유가 이루어진다(박현숙, 2012, pp.182-184).

특히 협동조합은 생소한 단어가 많고 주식회사 방식에 익숙한 학생들에게는 낯선 대상이다. 따라서 단어 하나하나를 자기가 생각하는 대로 얘기를 나누며 생각을 발전시켜나가는 것이 이해에도 빠르다. 더불어 협동조합이란 결국 싫든 좋든 끊임없이 표현하고 공유하는 과정이며, 생각이 사람들과 마음을 맞추고 공동의 목표를 정하는 일이다. 다들 내 마음 같지 않고, 오해가 쌓여 속상한 일이 생기고, 내 뜻이 100% 전달되지 않더라도, 다른 사람에게 표현하고, 공유하며 소통해야 한다. 이것이 바로 앞에서 얘기한 민주주의 소통을 위한 근육 쌓기의 시작이다.

그렇다면 이 표현과 공유 속에서 어떤 주제를 얘기해야 할까? 여기에 적합한 몇 가지 과제들을 2차시에 진행해볼 수 있는 수업 내용으로 설명해보겠다.

먼저 가볍게 "협동조합은 ○○이다"라는 명제를 통해 각자 생각하는 협동조합에 대한 이미지를 얘기해볼 수 있다. 이미 협동조합에 대해 한두 번 들어보거나 상당한 지식과 정보를 가진 학생도 있을 것이며, 설사 모든 게 낯선 학생이라면 '협동'이라는 단어로부터 파생된 느낌 정도만 얘기해도 된다.

주의할 점은 이때 완벽한 정의를 내리려 들지 말고, 협동조합 하면 떠오르는 즉각적인 생각이나 이미지를 말이나 동작으로 표현하게끔 하는 것이다. 조를 짜서 조별로 협동해서 표현해도 좋다. 그렇게 고등학생들에게 이 질문을 했을 때 가장 인상 깊었던 대답 중 하나는 "협동조합은 물이다"라는 표현이었다.

학생이 덧붙인 해석은 이러했다. "물이 담기는 컵의 모양에 따라 각각 달라지듯이 협동조합이라는 것도 어떤 사람들이 하느냐에 따라 달라지는 것 같아요."

이 같은 대답은 협동조합에 대해 고정된 상이나 정답을 갖지 말라는 강사의 백 마디보다 훨씬 큰 교육적 효과를 가진다. 사람과 조합을 물과 컵의 관계로 비유하며 쉬운 언어로 다른 학생들에게 공감을 주기 때문이다.

다음으로는 월드카페 혹은 카드토론 게임을 통해 협동조합의 중요한 세 가지 키워드인 '필요', '사업', '규칙'에 대해 얘기해볼 수 있다. 카드토론 게임은 자바르테 사회적협동조합에서 기존의 월드카페 형식을 협동조합 교육에 적용, 개발한 교육 프로그램으로, 필자들도 이를 2014년 여름 학교협동조합 지원네트워크에서 서울, 경기, 부산 학교협동조합 교육을 하며 대학생, 지역 활동가와 함께 활용해 보았고 큰 효과를 보았다.

우선 10~15분 정도의 짧은 이론 강의를 끝낸 뒤, 조별로 나눠 포스트잇에 협동조합의 세 가지 키워드들에 해당하는 각자의 아

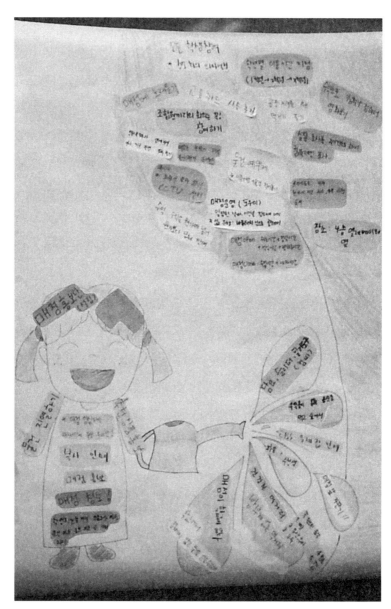

흥덕고 카드토론에서 학생들이 나무와 물, 열매로 표현한 학교협동조합 모습

이디어를 적도록 한다. 이때 주의할 점은 한 포스트잇에 하나씩만 적고, 문장보다는 단어로 큼직하게 적도록 한다. 그런 뒤 다른 조원들이 적은 것까지 모두 모아서 섞은 뒤에, 이를 다시 각 키워드별로 함께 묶어 분류한다. 이때 유의할 점은 옳고 그름, 실현성과 효율성 등을 판단하지 않는 것이다. 이 게임의 목적은 저마다의 생각을 브레인스토밍해보고 다양한 의견들을 관찰하면서 공통분모를 탐색하는 것이기 때문이다. 다음으로는 각 조마다 협동조합을 잘 대표하는 이미지를 전지에 커다란 그림으로 표현하도록 하고, 앞에서 분류한 키워드를 그 그림 위에 배치하도록 한다.

한 사례로, 한 조는 협동조합을 '나무에 물을 주는 아이' 이미지로 표현했는데, 다음과 같은 내용을 곁들였다.

> 홍덕고 카드토론 중 학생 발표 나무가 잘 자라기 위한 물이 '필요'에 해당돼요. 이 아이는 나무가 잘 자라기 위해서 할 일을 하고 있으니 이 아이가 '할 일(사업)'에 해당되고요. 이렇게 할 일을 하다보면 저절로 '원칙(규칙)'이 달성될 거라고 봐서 열매를 원칙으로 만들었어요.

시간이 좀 더 있다면 2개 조를 연합해 공통점을 찾는 작업을 해도 좋지만, 보통 1시간 작업과 발표만으로도 에너지가 많이 소모된다. 지금까지 이야기한 2차시의 교육안을 정리해보면 다음과 같다.

협동조합 워크숍 진행 계획표(2차시)

목 표	협동조합을 각자의 언어로 이해하고 공유하며 함께 알아나가기		
시 간	45분	**진행 방식**	강의, 전지 작성, 공유
준비물	PPT, 포스트잇, 전지, 색연필, 풀, 가위		
단 계	프로그램 내용		시간
도입	● 협동조합은 ○○이다 - 이미지를 짧게 얘기해보기		5분
전개	● 협동조합 기본개념 이해[2] - 필요, 사업, 규칙에 대해 짧은 강의 ● 카드토론 게임 - 카드토론 규칙 설명 - 각자 카드 적기 - 조별 공통 그림 만들기		30분
마무리	● 조별 발표하기 - 전체 이미지에 대한 설명 - 인상적인 몇 가지 키워드 발표		10분
유의점	● 포스트잇 작성 시 너무 세밀하게 적지 않도록 한다. ● 다른 사람의 아이디어에 대해서는 판단을 유보한다. 누가 옳고 틀리고, 잘하고 못하고의 문제가 아니라는 점을 명확히 알려준다. ● 발표 시에 가능한 모든 조원들이 하나씩 발표할 수 있도록 유도한다.		

협동조합 원리도 우리의 언어로!

협동조합에 대한 각자의 개념을 공유하고 조합에 대한 대략적인 상을 잡았다면, 이제 3장에서 설명한 협동조합의 운영원리 7원칙을 자신의 언어로 풀어내는 교육이 필요하다. 역시 짤막한 서두

---

2. 관련자료 : blog.naver.com/schoolcoop/220102791004

강의를 할 수 있는데, 추상적인 이야기 대신 다음처럼 빈칸 채워 넣기 게임을 하며 각각의 원칙에 대해 가볍게 설명하면 좋다.

다음 빈칸에 들어갈 말이 바로 떠오르는가? 정답은 3장을 통해 확인하기 바란다.

협동조합의 운영원리 7원칙-우리 언어로 이해하기

1. 자율적이고 ○○적인 조합원 제도
협동조합은 누군가가 시켜서 하는 것이 아닙니다. 또 같은 필요를 느끼고, 열심히 참여하려는 사람이라면 모두 다 들어올 수 있습니다.

2. 조합원에 의한 ○○적 관리
협동조합은 어느 한 명이 마음대로 할 수 없습니다. 어떤 일을 함에 있어 우리 모두는 똑같이 1표를 가지고 함께 결정합니다.

3. 조합원의 ○○적 참여
함께 사업을 하기 위해 필요한 돈과 시간 등은 모두가 적극적으로 참여해서 같이 만들어갑니다. 결과물 역시 어떻게 쓸지 함께 정합니다.

4. 자율과 ○○
우리 스스로 원해서 만들었기에 우리 스스로의 힘에 의해 운영되며 우리가 만든 규칙에 따라 자율적으로 운영됩니다.

5. 교육, 훈련 및 ○○ 제공
함께 사업과 규칙을 결정할 수 있으려면 기본사항을 모두가 같이 토론하고 알아가야 합니다. 중요한 내용은 모두가 알 수 있고, 알아야 합니다.

6. 협동조합 간의 ○○
우리가 속한 협동조합에서 머무는 것이 아니라 다른 협동조합과 같이 일을 해 나가야 합니다. 함께함으로써 더 쉽게 할 수 있습니다.

7. 지역사회에 대한 ○○
우리가 살고 있는 지역에 보탬이 되고 지역과 함께 발전할 수 있는 방법을 찾아야 합니다. 협동조합 역시 지역의 한 부분이기 때문이죠.

그다음으로는 마인드맵 게임을 통해, 이 원리를 우리 학교협동조합에 적용할 수 있는 방법이나 관련 내용들을 적어볼 수 있다. 여러 사람이 각각의 원칙별로 연상되는 것들을 꼬리에 꼬리를 물고 적어가도록 하는 것이다. 물론 이 작업을 학생들이 처음부터 하려면 조금 막막할 수 있다. 7원칙 단어 자체가 어렵게 느껴져 내용을 이해하지 못하는 경우도 있고 추상적이었던 개념을 구체적인 내용으로 담기 어려울 수도 있다. 무엇보다도 정답만 적어야 할 것 같아서 선뜻 적기 어려워하는 경우가 많다. 따라서 각 조별로 진행자가 필요하다. 어려운 단어는 쉽게 설명해주고, 학생들을 격려하며 자유롭게 생각을 펼칠 수 있도록 도와주는 것이다. 또는 각 원칙에 대해 생각해볼 수 있는 단어들을 미리 카드로 작성해서, 그 단어로부터 다른 생각을 파생시키도록 유도할 수도 있다. 단어뿐만 아니라, 상상력을 자극할 수 있는 관련한 이미지를 사용해도 좋다. 독산고의 한 학생은 마인드맵 수업에 다음과 같은 발표를 내놓았다.

독산고 학생 제가 맡은 부분은 '교육 · 훈련 및 정보 제공' 부분입니다. 이 교육을 받는 주체는 조합원, 선출된 임원, 경영자, 직원들이라는데, 사실 처음에 모였을 때는 감이 안 왔었어요. 그런데 이번에는 두 번째지만 감이 오더라고요. 정기적인 모임이 그래서 필요한 것 같아요. 또 단어들이 어려우니 쉽게 풀어서 설명해주시면 좋겠습니다. 저는 협동이란 단어에 초점을 두어서 생각을 정리해봤습니다. 사람들에게 같이 힘을 합쳐 움직일 수 있다는 것을 알려주고, 그를 통해 동질감을 형성할 수 있습니다. 이렇게 부족한 부분을 채워

독산고 학생이 마인드맵에서 교육, 훈련 및 정보의 제공에 대해 자신의 언어로 설명하고 있다.

가고, 더 많은 아이디어를 찾다보면 더 완벽한 서비스를 제
공할 수 있을 것입니다.

심지어 마인드맵 작성을 어려워하거나 소극적이었던 학생들도
정작 발표 때는 능숙하고 적극적으로 임해 필자들을 놀라게 하곤
했다. 또한 이런 발표는 학생들의 흥미를 끌어올려 내용에 몰입
하도록 도와준다. 『아이들이 몰입하는 수업디자인』(남경운 외,
2014)에서도 같은 논지를 전개하고 있다. 처음에는 흥미가 없거
나 또는 과제를 잘못 이해한 아이들이 한 아이의 것을 공유하는

과정에서 흥미를 가지고 배우기 시작한다는 것이다. 이처럼 공유를 하면 아이들이 점점 더 몰입하는 수업이 되는 경우가 많다(남경운 외, 2014, p.38).

마인드맵은 조별로 한 명 이상 퍼실리테이터가 필요하지만, 그만큼의 인원 준비가 어렵다면 좀 더 단순한 게임 형태로 진행해도 된다. 7원칙과 관련해서 흔히 하는 모서리 게임이 그것이다. 모서리 게임이란 비슷한 성향을 가진 사람들이 모여서 각자의 얘기를 나눈 뒤 이를 발표하는 게임이다. 일단 중앙에 모였다가 모서리별로 원하는 그룹으로 들어가게 되는데, 예를 들어 혈액형별 모이기, 좋아하는 계절별 모이기 등이 있다. 7원칙의 경우 자신이 가장 중요하다고 생각하는 원칙에 모이면 된다. 이 게임은 마인드맵보다는 가볍고 재미나게 진행할 수 있다는 장점이 있다.

그런데 이 게임을 보조할 퍼실리테이터마저 부족하다면, 학교협동조합지원네트워크의 청년위원회가 개발한 '7원칙 그라운드' 게임도 좋다. 이 게임은 '아이 엠 그라운드' 게임을 변형한 것으로 7개로 조를 나누어서, 각 조마다 협동조합 7원칙을 잘 표현하는 구호와 동작을 정한 후 '공격'과 '방어'를 진행하면 된다. 공격은 그 조에서 한 명이 하고 방어는 다 함께 동작과 구호를 외치는 방식이다. 이 게임은 7원칙을 구호와 재미있는 몸동작으로 표현하면서 자연스럽게 익숙해지도록 하여 이미지를 형성할 수 있다는 장점이 있다.

이상의 내용을 토대로 3차시 교육안을 정리하면 다음과 같다.

주제	3가지 키워드로 풀어보는 우리만의 협동조합		
시간	45분	진행 방식	강의, 전지 작성, 공유
준비물	PPT, 포스트잇, 사진, 전지, 색연필, 풀, 가위		
단계	프로그램 내용		시간
도입	7원칙 ○○게임		5분

전개	• 7원칙 마인드맵
	  - 마인드맵 규칙 설명
	  - 키워드별 자유연상
			25분

마무리	• 조별 발표하기		15분
유의사항	- 정답을 적기보다 즉각적으로 떠오르는 생각을 적을 수 있도록 유도한다. - 6원칙 협동조합 간 협동이나 7원칙 지역사회에 대한 기여는 학생들이 가장 적기 어려워하는 주제이다. 연상이 힘들 경우 이 원칙을 빼고 진행을 하는 법도 있다. - 발표 내용을 듣는 것도 중요한 학습이기 때문에 학생들이 다른 조의 발표에 계속 관심을 가질 수 있도록 질문을 유도하고, 흥미로운 부분을 부각시켜주는 게 중요하다.		

스스로 학습하며 성장하는 협동조합

어느 정도 협동조합을 자기 언어로 얘기할 수 있게 되었다면, 이제 학생들이 자신의 문제의식에 따라 협동조합을 탐구할 수 있도록 유도해주는 게 좋다. 이때는 어려운 이론보다는 학생들에게 잘 와 닿을 만한 사례 위주로 교육을 진행한다. 이를테면 인터넷으로 관심 있는 관련 기사를 찾아보거나 국내의 다양한 사례를 살펴보며 보다 입체적으로 조합을 이해해가는 것도 좋다. 이때 앞서 언급한 기재부 협동조합 포털사이트(coop.go.kr)에 올라온 협동조합 사례집과 신문기사 검색 활용하기를 추천한다.

또한 협동조합기본법 시행 이후 다양한 협동조합들이 만들어지면서 관련 기사들이 많이 축적된 만큼 학생들 스스로 찾아보고 발표해보는 것도 좋은 공부가 된다. 관련해서 필자가 만든 협동조합 안내 홈페이지 아이러브쿱(ilovecoop.com)에 게재된 여러 유형의 협동조합 동영상 및 기사 자료를 활용해보는 것도 좋은 방법이다. 이 사이트에 협동조합 및 학교협동조합 강의안을 계속 업데이트할 예정이다.

또 기사뿐만 아니라 영상도 활용도가 좋다. 이탈리아 정신병원에서 협동조합이 만들어지는 과정을 다룬 영화 「위 캔 두 댓」을 같이 봐도 좋고, 다큐멘터리와 짧은 애니메이션, 또는 사례집 동영상도 좋은 학습 자료가 된다.

또는 세부적 내용에 관심이 생겼다면 기재부 협동조합 포털사이트를 활용해보기 바란다. 여기에는 '협동조합의 의미와 역사'부터 '성공 및 실패 사례'까지 다룬 20개 주제의 교육 동영상 및 총 3강의 「조합원 교육」 및 4강의 「청소년 콘텐츠」도 올려져 있다.

무엇보다 서울시, 경기 용인, 충남 아산, 경기 화성 등에서 청소년 사회적경제 워크북을 개발해 보급하고 있으니 이를 활용해볼 수 있다. 그중 하나로 서울시교육청에서 개발한 청소년 사회적경제 교육 자료를 소개하면, 홈페이지(https://www.sen.go.kr)로 들어가서 교육정보 〉 사회적경제 〉 사회적경제에 교육 자료로 가면 중학교 인정 교과서, 초등 보조 교재, 고등학교 워크북 등이 올려져 있다. 교사용 지도서도 함께 있으니 교육에 활용해보기 바

서울시와 서울시교육청에서 제작·보급한 초등학교용 『사회적경제』 보조교재. 공감과 나눔으로부터 시작하여 학교협동조합 등 생활 속의 사회적경제를 이해할 수 있도록 했다.

란다.

이상 소개할 수 있는 협동조합 동영상 및 관련 서적 등을 정리하면 다음과 같다. 영상 자료의 경우 유튜브에서 구하기 쉬운 자료를 중심으로 정리했다.

호모에코노미쿠스의 변신, 협력(KBS 특별 기획 2011.12.1)

【국내사례】
- MBC 함께 살자 협동조합(2013.3.12)
- KBS 시사기획 창 - 함께, 더 멀리! 협동조합(2013.5.14)
- MBC 함께 쓰는 성공신화, 협동조합(2014.7.14)
- KBS [다큐3일] 꿈을 굽는 빵집―동네빵네 협동조합 72시간(2014.10.19)

【해외사례】
- KBS 스페셜 몬드라곤(2011.3.27)
- SBS 최후의제국 제4부 공존, 생존을 위한 선택(2012.12.9)
- SBS 특집다큐멘터리 협동조합 뭉치면 산다(2013.6.30)

【사회적경제 참 좋다 애니메이션】
- 두 가지 선택 http://youtu.be/wvAsNuAfoL0
- 로치데일 협동조합 http://youtu.be/4TXHdcKwz6U
- 무함마드 유누스(그라민 은행) http://youtu.be/fl5X6mMhh00
- 위캔 쿠키 http://youtu.be/-lw_EPfov5c
- 협동이 좋아요 http://youtu.be/wCsi4lfQ2Rk

【2014 협동조합 사례집 동영상】(편당 2분)
- 호미 협동조합 http://youtu.be/jzgwh9XPYGI
- 합굿마을문화생산자협동조합 http://youtu.be/si-Sl6pIwjo
- 커피위드인 사회적협동조합 http://youtu.be/BP4J3NEYJGU
- 진주우리먹거리 협동조합 http://youtu.be/f1jHMU7GogQ
- 제주장례 협동조합 http://youtu.be/sJFfgTRhPwl
- 울산제과점 협동조합 http://youtu.be/wD-G-KWcyWU
- 울산방역 협동조합 http://youtu.be/cCVpOwvmLLs
- 와플대학 협동조합 http://youtu.be/4d-V6klOse8
- 에이유디 사회적협동조합 http://youtu.be/ECKBRdFdrxQ
- 스포츠제이 협동조합 http://youtu.be/MHc5u-hJks0
- 순천 언론협동조합 http://youtu.be/j3ddeObATq0
- 성수동수제화협동조합 http://youtu.be/Fk2bMaHNyWE
- 서울 맑은손공동체협동조합 http://youtu.be/ZkmebhzyVJY
- 부산12935패션협동조합 http://youtu.be/yR8sC4JjmJg
- 안산 시민햇빛발전협동조합 http://youtu.be/k0HhSSDN_uk
- 복정고 교육경제공동체 사회적협동조합 http://youtu.be/3GjAORAz8Fw
- 국제이주무역 협동조합http://youtu.be/70jVQgVt9U0
- 고양시 컴퓨터 협동조합 http://youtu.be/pOA4bC1R1tl

【사회적기업 및 기업의 사회적 목적】
- 초등학생: 『구본형 아저씨, 착한 돈이 뭐예요?』(구본형 외, 토토북, 2009): 무함마드 유누스 등 국내외 사회적기업가 소개
- 중·고등학생: 『우리에게는 또 다른 영토가 있다』(송화준 외, 알렙, 2014): 국내의 다양한 사회적 혁신가, 사회적기업가 인터뷰
『공정한 사회를 만드는 사회적기업가 14인을 만나다』(박명준, 이매진, 2010): 유럽의 다양한 사회적기업가 14인에 대한 이야기

【적정기술, 공정무역, 착한 소비】
- 초등학생: 『세계를 바꾸는 착한 기술 이야기』(유영선, 북멘토, 2013): 전 세계 적정기술에 대한 이야기
- 중·고등학생: 『성미산 학교 에너지 교실』(정선미 외, 북센스, 2014): 에너지 절약과 관련한 공유, 적정기술, 윤리적 소비 등의 다양한 실천이 담긴 책

【협동조합】
- 초등학생: 『협동조합 이야기』(류재숙, 풀빛, 2015): 협동조합 개념을 비롯해 국내외 다양한 협동조합 사례를 재미나게 설명한 책. 중학생이 읽어도 좋은 책
- 중·고등학생: 『협동조합, 참 좋다』(김현대 외, 푸른지식, 2012): 세계 협동조합 기업에 대해 기자들이 직접 취재한 생생한 현장 보고서
『이런 협동조합이 성공한다』(김은남, 개마고원, 2015) : 국내 다양한 협동조합들의 사례를 통해 협동조합의 생생한 모습을 담고 성공의 비결을 찾아보고 있다.
『만들자, 학교협동조합』(박주희 외, 맘에드림, 2015): 학교협동조합의 국내외 사례를 소개한 책

【마을 이야기, 공동체】
- 초등학생: 『세계를 바꾸는 착한 마을 이야기』(박소명, 북멘토, 2014): 국내외 7개의 행복한 마을 공동체 이야기를 살펴보기
- 중·고등학생: 『마을을 상상하는 20가지 방법』(박재동 외, 샨티, 2015) : 놀고, 먹고, 모이고, 말하고, 예술하고, 교육하고, 일하는 등 다양한 삶의 방식에서 마을 안의 활동, 공동체를 살펴보기
『마을의 귀환』(오마이뉴스 특별취재팀, 2013) : 국내외 다양한 마을 공동체의 실 사례를 생생하게 보여주고 있다.

【사회적경제, 공동체 경제, 행복한 경제】
- 초등학생: 『더불어 사는 행복한 경제』(배성호, 청어람주니어, 2010): 경제의 다양한 문제들을 공동체성, 사람들의 행복을 기준으로 다시 살펴보는 이야기
- 중고등학생: 『타자를 위한 경제는 있다』(J.K. 깁슨-그레이엄 외, 동녘, 2014): 노동, 시장 등 다양한 영역에서 다른 경제, 공동체 경제를 복원하기 위한 구체적인 방법을 모색해보는 책

마지막으로 직접 현장을 견학하는 탐방학습도 큰 도움이 된다. 현재 설립된 학교협동조합들은 물론이고, 지역 생협 등 다양한 협동조합을 방문해 궁금했던 부분들을 질문하는 것이다. 다만 질문지는 탐방 전에 미리 작성하는 것이 좋다. 비슷한 협동조합을 만들고자 한다면, 어떤 부분에 주안점을 둘지를 생각해보자. 혹은 자신을 기자로 상정하고 기사를 작성할 때 어떻게 내용을 구성할지를 생각해두면 탐방 시 몰입도도 높고 학습 효과도 크다. 사전 정보들을 찾아 질문들을 구체화할 필요도 있다.

더불어 효과적인 탐방이 되려면, 탐방지가 되는 곳도 관련한 준비를 해야 한다. 인터뷰 때 사용할 질문지를 사전에 학생들과 논의하고, 학생들이 방향을 잡기 어려워한다면 가이드라인을 주어야 한다. 아래의 질문지는 필자가 대안학교인 성미산학교에서 학교협동조합 교육을 진행할 때 인터넷 조사 및 탐방 전 질문지에 포함했던 항목들이다.

- 필요
  - 처음에 어떠한 필요로 시작하게 되었는지?

- 사업
  - 조합원들이 함께하는 사업은 어떤 게 있는지? 학교협동조합이라면 어떠한 품목을 얼마에 팔고 있는지?
  - 사업을 잘하기 위해 협동조합에서 신경 쓰는 부분은? 학교협동조합이라면 학생들에 대한 홍보 방법은?

- 조직
  - 조합원은 어떻게 구성되어 있는가? (학교협동조합이라면 학생, 교사, 학부모로 각각 몇 명인지?)
  - 최소 출자금은 얼마이고 전체 출자금은 얼마인가?
  - 이사회는 어떻게 구성되어 있는가? (학교협동조합이라면 학생, 교사, 학부모로 각각 몇 명인지?)
  - 어떤 분과위원회가 있고 어떤 활동을 하는지? 특히 학생들의 역할은 무엇인지?

학교협동조합 연합회가 활성화되면 이러한 탐방 교육을 지역 협동조합들과 연계해서 보다 체계화하는 것도 가능해진다. 직업 마인드, 직업이 갖추어야 될 요건, 하루 일과 등에 대한 질문지와 관련해서, 기업이 해야 할 일을 정리한 서울시 마을공동체의 「직업체험 워크북」처럼 「협동조합 체험 워크북」을 개발할 수 있을 것이다. 또한 커뮤니티 매핑 방식을 활용해 각 지역 협동조합 및 사회적경제 기업에 대한 학생들의 다양한 리뷰와 생각, 기사 등을 모아 학생들 간 상호 학습 교재로 사용할 수도 있을 것이다.

물론 이런 심화 학습이 제대로 진행될 수 있을까, 학생들이 너무 어려워하지는 않을까 걱정이 될 수 있다. 하지만 아이들은 또 자기 방식으로 과제를 풀어나가는 능력이 있으므로 미리 한계선

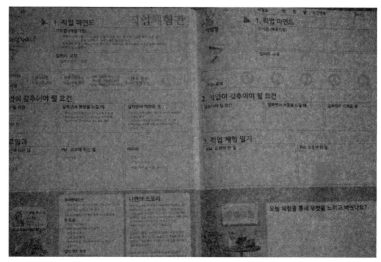

서울시 마을공동체의 직업체험 워크북 케이로드넘버원에서 개발한 우리 마을 탐방할 수 있는
워크북으로 지역의 협동조합에 대해서도 이러한 방식으로 학생들이 탐방할 수 있도록 워크북을
개발할 수 있다.

을 그을 필요는 없다. 다음은 경기도 광명의 광휘고에서 학교협
동조합을 준비하며 진행한 과제들로, 어른들에게도 쉽지 않을 만
큼 주제도 다양하고 깊이가 있음을 확인해볼 수 있다.

　　협동조합을 알게 되면 협동조합에 참여하고 싶어진다. 지
도 교수님께 조언을 구해 학생들에게 낼 과제를 수준에 맞
게 구체화시켰다. 1. 협동조합의 의미와 역사(로치데일, 주
식회사와 비영리 법인과의 차이 등), 2. 외국의 협동조합(몬
드라곤, FC바르셀로나, AP통신 등), 3. 금융협동조합(신협,
라보뱅크 등), 4. 한국의 협동조합1(해피브릿지, 프레시안
등), 5. 한국의 협동조합2(한살림, 아이쿱, 두레생협), 6. 의

료협동조합(안산, 원주, 안성 등), 7. 학교협동조합 매점(서울 영림중, 성남 복정고, 부산국제고, 원주 진광중), 8. 외국의 학교협동조합(말레이시아, 프랑스, 영국), 9. 광휘고등학교 협동조합매점 가상 창업까지 9개의 모둠 과제를 선택해 2주 후 친구들에게 프레젠테이션하는 수행평가를 실시했다. 결과는 놀라웠다. 학생들은 협동조합을 자신들의 언어로 이해해 '협동으로 학습'하는 것이 아닌가. 성남 복정고 학교협동조합매점 학생 이사에게 SNS로 연락해 인터뷰를 하고 생협 활동가를 만나 물품 단가와 인테리어 예산을 계산해온 모둠도 있었고 프레젠테이션을 하며 지역 생협에서 산 과자와 보통 과자 시식을 겸해 학급 친구들에게 환심을 사는 모둠도 있었다. 어머니를 꾀어 생협 조합원으로 만든 학생도 있었고, 꼭 학생 이사가 되고 싶다며 내게(내가 이사장이라도 될 거라 생각했는지) 미리 로비하는 학생도 등장했다. 처음에는 학교매점 가상 창업에 필수 제출자료로 정관을 넣었더니 말들이 너무 어렵다며 한국말을 물어보느라 난리였지만 학생 한 명은 "회사에 취직 못하면 협동조합을 해서 먹고 살 수도 있을 것 같습니다."라고 자기평가서에 쓰기도 했다. 어려운 개념들을 '협동'의 이름으로 배운 광휘고 2학년 학생들은 학교협동조합매점 조합원이 되려는 의욕도 충만해졌다.

김수현, 『오늘의 교육』, pp.142~143

지금까지 살펴보았지만, 앞으로도 협동조합을 보다 즐겁고 재미나게 경험할 수 있는 다양한 프로그램들이 많이 필요하다. 한 예로 진지한 내용을 게임처럼 만드는 게이미피케이션

(Gamification) 기법을 활용한 학습들은 큰 유용성을 가진다. 이와 관련해 영국에서 개발된 롤플레잉 게임인 쿱빌게임과 엑투스 협동조합에서 나온 렛츠쿱 보드게임 1, 2가 있는데, 특히 렛츠쿱 보드게임 2는 생활협동조합을 쉽게 이해할 수 있도록 만들어진 게임으로 학교협동조합을 준비하는 학생들과 함께 즐기면서 협동조합의 원리를 배워나갈 수 있다.

학교협동조합, 어떻게 조직할까?

어느 정도 인원이 모이고 협동조합에 대한 공부가 이뤄졌다면, 이제는 조직 체계를 갖춰가는 게 중요하다. 본격적인 협동조합 활동이 시작되는 것이다.

실제로 협동조합을 해나가려면 우선 회의 체계를 이해하고 회의 틀을 갖춰가는 일이 매우 중요하다. 협동조합 활동은 회의에서 시작해서 회의로 끝난다고 해도 과언이 아니기 때문이다. 그래서 우스갯소리로 협동조합 활동가들을 '회의주의자'라고 부르는데, 그만큼 회의는 협동조합에서 일상화된 요소로서, 회의의 속성을 이해하고 효율적인 회의 진행 방법을 모색하는 일이 필요하다.

총회, 이사회, 운영위원회의 역할과 위상

각종 회의의 명칭들을 처음 접하는 사람들은 모든 게 낯설고 딱딱하게 느껴질 수도 있다. 하지만 사실 그리 어려운 것만은 아니다.

지금부터 하나씩 설명하자면, 우선적으로 총회를 살펴봐야 한다. 총회란 모든 회의들을 총괄하는 회의로, 최소 1년에 한 번 이상 열도록 되어 있다. 임원 교체 및 중요한 의사결정은 반드시 총회에서 결정하도록 되어 있지만, 신속하게 결정해야 할 사안이 있거나 총회에 올릴 안건을 만들고 다듬는 수준일 때는 이사회에서 의사결정을 내리기도 한다.

이사회는 임원인 이사들의 모임으로, 임원인 이사가 조합의 대표성을 가지긴 하나 조합원들 역시 역량과 관심사에 따라 각기 다양한 운영위원회에 속해 모임을 진행한다. 이때 운영위원회는 주제별 분과위원회(교육홍보위원회, 사업기획위원회 등)일 수도 있고, 구성원별 조직위원회(학생위원회, 교사위원회, 학부모 위원회 등)의 형태를 띨 수도 있는데 이곳에서 총회에 올릴 안건들을 만들어간다. 즉 협동조합의 의사결정은 층층이 모임들이 모여 이루어지며 의견이 수렴되고 올라가는 형태로, 안건이 상정되는 과정은 조합원 → 운영위원회 → 이사회 → 총회 등의 순서를 거친다.

협동조합기본법에 규정된 구체적인 총회의 의결사항과 이사회의 의결사항은 다음과 같다.

제29조(총회의 의결사항 등) ① 다음 각 호의 사항은 총회의 의결을 받아야 한다. 〈개정 2014.1.21〉

1. 정관의 변경
2. 규약의 제정 · 변경 또는 폐지
3. 임원의 선출과 해임
4. 사업계획 및 예산의 승인
5. 결산보고서의 승인
6. 감사보고서의 승인
7. 협동조합의 합병 · 분할 · 해산 또는 휴업
8. 조합원의 제명
8의2. 탈퇴 조합원(제명된 조합원을 포함한다)에 대한 출자금 환급
9. 총회의 의결을 받도록 정관으로 정하는 사항
10. 그 밖에 이사장 또는 이사회가 필요하다고 인정하는 사항

제33조(이사회의 의결사항) 이사회는 다음 각 호의 사항을 의결한다.

1. 협동조합의 재산 및 업무집행에 관한 사항
2. 총회의 소집과 총회에 상정할 의안
3. 규정의 제정 · 변경 및 폐지
4. 사업계획 및 예산안 작성
5. 법령 또는 정관으로 이사회의 의결을 받도록 정하는 사항
6. 그 밖에 협동조합의 운영에 중요한 사항 또는 이사장이 부의하는 사항

효율적인 회의 방법을 배우자

협동조합의 회의 체계를 이해했다면, 이제는 실질적인 회의 방법을 익히는 게 중요하다. 협동조합의 민주적 운영과 참여에 소통이 필수적이라는 점을 앞서도 강조한 바 있다. 특히 1인 1표 권한은 말로는 쉽지만, 실천과 관련해서는 훨씬 복잡한 의미를 가진다.

한 예로, 경험과 지식의 폭과 넓이가 다른 교사와 학생이 협동조합의 의사결정에서 실질적으로 똑같이 1인 1표를 가진다는 것은 이상주의에 불과할 수도 있다. 그럼에도 1인 1표를 행사한다

는 것은 결국, 의견이 상반될 때 교사가 권위로 밀어붙이지 않고 논리적 근거를 들어 학생을 설득하라는 의미다.

실제로 내 머리와 마음으로 충분히 납득하지 못한 사안은 결코 실천으로 연결되지 않는다. 따라서 안건에 대한 충분한 이해 없이 표결만 우선시하는 것은 진정한 의미에서 민주적 운영과 참여로 보기 어렵다. 예를 들어 안건을 지나치게 어려운 말로 설명한 다음 무작정 동의하라고 할 경우, 동의를 끌어내는 건 가능하겠지만 그 의사결정의 민주적 가치는 사라지게 된다. 즉 진정한 민주적 운영이란 거수로 판단되는 것이 아니라, 사전에 정보 제공과 교육이 아주 중요하다는 의미다. 따라서 논의의 장에서 가급적 교사, 학부모 등 어른 조합원들은 학생 조합원들이 먼저 의견을 얘기할 수 있도록 배려해야 한다. 그래야 학생들도 보다 적극적으로 발언할 수 있고, 안건 중에서 이해가 되지 않는 부분, 명확하지 않은 부분을 확실하게 드러낼 수 있다.

또한 회의는 사전 준비와 사후 관리 모두가 중요하다. 사전에 안건과 정보를 충분히 공유해 안건에 대해 생각하고 입장을 정리해서 와야 한다. 그리고 사후에는 반드시 회의록 등 회의 결과를 정리하고 남겨, 참석하지 못한 조합원들과 공유한 후 다음 단계를 준비해야 한다. 이런 기법만 익혀두면 회의는 더 이상 시간 낭비가 아닌 협업의 이점을 극대화할 수 있는 가장 효율적인 무기가 될 수 있다. 다음 글에 나오는 혁신학교의 회의 풍경을 살펴보자.

회의다운 회의를 해보지 않았기 때문에 서툴렀다. 그래서 처음에는 시간만 흘러갈 뿐 회의 진행이 쉽지 않았다. 때문에 탓도 많았다. 사회자가 못해서 그렇다고 하고, 주제에서 벗어난 말을 해서라고 탓하고, 한 얘기를 잘 못 듣기도 하고, 다른 의견을 얘기한다고 화를 내기도 했다. 말하는 사람은 소수고, 입을 다문 사람이 더 많아 작은 사안을 두고도 회의는 한없이 길어졌다. '회의를 좀 더 효율적으로 진행하자', '주제를 벗어난 쓸데없는 이야기는 하지 말자', '퇴근 시간을 지키자' 같은 불만 섞인 이야기도 들려왔다. 그러나 거듭할수록 처음부터 배워간다는 생각으로 임하게 되었다. 회의가 다른 쪽으로 흘러갈 때는 도와주기도 하면서 조금씩 배워갔다. 그러면서 주제를 벗어난 얘기라도 쓸데없는 게 없음을 알게 되었다. 또 회의하는 동안 철학을 공유하게 되면서 회의가 점점 빨라졌다.

이부영, 2013, pp.113~114

이처럼 회의를 거듭하면 회의 기술도 달라진다. 하지만 여러 면에서 트레이너가 필요할 때가 있다. 바로 퍼실리테이터이다. 특히 학생들이 진행하는 분과회의는 처음에는 반드시 교사들이 조력자 역할을 맡아, 아이들이 회의하는 법을 익힐 수 있도록 도와줘야 한다.

관심사에 따라 모이는 분과위원회

협동은 항상 모든 일을 같이 한다는 게 아니다. 협동은 오히려 분업을 통해 효과가 극대화되고, 이는 조합원들의 주체적인 참여 공간을 확장해주는 길이기도 하다. 분과위원회와 팀 프로젝트가 중요한 것도 그런 이유에서이다.

학교협동조합의 학생위원회는 보통 3~5개의 분과위원회를 두고 있다. 이 분과위원회는 필요에 따라 조직되는데, 각 위원회에 이사 1~2명이 있고 조합원 중에 적극적인 사람들이 자발적으로 일정 기간 책임을 가지고 위원으로 활동하게 된다.

위원회의 종류는 먼저 교사위원회, 학생위원회, 학부모위원회로 나뉘며, 업무별로는 매점운영위원회, 교육위원회, 조직위원회 등으로 나뉜다.

먼저 학생분과위원회 구성에 대한 질문이 상당히 많은 만큼, 이 부분부터 소개할까 한다. 학생자치 활동 경험이 풍부한 학교라면 보다 다양한 방법을 활용해볼 수 있겠지만, 경험이 부족하다면 참고해보기 바란다.

우선 학생분과위원회는 발기인 회의 때부터 구성을 시작해도 좋고, 총회를 준비하면서 조금씩 학기마다 분야와 구성을 조정해도 좋다. 복정고의 경우 핵심 학생 활동가였던 8명의 학생 이사들과 첫 회의를 열어 앞으로 어떤 분과위원회가 필요할지, 각자 무슨 분과위원회를 맡고 싶은지 물었다. 그렇게 대략 8개 정도의 위원회 후보가 나왔고, 이 중에서 비슷한 분과위원회를 추려 4개로 줄인 다음 각각의 학생 이사가 2명씩 짝을 지어 함께 그 분과의 활동을 정하기로 했다. 또한 그다음에는 더 많은 학생들이 모였을 때 그 내용을 발표해달라고 부탁했다.

다음 주가 되어 협동조합 담당 교사가 전체 교내 방송으로 학생 위원 활동을 하고 싶은 학생들은 강당으로 모여달라고 방송을 했고, 그 결과 70여 명이 모였다. 우선 협동조합 담당 교사가 학생들에게 학생위원회의 활동에 대한 대략적인 상을 설명했다. 그러자 '생활기록부에 도움이 되리라 생각해서 왔는데 생각보다 할 일이 많아 번거롭다'고 판단한 학생들이 떠나면서, 총 50명이 남았다. 그때 학생 이사들이 나서 이들에게 4개의 분과위원회에 대해 설명한 뒤 신청을 받아 초기 분과위원회가 구성됐다. 이후에도 이 분과위원회들은 이름이나 구성이 변경되는 등 계속해서 변동이 있었다.

분과위원회에서 가장 먼저 한 일은 매점 판매 품목, 매점 운영 방식, 인테리어 방향 등에 대한 의견을 모으는 일, 조합원 대상 시식회, 매점 이름 공모 등이었다. 매점 운영 분과위원회에서는 벤치마킹을 위해 팀을 나누어 지역생협, 대학생협, 대안학교의 매점 등을 다녀오고 성남시의 다른 고등학교들을 조사했다. 교육문화 팀은 자체적으로 세계 협동조합, 한국의 협동조합, 성남의 협동조합을 주제로 세미나를 진행했다. 홍보위원회의 역할은 협동조합을 널리 알리는 일이었는데, 협동조합이란 조합원이 추가되면서 발전하는 조직이며 학교협동조합의 경우에는 매년 신입생이 들어오는 만큼 매우 중요한 작업이었다. 나아가 홍보위원회에서는 교육과정을 UCC로 만들어서 매장 오픈 기념식 때 상영하기도 했다.

이외에도 분과위원회를 학생들이 직접 모집하거나 사전 홍보도 학생들이 맡을 수도 있으며, 혹은 학생들이 직접 학생위원 멤버들을 선출하는 등 다양한 운영 방법이 있을 수 있다. 이 모두는 학교의 상황과 여건에 따라 가장 교육적으로 훌륭한 형태를 고민하면 된다.

나아가 어떤 상을 그리건 학생분과위원회의 활동에는 무엇보다도 교사의 조력이 중요하다는 점을 분명히 하고 싶다. 특히 교사의 조력이 필요한 부분은 크게 네 가지인데 첫째, 가장 중요한 부분은 과제 설정이다. 분과별 또는 분과위원회의 팀별로 프로젝트를 진행할 때 학생들만으로는 어떤 일을 진행할지 과제를 설정하기 힘들 수 있는데, 어떤 사업을 진행하고 이를 어떻게 상위 이사회에 제안할지를 설정할 때 조력해줘야 한다. 둘째, 설정된 과제에 대한 해결책을 학생들 스스로 찾아가기 어려울 때 문제 해결 사례를 제시해줄 수도 있다. 이때는 직접적인 제시보다 벤치마킹 사례나 유사 사례를 학생들의 역량에 맞춰 도전 과제로 제시해주는 것이 유익하다. 셋째는 학생들이 자신들의 힘으로는 해결할 수 없는 문제로 전문 지식과 역량을 필요로 할 때 도움을 줘야 한다. 이때는 교사가 나서거나, 전문가와 연계를 해줘야 한다. 마지막으로 학생들의 행위에 긍정적인 의미 부여를 할 필요가 있다. 그저 칭찬만 하라는 것이 아니라, 학생들이 잘하고 관심을 가지는 부분에서 사회적 의미를 발견해주라는 의미다.

학부모위원회는 학교운영위원회와의 관계 설정이 중요하다. 이 둘의 구성원이 동일해야 하는 것은 아니지만 중복되는 인원이 있어야 원활한 소통이 가능하다. 또한 학부모위원회를 별도로 만드는 것도 가능하고, 아니면 각 분과위원회로 소속되어 학생들과 함께 활동할 수도 있다.

교사위원회는 따로 구성할 수도 있겠지만, 교사 이사들이 지속적으로 회의와 논의를 진행하며 틀을 만드는 것이 초기에는 더 현실적이다. 각 교사 이사들이 학생 분과를 하나씩, 또는 학년별로 하나씩 담당해주면 된다. 다만 교사 이사들이 이런 활동을 하며 부담을 느끼지 않도록 이 활동을 주 담당 업무로 배정해야 하며, 학생들의 교육적 경험을 집중해서 조력할 수 있도록 여건을 조성해주어야 한다. 한 예로 행정 에너지를 낭비하지 않도록 학교협동조합 관련 제도를 개선하는 것도 한 방법이다.

나아가 사업적인 부분에서는 학부모나 지역 주민 혹은 지역의 사회적경제 지원 기관이 보다 큰 역할을 담당할 수 있는 환경을 마련해야 한다. 더불어 설립 단계에서는 법인 설립을 전담하는 한시적인 법인설립준비위원회를 둘 수도 있다. 이 준비위원회는 서류 등을 준비하는 등 설립에 필요한 행정 절차를 밟아가는 역할을 수행하게 된다.

임원 구성은 어떻게 할까?

위원회 활동이 활성화되고 체계적인 의견 수렴 체계가 만들어졌다면, 이제부터는 임원 선출을 고민해야 한다. 물론 선출은 최종적으로 총회에서 하지만 대부분은 위원회 활동을 하면서 후보군이 육성된다. 특히 초기 설립 단계에서는 임원의 역할이 매우 중요한데, 그렇다고 초기에 너무 많은 역할을 맡지 않도록 되도록 빨리 그 역할을 분산해야 한다.

민주적 운영과 참여라는 기준 하에 임원의 자질도 고민해봐야 한다. 한 예로 '임원은 조합원들에게 군림하는 것이 아니라 조합원들에게 봉사하는 것'이라는 자주 이야기되는 덕목들이 있다. 혹은 임원 후보 등록을 할 때 자신에게 어떤 자질이 있다고 알려낼지, 학생 스스로 정해보도록 할 수도 있다.

이때 중요한 점은 이 학생들이 학생생활기록부에 기재되는 도구적 가치로서의 활동이 아닌, 활동 그 자체의 본연적 가치를 깨달을 수 있도록 유도해야 한다. 즉 훌륭한 임원이 되기 위해서는 어디까지나 자기 성장의 동인이 있어야 한다는 것이다. 일 자체에서 오는 성취감, 함께한다는 기쁨, 삶의 경험이 쌓이는 데서 오는 보람 등도 이러한 성장의 동인이 될 수 있다. 또한 이런 경험과 보람이 쌓여 자연스럽게 진로를 발견하는 학생들도 있다. 복정고 학생 이사도 이런 부분을 이야기한다. 공부까지 하면서 활동하는 것이 힘들긴 하지만, 뭔가 일을 해낼 때 보람이 크고 다양한 삶을 경험하면서 스스로 이만큼 성장했나 하는 느낌도 든다는 것이다. 또한 제일 좋았던 건 학생들이 모두 함께 일을 해낼 수 있다는 것인데, 학교 생활을 하면서 그렇게 다 같이 일할 수 있는 경험이 몇 번 없었기 때문이다(2014.11 인터뷰).

교사들 역시 비슷한 성장을 경험한다. 필자들은 처음에는 자발적으로 협동조합 담당을 맡지 않다가도 학생들의 변화를 경험하게 되면서 보다 적극적으로 임하게 되는 교사들을 많이 보았다.

무엇보다도 학생들이 즐겁게, 적극적으로 사업에 참여하면서 자기 이야기를 풀어놓는 것에 고무되어, 아이들에게 더 많은 기회를 주고 싶다는 생각에 교사 자신의 참여도도 높아지는 것이다.

학부모의 경우에도 조합 활동이 삶과 연결될 수 있어야 한다. 생협 활동가들과의 인터뷰 결과, 많은 이들이 삶의 폭이 넓어진 것을 자기 성장의 동인으로 이야기한다. 사실 학부모들의 경우, 처음부터 분명한 목적의식으로 조합 활동을 하는 사람은 많지 않다. 그저 조금씩 관심이 넓어지고, 다양한 경험을 거치며 성장하면서 또 다른 일을 도모하게 되는 것이다. 그러면서 내 아이뿐 아니라 다른 아이들, 그리고 그 아이들이 사는 세상에까지 참여의 폭이 넓어지게 된다. 심지어 학교협동조합의 경우는 아이들이 졸업하고 나서도 끈을 놓지 않고 활동을 하기도 한다. 특히 전업주부 학부모의 경우 협동조합에서의 활동 경험이 사회 복귀의 징검다리 역할을 하게 되는 경우도 있다. 또한, '기쁨과 보람'과 같은 참여에 대한 보상을 풍부하게 줄 수 있는 형태로 발전한다면 학부모 참여를 증가시켜 참여자 자신의 삶은 물론 학교와 지역사회를 풍요롭게 만드는 계기가 될 수 있을 것이다.

협동조합 체계 만들기

규칙의 중요성과 의미

회의 체계도 잡히고 분과위원회별 모임도 원활히 굴러가고 있다면, 이제는 조합 전체의 틀을 만들어야 하는데, 그중에서 규칙은 여러 사람이 함께하기 위한 토대가 된다. 이때는 기존 규칙을 배워야 하는 부분도 있고, 새로운 규칙을 정하는 일도 필요하다.

물론 규칙이란 재미없고 딱딱한 면이 있다. 그럼에도 이 규칙을 알아야 사업도 하고 모임도 할 수 있다. 인간 본성에 내재된 이기적인 심성을 겸허히 인정하고, 규칙을 통해 이 이기심을 제어하고 협동조합이 원하는 방향으로 나갈 수 있도록 설계해야 한다. 한 사람의 열 걸음보다 열 사람의 한 걸음이 중요하다는 말이 있는데, 만일 이때도 규칙과 설계가 없다면 열심인 사람이 금세 지쳐버리게 된다.

규칙을 만들 때는 무엇보다 조합원 간의 합의가 필요하다. 이와 관련해 비유를 들면, 요즘은 결혼을 할 때 혼전 계약서를 만드는 부부들이 많다고 한다. 가사 노동은 어떻게 분담할지, 양가와의 관계는 어떻게 할지 등을 세세하게 적는데, 만일 이 항목을 한 사람이 일방적으로 적고 상대방은 서명만 했다면 그 규칙은 문서로만 남아 있을 뿐 아무 힘이 없다. 더불어 얘기했듯이 이 규칙에도 정답이 따로 있는 것이 아니므로, 토론과 합의 이후 규칙을 정하고 시스템을 통해 정착시켜나가야 한다.

이와 관련해 또 한 가지 중요한 점은 이런 합의는 외부의 누군가가 해주는 것이 아니라, 우리 스스로 해나가야 할 과제라는 점이다. 익히 알고 있듯이 '조삼모사'라는 고사성어가 있다. 하루에 주는 도토리 양은 똑같은데 아침에 도토리를 많이 준다고 기뻐하는 원숭이를 비웃지만, 협동조합에서는 다를 수 있다. 같은 개수의 사과를 어떻게 언제 분배하는가에 우리의 생각과 가치가 담겨 있을 수 있기 때문이다. 같은 자원을 분배해도 참여자의 기호를 잘 반영해 큰 만족을 줄 수 있다면 그것이야말로 조합의 성공이라고 볼 수 있다.

규칙도 이와 비슷하다. 조합원들이 처한 상황과 가치를 최대한 고려해 구체적으로 만드는 게 중요하며, 충분한 논의를 거쳐 만들어낸 규칙은 그 자체로 권위와 힘을 가지게 된다. 혁신학교인 선사고의 경우는 교칙 대신 학부모, 교사, 학생들이 모여 만든 '공동체 생활 협약'이 일종의 학교 규칙인데, 이 협약은 오랜 논의를 거쳤고 그만큼 힘과 권위가 있다. 당시 선사고는 찬반양론하에 3시간이 넘는 공청회를 거쳐 두발 자유화와 지나치지 않은 화장은 허용하기로 결정했다. 처음에는 우려한 대로 화장, 염색, 파마를 한 학생들이 늘어났지만, 시간이 지나 이 모든 게 혀용된 일상이 되자 아이들은 다시 차분하게 자신에게 어울리는 스타일을 찾게 되었다(서울형혁신학교학부모네트워크, 2014, p.282).

학교협동조합에서도 시시각각 다양한 규칙들이 만들어지는데, 문서화된 것부터 학생들 간의 자율적·묵시적 합의까지 형태는 얼마든지 다양할 수 있다. 복정고 학교협동조합에서 쓰레기 문제

복정고의 '쓰레기 앙대여' 캠페인 **패러디 포스터를 통해 학생들 스스로 재미나게 규칙을 준수할 수 있도록 캠페인하고 있다.**

를 해결하기 위해 학생들이 자체적으로 만든 '쓰레기 앙대여' 프로젝트도 그 일종이다. 나아가 규칙은 교육적 과정이 병행되지 않는다면 형식으로만 존재하게 되므로, 구성원 스스로 그 규칙에 대해 납득하고, 근거들을 알아가야 한다. 이는 정관, 규약, 규정과 같은 공식적 규칙부터 내부적인 규범과 같은 작은 비공식적 규칙까지 모두에게 해당되는 말이다.

협동조합기본법 이해하기

그렇다면 협동조합 활동을 하며 반드시 알아야 할 규칙들은 무엇이 있을까? 협동조합은 언뜻 동업과 비슷하지만, 함께 일할 때 전제된 규칙들이 많다는 점이 다르다. 협동조합기본법, 정관, 규약, 규정 등이 그렇다. 사실 이 모든 걸 처음부터 학생들과 만들기는 어려운 만큼, 어느 선까지 학생들에게 정보를 제공하고, 교육하고, 함께 만들어갈지의 기준은 학교마다 다를 수 있다.

먼저 전제된 규칙들을 이해하려면 협동조합기본법 체계를 이해할 필요가 있다. 협동조합기본법은 총 7장 119조 조항으로 구성되어 있는데, 이 중에 총칙은 모든 규칙들의 공통적이고 기본적 사항을 모아놓은 것인 반면, 보칙, 벌칙/부칙은 필요할 때 찾아보면 되는 부가적인 조항이다. 그런 다음 총 4개의 파트가 남게 되는데, 이 파트는 우선 협동조합과 협동조합 연합회 부분으로 나뉘게 된다.

협동조합 연합회는 3개 이상 협동조합이 연합회를 구성하는 것과 관련되어 있으므로, 초기 단계라면 크게 관련이 없다. 결국 염두에 두어야 하는 조항은 일반협동조합을 선택할 것인가 사회적협동조합을 선택할 것인가인데, 사회적협동조합은 공익성이 강해서 전체 사업의 40% 이상을 지역 문제 해결, 사회 서비스 공헌 등의 공익사업에 분배해야 한다. 앞서 언급한 학교협동조합들 중에서는 사회적협동조합도 있고 일반협동조합도 있다. 어느 쪽이 좋을지는 학교 상황마다 다르겠지만, 조심스레 사회적협동조합을 추천하는 이유는 공익성 면에서 학교협동조합이야말로 사회적협동조합과 어울리고, 장기적으로도 학교협동조합과 관련한 제도적 뒷받침도 사회적협동조합을 고려해 만들어질 가능성이 높기 때문이다.

그러나 사회적협동조합이건 일반협동조합이건 해당되는 각 장의 법 체계를 이해해야 하는 것은 마찬가지다. 다만 이를 위해서는 표준정관 내용을 통해 이해하는 게 빠르다. 표준정관은 그 자체로 협동조합기본법의 내용을 충실히 담고 있기 때문이다. 그럼 표준정관에 대한 이해로 넘어가보자.

정관 및 자치법규에 대한 이해

'표준'이라는 단어가 암시하듯이 표준정관은 틀이 정해져 있다. 따라서 각 협동조합의 특성을 발휘할 수 있는 부분은 내부 규약과 규정이다. 그럼에도 표준정관 내용을 반드시 짚고 넘어가야 하는 이유는, 그 자체가 협동조합 체계를 이해하는 길이 되기 때문이다 특히 조합원 파트(2장 조합원, 3장 출자와 경비부담, 적립금), 기관(4장 총회와 이사회, 5장 임원과 직원), 사업(6장 사업과 집행, 7장 회계) 3부분을 중점적으로 보면 된다. 이 3부분은 각각 협동조합에서 가장 중요한 조합원, 결사체로서의 특성의 중심이 되는 기관 파트, 사업체로서의 특성을 보여주는 사업 파트에 대한 설명이다.

이때 세세한 부분까지 학생들과 나눌 필요는 없으며, 대신 앞서 설명한 협동조합 7원칙에서 인용한 내용을 중심으로 이해해가며 세부적인 자치법규를 고민해보기를 권한다.

예를 들어 1원칙인 '조합원의 자발적이고 개방적인 가입'과 관련해서는 표준정관에 명시된 출자금 납입, 총회 참석, 임원 투표권 행사 외에 추가로 어떤 규칙이 필요할까 고민해볼 수 있다. 조합원들이 가입할 때 '협동조합 7원칙 퀴즈 풀기' 같은 간단한 이벤트를 기획하거나, 조합원들에게 어떤 차별적 혜택을 줄지를 학생들 스스로 정하도록 할 수도 있다. 결국 가장 큰 혜택이란 의사결정 참여권이겠지만, 역시 이것도 학생 조합원 스스로의 언어로 정하고 풀어내는 것이 좋다. 예를 들어 표준정관의 조합원 부분과 관련해서는 다음과 같은 프로젝트 및 토의 수업이 가능하다.

학생들과 '협동조합 1원칙'과 관련한 프로젝트 및 토의 수업 주제

- 유니온숍(union shop, 입학과 동시 자동 가입)과 오픈숍(open shop, 조합원 가입 홍보를 통해 가입)의 장단점은 무엇인가?
- 신입생 대상 조합원 모집을 활성화할 수 있는 홍보 방법은?
- 비조합원과 조합원에게 가격 차이를 두는 것의 장단점은? 가격 차이가 없다면 조합원 학생들이 갖게 되는 혜택은?
- 조합원의 최소 책임은 무엇으로 할 것인가?
- 협동조합 학생위원회에 끼리끼리 문화는 없는지?
- 다양성이 힘이 되는 사례 조사해오기
- 우리 정관에 들어갈 조합원 자격 요건을 무엇으로 할지?

더불어 이런 자치법규는 시시각각 변하는 조합의 상황에 따라 새로운 고민들과 연계될 수 있다. 협동조합은 끊임없이 '왜?'라고 질문하게 만드는 조직이다. 사람마다 다른 생각을 가진 만큼 자

신의 생각을 최대한 언어화해 공유 영역을 넓히고 이를 법규로 만드는 일이 필요하다. 하지만 또 모든 것을 규칙으로만 해결할 수이는 없다. 다른 한편으로는 '그러려니' 하는 마음도 필요한 조직이 협동조합이기도 하다.

성미산 학교협동조합의 한 두더지 학생 조합원은 같은 학년 중에 운영에는 참여하지 않고 조합원만 하는 친구를 보고 '왜 같이 하지 않지?'라는 의문을 가졌다고 한다. 모두가 잘되자는 일을 '왜 함께하지 않는거지?'라고 생각했다는 것이다. 나중에 그 친구와 협동조합에 대한 이야기를 나누면서 '무임승차를 허용해야 할지, 어떻게 하는 게 민주적인 것일지'도 함께 이야기할 수 있었다고 한다. 그리고 결국 마음을 낼 수 있는 사람이 먼저 참가하고, 함께하지 못하는 사람도 이해할 수 있는 관계가 중요하다는 결론을 내렸다(윤가야 외, 2015, pp.158~159).

학교협동조합 프로젝트 과정 익히기

문제해결 능력을 키우는 것도 연습이 필요하다

앞선 과정이 어느 정도 해결됐다면, 이제는 마무리 단계다. 본격적인 프로젝트 방법을 익혀야 하는 순간이다. 협동조합은 조합원들이 함께 만들어가는 미래이며, 따라서 조합원들이 공통으로 염원하는 바를 현실화시킬 수 있는 방법을 알아야 한다. 이는 결국 살아가는 방법을 익히는 일인 동시에 '문제에서 기회를 발견하고, 해결 방법을 찾고, 그것을 실현'해나가는 교육으로서, 창업가 정신 교육에서도 강조되는 부분이다. 다음 인터뷰를 봐도 잘 알 수 있다.

> OEC 대표 장영화 시키는 대로 공부만 하면 되던 시절이 있었어요. 그런데 더는 아니잖아요. 입시 위주 공교육에서 소수를 제외하곤 대다수가 낙오자로 전략해요. 소위 좋은 대학에 진학하는 그 소수도 고시나 자격증에 매달리고 있고, 그러면서 '내가 뭘 좋아하고 잘하는지 모른다'고들 합니다. 이제는 새로운 역량이 필요하거든요. 창업가 정신은 문제에서 기회를 발견하고, 그걸 어떻게 지속가능하게 풀 수 있을지를 고민하는 역량이에요. 창업가 정신이 꼭 '창업'할 것을 강조하는 건 아네요. 문제에서 기회를 발견하고, 해결 방법을 찾고, 그것을 우직하게 실현해나가는 게 핵심입니다. 꼭 창업이란 방식이 아니더라도, '내가 할 수 있는 일'과 '세상도 원하는 일'을 고민하면서 문제해결 능력을 기르고 새로운 길을 여는 사람들을 길러내는 거죠.
>
> 조선일보, 2015. 2. 24

이미 학생들은 다양한 방식으로 문제해결에 참여하고 있다. 얼마 전에는 몇몇 고등학생들이 식판에 무지개 형태로 선을 그어, 개인별 정량의 밥과 반찬을 담을 수 있도록 해서 잔반을 줄이는 아이디어를 내기도 했다(머니투데이, 2015.1.26).

청소년들이 스스로의 아이디어를 통해 사회문제를 해결하는 기업가 정신 키우기 교육 프로그램은 현재 다양한 방식으로 개발되고 있다. 동그라미재단(thecircle.or.kr)의 'ㄱ' 찾기 프로젝트 공모사업의 자료실에 올라온 '두런두런 프로젝트', '어썸스쿨', 그리고 앞서 소개한 'OEC'의 창업가 정신 교육 등이 그 예다.

공통점은 청소년들이 스스로 자신의 주변에서 문제를 발굴하고 해결책을 마련할 수 있도록 여러 자극을 주고 찾아가는 방법 툴을 예시로 제시해준다는 점이다. 하나의 예로 두런두런 프로젝트의 사례를 살펴보자. 두런두런은 청소년들이 자신이 속한 공동체의 불편함과 문제점을 포착하고 이를 직접 해결하며 변화를 만들어내는 '행동을 통해(Do) 배우는(Learn)' 체인지 메이커 교육 프로그램을 표방하고 있다. 뱁슨의 앙트러프러너십 6단계 과정을 활용하여 문제 포착-기회 입증-기획-자원 연구 및 확보-실행-지속 및 유지라는 6단계로 사례를 해결해가고 있다.

학교협동조합의 각 과제별 프로젝트 역시 이러한 문제해결 과정에서 풀어갈 수 있다.

실제 삼각산고의 경우 2014년 12월 창립총회를 하고, 2015년 4월 개소식을 진행했는데, 2014년 2학기 OEC에서 진행하는 앙트십 프로젝트를 통해 학생 스스로 학교협동조합상을 구체화했다. 이벤트성 상품으로 세트 메뉴 개발과 러키박스를 학생 필요 상품으로 구매 의뢰하고, 쓰레기 문제를 재미나게 해결하기 위한 농구 골대 쓰레기통과 같은 톡톡 튀는 아이디어가 이러한 프로젝트를 통해 나왔다.

사실 이런 문제해결 능력은 강의식 수업만으로는 결코 익힐 수 없으며, 스스로 직접 연습해보는 것이 중요하다. 다음 글에서 언급된 것처럼 학생들이 연습을 통해 스스로 잘못 이해한 부분을 수정해나갈 기회를 주는 것이다. 즉 교사 및 퍼실리테이터는 도움과 정보를 제공함으로써 훈련의 기회와 몸으로 익힐 수 있는 연습의 장을 만들어주어야 한다.

> 체육 선생님이 농구 슛을 가르칠 때 어떻게 하는가? 이렇게 하는 거야 그러면서 시범을 보여주고, 약간의 이론도 가르쳐줄 것이다. 그것만으로 아이들이 충분히 슛 동작을 익힐 수 있을까? 그렇지 않다. 아이들이 직접 슛 동작을 해보면서 잘 안 되는 부분을 고쳐나가야 한다. 교사는 아이들의 동작을 보면서 계속해서 고칠 점을 찾아주어야 한다. 그런데 강의식으로 수업을 하는 경우는 어떤가? 차시마다 새로운 내용을 설명하고, 또 각 차시도 시간을 토막 내어 새로운 개념을 빼곡하게 제시한다. 그다음 수업에는 또 새로운 내용으로 계속 그렇게 진행한다. 이것은 아이들에게 연습을 통해 잘못 이해한 부분을 스스로 고쳐나갈 기회를 주지 않는 것과 같다. 교사가 아이들에게 고칠 점을 찾아줄 기회를 갖지 않는 것과 같다. 몸으로 익히지 않으면 농구를 배우지 못하듯이 새로운 개념도 설명을 듣는 것만으로는 배우기 힘들다.
>
> 남경운 외, 2014, p22

이러한 흐름은 비단 우리나라만이 아니다. 참여적 학습 환경을 주장하며 미국 공교육 개혁의 모델로 꼽히는 메트스쿨도 문제해결 중심의 프로젝트를 수업의 중심에 둔다. 학생들이 관심사에 따라 각자 생산적인 프로젝트를 수행할 수 있도록 적극적으로 도움을 주는 것이다. 결국 학교협동조합이란 이처럼 문제해결 능력을 키우면서 여기에 협업과 일정한 규칙을 적용하는 조직이다. 어떤 조합이건 다소의 변형은 있겠지만, 본질적으로 하나의 문제를 자신들의 시각에서 풀어간다는 점은 동일하다. 또한 협동으로 문제를 해결한 학생들은 점차 더 높은 과업에도 적응해간다. 협동의 방식을 익혀가는 것이다. 혁신학교로서 다양한 프로젝트 수업을 실시하고 있는 삼각산고 학부모들에 의하면, 한 번 협력의 위력을 절감한 아이들은 확실히 달라진다고 한다. '1인 1프로젝트'뿐만 아니라, 학교 규약을 스스로 만들고, 집행하고, 준비하고 평가하고, 다음 해를 구상하는 전 과정을 해나가면서 성장하기 때문이다. 따라서 1학년보다 2학년들의 프로젝트 학습의 질이 높고 만족도도 높다. 3학년쯤 되면 아이들은 더 어른스러워진다(서울형혁신학교학부모네트워크, 2014, p.99).

문제해결 과정 들여다보기

문제해결의 과정은 앞서 OEC 대표의 인터뷰에서도 나오듯이 "문제에서 기회를 발견하고, 해결 방법을 찾고, 그것을 실현"하는 과정으로 이뤄진다. 이때 이 과정은 다양하게 재편되는데, 먼저 문제 상황의 정의 및 해결의 실마리를 위한 가설 설정이 필요하다. 협동조합이라면 이때 조합원 공통의 미션 확립이 필요한데, 이 미션은 나침반 역할을 하므로 구체적인 상황에서 지침을 줄 수 있는 것이어야 한다. 앞서 이런 부분이 충분히 이뤄졌다면 좋지만, 그렇지 못했다면 다시금 왜 학교협동조합을 하는지를 스스로에게 되물어야 한다.

그렇게 기준이 세워졌다면 지금 상황에서 문제점이 무엇인지를 찾아야 한다. 한 예로, 조합원의 필요가 충족되고 있지 않다면, 거꾸로 조합원들은 어떤 필요를 가지고 있었을까 상정해보는 식이다. 이는 결국 자신의 입장에서 타인의 문제를 되짚어보는 일이 될 것이다. 기준 설정과 문제 상황에 대한 분석이 정돈되면, 이제는 이를 토대로 해결 방법을 가설로 세워보는데, 만일 어렵다면 다른 사례를 찾아 따라 해보거나 추가적인 정보를 찾아야 한다.

그렇게 가설이 세워졌다면 이제는 검증 단계로 나아가야 한다. 설문조사나 인터뷰도 좋다. 조사 단위는 사안에 따라 다를 수 있으며, 조합원의 필요와 관련된 문제라면 조합원들의 의사를 확인하는 것이 올바른 의견수렴 방식이 될 것이다. 마지막으로 이렇게 안건이 검증되었다면 이것을 토대로 구체적인 실행을 해야 한다.

참고로 메트스쿨에서는 프로젝트 수행과 관련에서 다음과 같은 유의점을 상정하고 있다. 학교협동조합의 문제해결 과정에도 적용될 수 있는 중요한 지점들이다.

> • 프로젝트는 학생이 관심을 갖는 실제 세계의 맥락과 환경 안에서, 복잡한 문제들이 미지의 영역으로 남아 있는 곳에서 시작된다. 상품 패키지처럼 이미 마련된 프로젝

트는 그런 역할을 하지 못한다.

- 프로젝트 작업은 실제와 같은 맥락과 환경 안에서 일어난다.
- 시간은 유연해야 한다. 깊이 탐구하도록 허용하고, 심지어 문제해결과 정반대 방향으로 가거나 필요한 경우 더 많은 미지의 영역, 혹은 관련된 문제들을 탐색할 수 있도록 허용해야 한다.
- 프로젝트는 다층의 전략, 즉 직관적 학습법을 사용하도록 기획된다.
- 프로젝트의 작업은 결과물이나 실행 과정에 대해 해당 기업이나 커뮤니티에서 유사한 작업을 하는 어른들이 평가한다.
- 프로젝트는 알고리즘을 개발하기에 이르고, 미래의 학습을 기획할 때 그 알고리즘을 적용한다.
- 학생은 교사와 함께 프로젝트를 평가하고, 미래의 학습 계획을 짠다.

엘리엇 워셔 외, 이병곤 역, 2014, pp.147~148

학교협동조합 내 문제해결 사례

그럼 이러한 문제해결 방식을 학교협동조합 사례에서 구체적으로 살펴보자. 복정고는 시범학교로 선정되었을 당시, 매점에서 친환경 식품을 취급한다는 가이드라인까지는 있었지만, 친환경 식품이 뭘 의미하고 그 범위는 어디까지로 상정할지, 어떤 선택지가 있고 그중에 무엇을 선택해야 할지는 정해지지 않은 상황이었다.

그 결과 이사회와 매점운영위원회에서 이 문제에 대해 몇 차례 논의가 진행되었다. 이 자리에서는 반드시 생협 식품만 매점에 받아들일 것인지, 그렇다면 생협 식품이 어떤 면에서 믿을 만한지 같은 질문들을 포함해, 빵 같은 품목은 100% 친환경으로 공급해야 상대적으로 가격이 싼 일반 제품 때문에 외면받지 않으리라는 의견 등이 오갔다. 사실 이런 논의는 교사 이사나 학부모 이사들이 주도할 때 효율적인 진행이 가능하지만, 학생들도 이 과정에 참여하고 의사결정을 내리면서 전략 수립과 의사결정 훈련을 할 수 있었다.

여기서의 문제 상황은 학생들이 충분히 납득할 만한 과정이 없다면 친환경 매장이 외면받을 수도 있다는 점이었다. 1차 매점운영위원회의 논의 결과, 외부 전문가들과 교감, 일부 교사 이사 및 학부모 이사들은 친환경 매점에 강한 호감을 보였다. 하지만 학생 위원들의 경우는 달랐다. 또한 몇몇 교사 이사들은 전체적인 방향은 동의하지만 친환경 매점에서 실질적으로 인건비나마 유지하려면 전략을 잘 세워야 한다는 우려를 가지고 있었다.

만일 이런 상태에서 무작정 친환경을 도입한다면 문제가 발생하리라는 것은 불을 보듯 뻔했다. 결국 복정고는 영림중 사례를 토대로 해서, 시식회를 통해 의견을 수렴하고 친환경 제품에 대한 오해를 불식시킬 수 있으리라는 가설을 세웠다.

가설 검증을 위한 조합원 대상 1차 시식회는 성남시와 성남산업진흥재단 그리고 생협과 우리밀 등의 도움으로 열렸다. 매점학생운영위원들이 나서서 기획과 회의를 하고 역할을 분담했고, 시식 결과 과자는 "친환경이 의외로 맛있다"는 결과가 나오면서 경쟁력이 있다는 자신감이 붙었다. 또한 이때 협찬받지 못했던 빵에 대해서는 이사회에서 별도로 2차 시식회를 가졌다. 촉박한 일정 때문에 넘어가자는 의견도 있었지만 학생 이사들이 맛을 봐야만 확신할 수 있다고 하여 진행하게 된 것이다. 이 시식회는 단지 맛만 살피는 것이 아니라 납품업체를 정하는 자리이기도 했다.

결국 이 2차 시식회도 학생 임원들의 불신을 가라앉히는 데 일조했으며, 학생 이사들은 나름대로 자신들이 결정한 제품인 만큼 돌아가서 다른 친구들에게 알려야 한다는 책임감을 가지게 되면서 개장 초기에 큰 도움이 되었다.

검증을 완료하자 곧바로 실행에 들어갔다. 검증 이후 결정된 물품 전략은 다음과 같았다. 일단 빵이나 과자 같은 필수 식품은 100% 친환경으로, 음료는 일반 식품도 섞기로 했다. 학교 후문 앞에 일반 음료 자판기가 경쟁사로 있는 만큼, 외부 유출 수요를 끌어들여 점차 친환경 매출을 확대하려는 전략이었다. 또한 친환경 식품의 마진은 최소로 하는 한편 일반 식품의 마진은 일반 소비자가격에 맞춰, 일반 식품에서 얻은 수익으로 친환경 제품을 보존해 가격 거부감을 낮추고 학생들이 친환경 식품에 익숙해질 수 있도록 했다.

물론 이런 전략은 복정고의 특수성을 고려한 하나의 예시다. 복정고는 학생 수가 700여 명에 불과했기에 이런 전략이 걸맞았다. 하지만 중·고등학교가 붙어 있거나 학생 수가 많거나 중산층 밀집 지역이라면 보다 적극적인 전략을 취할 수도 있을 것이다. 즉 전략을 짤 때는 학생 수, 소득 수준, 경쟁 환경, 학부모 자원, 교사 자원, 학생 자원 등 지역공동체 및 지자체 지원 가능성을 고려해야 하며, 다양하게 변형, 적용될 수 있다.

이렇듯 학교협동조합에서는 계속적인 문제 상황들이 생겨나고, 이에 대해 학생들은 문제해결을 위한 방안을 마련해간다. 가설을 세우고 검증하여 실행한 뒤에도 예상과 다르면 또다시 같은 과정을 반복하며 해결을 모색한다. 계속되는 문제해결을 통한 교육의 과정인 것이다.

이러한 문제해결 중심의 활동은 초기 학교협동조합의 사업 아이템 결정과 구체적인 운영방안을 확립해가는 과정에서 교육적 체험활동으로서 활용될 뿐만 아니라, 이후 학생들의 조합 참여 활동에도 효과적이다. 2015년 이후 많은 학교협동조합에서 '디자인 씽킹', '앙트십교육', '체인지케이커' 등 문제해결 프로젝트 교육기법을 도입해서 학생들의 조합 참여를 이끌고 교육적 체험을 만들어낸 이유이다. 이러한 교육 기법은 1장에서도 얘기했듯이 지식과 정보에서 문제해결 중심으로 바뀌어가는 흐름과 연결된다. 학교협동조합은 모의 문제가 아닌 학생들이 실제 부딪히고 경험하는 학교 안의 실제적인 문제해결의 장을 만들어낸다는 점에서 한 걸음 더 나아간다. 또한 개인적 문제와 해결을 넘어서 공동체적 문제와 해결로 이어가며 협동의 경험을 만들어내고 있다는 것도 큰 매력이다. 학교협동조합을 통해 나와 생각이 다른 아이들과 공동의 해결 경험을 쌓은 아이들은 그렇지 않은 아이들이 갖지 못한 힘을 얻을 수 있다. 그건 다른 사람과 함께 살아갈 수 있는 사

2016년 5월 27일 삼각산고등학교에서 학교협동조합이 주최한 '1일 창업대회'가 열리고 있는 모습. 학생들이 '체인지메이커' 등의 교육을 통해 자신들이 개발한 창업 아이템으로 학생들에게 판매하는 날이다. 총 6개의 참가팀이 다양한 아이디어 제품을 팔며 학생들로부터 호응을 얻었다.

회적 지능이다. 학교교육은 바뀌어가고 있으며, 학교협동조합은 이러한 변화의 플랫폼이 될 수 있다.

- 1차 이사회(7. 25) — 협동조합이사회의 운영 방법, 분과위원회 구성 방안 논의
- 2차 이사회(8 .21) — 인테리어 업체 선정
- 3차 이사회(9. 4) — 매점 이름 공모 결과, 자판기 운영안, 친환경품 목의 범위(빵, 과자)
- 4차 이사회(9. 16) — 학생 위원, 교사, 학부모 교육기획 논의
- 5차 이사회(10. 1) — 친환경 식품 2차 시식회 및 납품업체

선정

- 6차 이사회(10. 15) ― 일반 식품 납품업체 선정, 오픈 준비 논의
- 개소식 (10. 24)
- 7차 이사회(11. 4) ― 10월 사업 평가
- 8차 이사회(12. 16) ― 11월 사업 평가, 총회 준비 계획

이상 학교협동조합의 설립 과정에 맞추어 이에 필요한 교육 프로그램을 소개해보았다. 보다 많은 학교협동조합이 늘어남에 따라 교육 기법과 내용이 풍부해질 것이다.

7장

학교협동조합과
혁신교육의 아름다운 만남

　지금까지 학교협동조합에 주목하는 이유, 정의, 운영원리 그리고 국내외 사례와 학교협동조합 교육까지 살펴보았다. 이러한 내용은 계속 변화되고 있다. 조합의 내용은 학교협동조합에 참여하고 실천하는 사람들의 방향성에 좌우되기 때문이다.

　필자들 역시 협동조합의 측면에서 접근을 했다가 혁신교육의 내용들을 접하며 그동안 미처 보지 못했던 부분들을 발견하기도 했다. 다양한 사람들이 학교협동조합을 알아가고 실천해가며, 더욱 풍부한 내용들이 생겨나리라 생각한다. 여기서는 지금까지의 논의를 정리하며, 협동조합과 혁신교육의 연계점, 그리고 앞으로의 방향을 조심스레 모색해보려 한다.

　단순히 우리나라에서의 시기상 등장 시점이 유사하다는 것 이외에도 추구하는 지향점에 있어 유사성이 많기 때문이다. 따라서 협동조합과 혁신교육이 학교협동조합을 통해 서로를 보완하며 시너지 효과를 내리라 본다.

시장과 정부의 실패를 넘어

협동조합은 경제활동을 하는 조직이다. 경제를 재화와 서비스를 생산하기 위해 사회의 자원을 배치하고 배분하는 활동이라고 정의할 때, 경제활동을 하는 조직은 크게는 가정, 기업, 국가로 구분할 수 있고, 이 중 기업은 다시 주식회사, 협동조합, 공기업 등 다양한 형태를 가질 수 있다. 협동조합은 구성원의 필요를 충족시키기 위해 민주적으로 운영되는 사람 중심의 기업이다. 기업이기에 수익을 창출하지만 그 수익 자체가 목적이 아니라 구성원의 필요를 충족시키기 위한 수단이다. '우리는 수익을 창출하기 위해 고용을 하는 것이 아니라, 고용을 위해 수익을 창출합니다'라는 노동자협동조합의 슬로건이나, '우리는 조합원의 건강을 최고의 가치로 여깁니다'라는 소비자협동조합의 슬로건, 그리고 '우리는 사회적 목적을 위한 사업체입니다'라는 사회적협동조합의 슬로건은 협동조합의 이러한 특징을 잘 보여준다. 또한 협동조합은 운영 면에서도 구성원의 민주적 참여와 자율성 그리고 교육을 중시 여기고, 수익을 배분할 때도 자본 중심이 아니라 사람을 중심에 둔다.

이러한 협동조합은 시장의 실패에 대응하면서 등장하였다. 독점 기업에 대응하고 사회적으로 필요한 서비스인데도 생산되지 않는 문제에 대응하면서 생겨났다. 공정한 제품을 공급하고자 하는 필요로 등장한 최초의 성공한 협동조합 로치데일은 대표적인 예이다.

또한 협동조합은 정부의 실패로 인해 생기는 문제에 대한 대안으로도 작용한다. 사회적으로 필요한 서비스임에도 불구하고, 관료조직의 경직성과 민간의 필요에 효과적으로 대응하지 못한 부분으로 인해 적정한 시기에 적정한 지원이 이뤄지지 못하는 경우가 많다. 이에 민관의 협력적 파트너십으로 협동조합을 통해 공공자원의 효율적 활용과 확대를 모색하기도 한다. 이탈리아의 사회적협동조합이 대표적인 예이다.

이러한 이중적 실패에 대응해 협동조합을 비롯한 사회적경제가 새롭게 주목을 받는 것과 관련해 스웨덴의 사회적경제 연구자인 빅토르 페스토프(Victor Pestoff) 교수는 사회적경제의 등장 배경을 국가와 시장이 담보하지 못하는 제3섹터로 설명하기도 한다. 하지만 협동조합은 단순히 시장과 국가에서 책임지지 못하는 영역을 담당하는 보완적 섹터라기보다는, 시장과 국가가 구성원의 삶의 향상에 복무한다는 본연의 목적에 충실하도록 변화를 추동하는 동력이라고 보는 것이 더 적절할 것이다.

협동조합의 가치가 세계적으로 다시 한 번 주목받게 된 것은 2008년 글로벌 금융위기의 영향이 컸다. 2007년에 미국에서 발생한 서브프라임 모기지 사태로 국제 금융시장에 신용 경색의 바람이 몰아치며 1929년 대공황에 버금가는 세계적 경제 혼란을 야기했다. 그러나 유럽과 북미에서 수많은 은행들이 줄줄이 문을 닫는 상황에서도, 높은 수익보다는 조합원들의 필요에 의한 사업을 중시 여긴 협동조합 은행들은 크게 흔들리지 않는 모습을 보여주었다.

또한 경제 위기를 타개하기 위해 많은 기업들이 노동자를 해고하는 상황에서도 노동자협동조합이 밀집해 있던 이탈리아의 볼로냐와 스페인의 몬드라곤 지역에서는 구성원들을 해고하는 대신 일자리를 나누거나 재배치했다. 수익만을 좇는 기업과 달리 협동조합은 외부 위기에 크게 영향 받지 않으며 지역과 조합원을 위한 가치 생산을 해나갔던 덕분이었다.

이는 추상적인 이야기가 아니라, 실질적인 지표와 수치들도 협동조합이 경제위기에 강하다는 것을 보여준다. 2009년 4월, 45개의 유럽 은행들을 대상으로 국제노동기구(ILO)에서 진행된 연구에 따르면, 모든 협동조합 은행들이 여전히 A등급 이상을 유지하고 있었고, 네덜란드의 협동조합 은행인 라보뱅크의 경우 AAA등급을 기록해 세계 최우량 은행 중 하나로 부상했다. 동시에 2003~2010년에 투자자 소유 은행의 수익률이 5.7%에 머무는 동안, 협동조합 은행은 동일한 기간 7.5%의 평균 수익률을 달성했다(국제노동기구, 2013).

다른 분야도 비슷했다. 독일에서는 2008년에 평년보다 두 배 많은 250개의 협동조합 기업이 다양한 부문에서 창업됐다. 스페인의 경우도 2008년에 일반 기업의 신규 창업은 7% 줄어든 데 반해 협동조합 기업의 신규 창업은 1.7% 감소했을 뿐이다(HERI Insight, 2011).

이렇듯 2008년 국제 금융위기 이후 협동조합의 저력을 확인한 UN에서는 2009년 UN 136호 결의문을 통해 2012년을 '세계협동조합의 해'로 지정하고, 협동조합의 발전을 위한 법·제도 정비를 권장했다. 협동조합과 사회적경제를 인류가 닥친 새로운 위기 속에서 하나의 대안으로 바라본 셈이다.

혁신학교의 등장 배경도 이와 비슷한 측면이 있다. 본래 학교는 교육을 목적으로 하는 조직이다. 그러나 현재 학교 교육은 인간의 성장이라는 교육의 본래 목적은 뒤로 물러나고 수단이라고 할 수 있는 성적과 평가와 경쟁이 목적을 전도하는 현상이 나타나고 있다. 혁신교육은 이러한 상황을 타계하기 위한 방안을 모색하면서 등장하였다.

또한 학교교육을 시장이나 관료적 교육 행정에만 맡겨서는 안 된다는 문제의식도 반영하고 있다. 그동안에도 교육에 대한 위기의식으로 새로운 돌파구 마련을 모색하는 이야기는 많았지만, 2009년을 전후로 등장한 흐름은 이전과는 분명히 달랐다. 교육을 시장이나 관료적 교육 행정에만 맡기는 것이 아니라 각 학교의 특성에 맞게 구성원들이 필요로 하는 교육을 직접 기획해보자는 목소리가 커졌다. 현광일(2015)은 정부 주도의 관료제 교육 서비스의 실패, 민간 시장에 위임한 시장 공공성론의 실패를 지적하고, 국가주의적 공공성론이 대두된 상황을 다음과 같이 지적하고 있다.

관료제를 비판하고 교육 서비스의 최적화를 주장한 시장 공공성론은 사회의 계층 격차를 확대하고 밑바닥에서 사회 붕괴의 양상을 누적해감으로써 공교육의 정통성을 구성하는 중요한 부분인 "모든 국민에 대한 교육 보장"의 이념을 포기하는 것으로 이어지고 있다.… 그래서 국가는 그 구성원들을 국가 통제를 통해 국민들이 수용하게끔 하는 학교 교육의 실현이야말로 공교육을 지탱하는 기본이 된다는 국가주의적 공공성론이 대두하게 되었다. 국가주의적 공공성론이 과거의 관료적 교육행정으로의 회귀가 아니라면, 우리는 교육의 진정한 모습을 되살려야 한다는 기본 인식에서 다시 시작할 필요가 있다.

현광일, 2015, pp.226~227

이런 흐름 속에서 2009년 경기도교육청에서 김상곤 당시 경기도교육감의 주도 하에 13개의 혁신학교를 지정하며, 혁신학교가 본격적으로 출범했다. 또한 2010년에는 혁신 교육감이 당선되면서 6개 교육청에서 이 정책을 계승하여 서울, 강원, 전북 등으로 확산되었고, 2014년에는 총 17명의 교육감 중 13명의 혁신 교육감이 탄생해, 어려운 재정 여건 속에서도 혁신학교가 확산되고 있다. 이는 더 이상 정부 주도와 민간 시장의 실패 속에서 우리 교육을 이대로 방치하지 않겠다는 절박함의 표현이었다. 앞서 언급한 협동조합의 배경과 맞닿아 있는 부분이다. 정부와 시장의 실패 속에서 새로운 대안 모색이 시급했다.

이렇듯 총체적인 위기 상황에서 교육과 경제 영역에서 모두 새로운 혁신의 장을 모색하고 있다는 것은 의미 있는 일이다. 이윤 논리에 따른 경쟁 위주의 교육, 경제 운영의 폐해, 국가 주도로 인한 거대 정부와 관료제의 폐해 속에서 이제는 시장이나 정부로 수렴되지 않는 새로운 운영원리에서 희망을 발견하려는 움직임이 커지고 있는 것이다.

공동체를 주목하다

그렇다면 협동조합사상이 추구하는 경제활동과 혁신교육이 지향하는 교육활동은 구체적으로 어떻게 발현될 수 있을까? 그 대답은 공동체로부터 찾을 수 있다.

협동조합은 그 어느 경제조직보다 공동체에 주목한다. 경제활동을 사회 구성원들의 삶을 영위하고 필요를 충족하기 위해 재화와 서비스를 생산하는 활동이라고 했을 때, 경제활동을 하는 조직으로서 협동조합이 가장 우선순위에 두고 있는 구성원은 조합원이다. 이들은 일정한 규칙과 규범에 동의하여 협동조합에 가입한 사람들로, 단순한 개인들의 집합이 아니라 공유된 규범을 가지고 있는 작은 사회, 즉 공동체이다.

그런데 조합원은 추상적 개념으로서 인간이나 무차별적 대중으로서의 고객이 아니다. 이들은 물론 인간이기도 하고 고객이기도 하지만 매우 구체적인 존재이고 협동조합과 지속적 관계를 맺는 사람들이다. 이들은 구체적인 필요를 가지고 있으며, 그 필요에 따라 협동조합 사업의 목적과 방향을 결정한다. 예컨대 이들은 '인류'로서의 추상화된 인간이 아니라 '고등학생 자녀에게 건강한 식품을 먹이고 싶은 학부모로서, 미세먼지가 걱정되고 일주일에 한 번 정도 협동조합을 이용하기 위해 찾아오며, 총회 때는 기업의 임원을 투표하는 누구누구들'이다. 전 인류를 위해 일한다고 하는 기업은 실상 드러나지 않는 자본 투자자들을 위한 이윤 추구를 최우선으로 하는 기업이기 쉽다. 하지만 이 구체적인 누구누구의 가치와 필요를 담는 기업은 이윤만이 아니라 그 구체적이고 다면적인 인간을 중심에 둔 경제활동을 할 가능성이 크다.

협동조합에서 공동체는 조합원만이 아니라 더 넓은 범위의 지역사회로서의 공동체로 확장된다. 협동조합 7원칙에서는 조합원에 의한 민주적 운영과 경제적 참여만이 아니라 지역사회에 대한 기여를 강조하고 있다. 사회적경제, 사회적 가치, 윤리적 생산, 윤리적 소비 담론은 경제활동에 미치는 사회적인 영향을 강조한다. 먼저 돈이 움직이는 방식에 사회적 가치가 반영되도록 하는데, 한 예로 윤리적 경영이란 사회적 가치를 적극적으로 생산 활동에 접목해 이를 토대로 소비자나 지역사회와 소통하는 것을 의미한다. 따라서 윤리적 소비를 강조하는 소비자들 역시 경제적 이득만이 아니라 사회적 가치를 재화나 서비스를 선택할 때도 고려한다. 그리고 협동조합은 가치와 필요로 뭉친 결사체들이 지역에 흩어진 다양한 자원을 조직해 직접 자신들에게 필요한 재화와 서비스를 생산한다.

이처럼 각자가 아닌 서로 간의 신뢰와 호혜를 바탕으로 한 새로운 경제공동체는 신뢰와 네트워크라는 사회적 자본으로 세워지며, 특히 협동조합은 공동의 필요를 기반으로 한 결사체적 속성을 가진다. 그 뿐만 아니라 마을 주민들이 협업을 통해 마을의 자원을 활용하고, 지역을 기반으로 활동할 수 있도록 독려한다.

혁신교육도 마찬가지로 그 핵심에는 공동체가 존재한다. 한 예로 사토 마나부 · 한국배움의공동체연구회(2014)에서는 비고츠키

사상을 토대로 상호 학습을 통해 협업하는 배움의 공동체의 중요
성을 강조한다.

> 비고츠키 이론 가운데 가장 유명한 것은 '아이들은 혼자
> 배우는 것보다 함께 배울 때 보다 높은 수준의 배움에 도전
> 할 수 있다'는 것입니다. 교사들이 수업을 하면서도 깨닫지
> 못했던 이론을 전체적인 하나의 발달 이론으로 발전시킨 사
> 람이 바로 비고츠키입니다. 간단하게 말해서 아이들은 혼자
> 하는 수준이 아니라 친구라든가 교사의 도움을 받으면 보다
> 높은 수준의 배움으로 발달할 수 있다는 이론입니다. 어느
> 부분까지는 혼자서 도달할 수 있겠지요. 그러나 친구나 다
> 른 사람의 도움을 받으면 그 윗부분까지 가는 것이 가능해
> 집니다.
>
> 사토 마나부 · 한국배움의공동체연구회, 2014, pp.69~70

비고츠키의 말처럼 협업은 보다 수준 높은 배움을 가져온다는
점에서도 공동체는 의미가 있으며, 한편으로는 지금 학교에 산재
한 문제들이 공동체를 통하지 않고서는 풀 수 없기 때문에도 공동
체는 더욱 중요하다. 그럼에도 기존 교육에서 학교 폭력을 예방
한다는 차원에서 공동체를 오히려 해체하는 방향으로 나아갔다
는 점은 안타깝다.

2012년에 문제가 된 서울의 한 초등학교 생활규칙을 보자. 이
학교에서는 학교 폭력을 예방하겠다며 학생들에게 '3명 이상 모
이지 말고, 30초 이상 만나지 말라'는 내용의 생활 규칙을 배포했
다(경향신문, 2012. 3. 8). 문제 학생을 격리하고, 사전에 관계 및

공동체가 형성되지 않도록 하는 것을 최선이라 믿었던 셈이다. 하지만 학교라는 공간은 아래 글의 묘사처럼 시공간의 특성상 공동체가 강요될 수밖에 없다.

> 학급은 생활을 같이하는 공간이지만 행동이나 목적을 같이하는 집단은 아니다. 교사와 학생은 반을 선택할 수 없다. 1학년 1반, 2반, 3반은 신정1동, 2동, 3동과 별다를 바가 없다. 그런데 학급은 마을보다 밀도가 높다. 적어도 신정1동 안에는 325번지 몇 호라는 나의 집이 있지만 학급에는 최소한의 나만의 공간도 확보하기 어렵다. 나의 공간은 책상과 사물함뿐이다. 하지만 이 모두 공개되어 있으며 언제 바뀔지 모른다. 이런 환경에서 수업과 그 밖의 활동들을 시간표에 따라 일사분란하게 진행해야 한다. 한 공간에서 밥을 먹고 화장실을 가고 모든 생활을 함께하는 경우 각자의 생활 습관이 그대로 드러나게 되고, 이것은 빈번한 싸움과 스트레스로 이어진다. 아무리 이해심 많고 온화한 사람도 처음 동거를 시작할 땐 생활 습관의 차이로 함께 사는 사람과 갈등을 겪는 것과 마찬가지이다.
>
> 조영선, 2013, p.40

이러한 학교의 공동체적 특성들은 문제를 만드는 원인일 수도 있지만, 잘 활용하면 오히려 교육적 의미를 풍부하게 할 수 있는 바탕이 된다. 그럼에도 학교 폭력을 없애겠다며 강제로 공동체를 해체시키는 것은 오히려 개인을 고립시켜 문제를 악화시킬 수 있다. 이제는 학생들이 서로를 위로하고 함께 친구로서 용기를 낼 수 있는 경험과 토대를 학교에 만들어줘야 한다. 관계가 바뀌지 않는다면, 공동체가 바뀌지 않는다면 진정한 학교와 교육의 변화도 없다. 또한 이런 변화는 학생도 하나의 주체로서 참여하는 새로운 공간에서만 가능하다. 그래서 혁신교육에서는 현광일(2015)이 다음에서 지적하듯이 교수-학습 활동의 혁신적 변환을 위한 끌개에 주목한다.

> 혁신학교에서 중요한 것은, 전면적 발달의 발생 영역들에서 교수-학습 활동의 흐름과 변환이 형성될 수 있는 '공간'이나 조건을 만들어내는 것이다. 그것은 물론 교육과정 및 수업의 재구성을 기반으로 학교의 제도적 환경까지 폭넓게 고려해야 한다. 그뿐만 아니라 잠재적 발달 수준의 흐름을 가속화하는 것, 그리고 그런 흐름의 변환이 솟아오르게 하는 계기를 만들어내야 한다. 이것은 협력적 학교 문화의 수준과 관련된다. 교사들은 새로운 배치의 흐름 속에서 학습과 발달이 스스로 펼쳐지고 발현되도록 허용해주면서도, 그 분위기와 힘을 이용하여 적절한 상황적 맥락을 규정하는 끌개들을 형성할 수 있도록 능숙한 전문성을 발휘해야 한다.
>
> 현광일, 2015, p.172

학교협동조합은 현재 두 지점이 만나는 중요한 교차점에 놓여 있다. 하나는 협동조합 및 사회적경제가 주목하는 공동체로서의 지점, 또 하나는 교육에서 주목하는 공동체로서의 지점이다.

이제 과거처럼 무한경쟁, 승자독식의 방식은 더 이상 통용되지 않는 시대다. 이제는 무한한 개인의 욕망이 아닌 공동의 가치를 추구해가야 하는 시대이며, 자라나는 세대는 공동체에서 함께 일하는 방법을 익혀가야 한다. 경쟁이 아닌 협업을 가르치는 것이 시대적 과제가 된 것이다. 이런 상황에서 혁신교육이 소수만을 위한 교육이 아닌 학습 공동체에 주목하는 것도 당연한 일일 것이다.

학교협동조합은 특히 이러한 필요에 걸맞은 조건들을 가진다. 사회경제적 측면에서는 공동의 필요를 기반으로 새로운 경제 영역을 창출하기 쉬우며, 교육적으로는 학생, 교사, 학부모가 함께 만들어가는 배움이 이루어지기 용이하다.

복정고 학생 이사의 학교협동조합 1년 경험에 대한 다음의 얘기도 학교협동조합의 교육경제공동체의 특성을 잘 보여준다.

> 복정고 학생 이사 실제 제 주위 친구들의 경우도 학교협동조합 1년의 경험으로 학교에 대한 자부심이 굉장히 커졌고, 무엇보다 무슨 문제가 생겼을 때 학교 안에서 학생 스스로 해결해보려는 자세를 갖게 되었어요. 이런 점을 생각해보면 학교협동조합의 경험은 학생들이 학교 너머 사회 내에서 참여의식을 갖는 데 도움이 될 거예요. 내가 작은 것을 도전해서 이뤄냈을 때 그 과정을 보고 좀 더 자부심 갖고 용기를 가질 수 있다고 생각해요. 이 친구들이 고등학교, 대학교를 졸업하고 사회에 나가서도 참여에 대한 자부심을 가질 거라 생각해요.
>
> 아이쿱협동조합연구소, 2014, p.104

물론 학교협동조합을 만들었다고 곧바로 새로운 공동체가 만들어지는 것은 아니다. 다만 이후 학생들의 성장과 변화를 위해, 위의 글에서 언급했듯 그에 적합한 공간과 조건을 만들어내는 끌개 역할을 학교협동조합이 해낼 수는 있을 것이다.

삶의 양식으로서 민주주의

대안 공동체들은 국가와 시장의 실패를 극복해보자는 최초의 목적뿐만 아니라 내용과 방향에서도 비슷한 부분이 많다.

먼저 내용을 보면, 사회적경제에서 강조되는 공동체는 수평적 관계 속에서 생산과 분배의 과정에서도 구성원의 참여가 균등하게 보장되는 공동체다. 특히 협동조합은 앞서 언급했듯이 1인 1표라는 민주적 참여 원리를 적극적으로 실천하고 있다. 이런 특성은 1844년 최초의 성공한 협동조합 로치데일로부터 시작해서 지금까지 수많은 사람들이 조합의 민주적 의사결정 과정에 대해 함께 고민하고 터득해온 결과다.

이처럼 협동조합에서 민주주의는 반드시 터득해야 할 과정이지만, 그럼에도 이 과정이 쉬운 것은 아니다. 저마다 다른 의견으로 상처 받고, 대립하고, 합의를 끌어내기 위해 많은 시간을 보내야 한다. 그럼에도 그 일을 혼자서는 이룰 수 없기에 '그러려니'하는 마음으로 해나가는 것이다.

한 예로 공동육아를 경험한 학부모들은 협동조합에서 민주주의가 이뤄져가는 과정을 '자기 조절'의 과정으로 표현한다. 개인과 공동체 간의 관계 조정이 중요하며, 멀지도 가깝지도 않는 적당한 거리를 유지해가며 함께하는 법을 배워가는 과정이라는 것이다.

이러한 공동체 민주주의는 혁신교육에서도 중요한 덕목이 된다. 학교란 궁극적으로 민주 시민교육을 추구하며, 이는 결국 함께 살아가는 방법을 익히는 일이기 때문이다. 그럼에도, 사실상 대부분의 학생, 학부모, 교사 그리고 지역 주민 모두가 민주주의 경험이 부족하다는 점은 안타깝다. 내가 바뀌지 않고 교육의 목표로 민주 시민을 내세우는 것은 어불성설이며, 민주주의를 그저 형식적인 절차로만 바라본다면 학생들도 주체로서 참여하며 책임을 지고 권리를 행사하는 경험을 갖지 못할 수밖에 없다. 학교에서 경험하는 민주주의를 그저 절차와 거수로서만 생각하게 되는 것이다. 실제로 초등학교에서는 5, 6학년만 돼도, 토론을 하자고 하면 귀찮아하고, "그냥 선생님이 결정하세요"라는 반응을 보이는 아이들이 적지 않다. 민주 시민으로서 교육에 참여할 수도 없는 상황에서, 특히 공부 잘하는 몇몇을 위해 교육이 집중될 때 대부분의 아이들은 방관자에 머물게 되는 것이다. 심지어 공부 잘하는 아이들조차 의사결정에 균등한 권리를 얻지 못하는 것은 물론이다.

반면 놀랄 만큼 다양한 아이들의 능력을 그 자체로 인정하고, 사회적 자원으로 바꾸어내는 것이 장기적으로도 경쟁력 있는 모델이다. 인간의 능력은 발견되고 훈련되는 것이기에 공동체에서 어떻게 지지해주고, 얼마만큼의 기회를 주느냐에 따라 아이들의 미래도 달라질 수 있다.

결국 진정한 민주 시민교육은 궁극적으로 민주주의적인 공동체 안에서 상호작용의 과정이 되어야 한다. 서용선(2012)은 이러한 점과 관련해 인간의 본성을 공유하면서 공동체를 형성하고 의사소통을 통해 민주주의로 나아가는 것이 교육의 본질에 가장 가깝게 다가서는 일이라고 이야기한다(서용선, 2012. p.267).

이런 의미에서 혁신학교와 학교협동조합은 민주주의를 실천할 수 있는 유용한 틀이다. 물론 처음부터 잘하는 사람은 없다. 더욱이 사회 곳곳이 여전히 비민주적인 상황에서 갑작스레 조합이 생겼다고 민주주의가 이뤄지는 것도 아니다. 그렇기에 꾸준한 시도와 연습이 필요한 것이다. 또한 시장과 국가의 실패에 반발해 만들어진 공동체라고 해서 처음부터 기존의 시장과 국가보다 더 낫다고 하기는 어려울 것이다. 모두가 부족하고 서투를 수밖에 없다. 그 상황에서 저마다 팔짱 끼고 기다리는 평론가적인 태도를 가진다면 아무것도 할 수 없다. 저마다 주인이 되어 각자의 자원을 내놓고, 그 자원들을 결합해 힘을 발휘하고, 그 안에서 비로소 공동체의 위력, 민주 시민으로서의 경험이 만들어지는 것이다.

통합으로서 삶을 위해

마지막으로 대안적이고 민주적인 공동체들은 삶의 통합을 목표로 한다는 공통점이 있다. 그동안 효율성에 따라 삶과 학문, 공간을 분리해왔다면, 이제는 다시금 통합을 통한 회복을 이야기할 시점인 것이다.

먼저 사회적경제는 경제의 본래 의미에 주목한다. 경제학(Economics)이라는 말은 그리스어로 가계(家計, Household)를 뜻하는 '오이코스(Oikos)'에서 파생된 오이코노미아(Oekonomia)에서 비롯된 것으로, 쉽게 말하면 살림살이를 잘 운영하는 방법이다(홍기빈, 2012, p.60). 일본인들이 번역한 경제(経済)라는 말 역시 중국 수나라 때 왕통이 편찬한 책으로 알려진 『문중자(文中子)』의 '경세제민'(経世済民)을 줄인 것으로, '세상을 다스리고 백성을 구제한다'는 의미다.

이처럼 한때 경제학은 정치학, 법학, 사회학 등 다양한 학문들이 통합되어 있었다. 오늘날 생산성과 판매와 관련된 학문으로만 존재한다는 것은 부자연스러운 시대적 산물이다. 사회적경제가 학문의 단절 속에서 잃어버렸던 경제의 본래의 의미를 되찾는 데 노력을 기울이는 것은 그래서 의미가 있다.

J.K.깁슨 그레이엄의 『타자를 위한 경제는 있다』에서는 경제의 본 의미를 빙하에 비유한다. 빙하는 보이는 것보다 훨씬 많은 양이 수면 아래 잠겨 있듯이, 경제도 시장거래로 한정 지을 수 없는

다양한 영역들이 그 이면에 자리 잡고 있다는 것이다.

비슷하게, 혁신교육도 통합을 강조한다. 학교와 지역의 통합, 지식과 체험의 통합 등이 그것이다. 존 듀이는 『민주주의와 교육』을 통해 다음과 같이 일찍이 이론과 실제, 여가와 노동의 통합적이고 총체적인 교육의 중요성을 강조한 바 있다.

> 교육에는 이미, 노동의 보다 대국적인 특성에 착안하여 자유교육적인 양상과 사회적 유용성의 훈련(즉, 생산적인 일에 능률적으로 행복하게 참여하는 능력)을 조화시킬 가능성이 열려 있다. 그리고 이러한 교육은 자연히 기존의 경제적 상황에서 생기는 폐단을 없애게 될 것이다. 사람들이 그들의 활동을 통제하는 목적에 능동적인 관심을 가지면 그만큼 그들의 활동은, 비록 겉으로 드러나는 행동은 동일하다 하더라도, 자유와 자발성을 띠게 되며, 외부적으로 강요되는 노예적 특성을 떨쳐버리게 된다.
>
> 존 듀이, 2013, p.84

많은 혁신학교들이 체험학습, 프로젝트 학습을 중요하게 여기는 것도 이런 이유에서다. 광주 남한산초등학교의 경우 각 학년별 특성별로 숲 속 산책, 자유학습, 자유놀이, 사육동물 돌보기, 차 마시기, 시 낭송하기 등의 프로그램을 진행한다. 학교 자투리 땅을 이용해 채소를 가꾸고, 들꽃 관찰원도 만들었다. 이 학교의 교장 선생님은 "아이들의 배움과 창의성을 기르는 가장 좋은 방식은 체험학습을 통해 아이들 스스로 몸으로 겪고 드러내는 것"

이라며 체험학습 중심의 교육철학을 강조하고 있다.

이러한 관점에서 보면 주변 모든 것이 교육의 소재다. 사회적 경제가 수면 아래 빙하, 더 많은 요소들에 주목해 공동체 경제를 만들어내듯, 교육도 종래의 교실에서 벗어나 지역과 실제적 삶과 통합하고 있다. 이런 통합 과정은 외국에서도 다양하게 시도되고 있는데, 이는 교육에 대한 전통적 관념 변화가 글로벌하게 이뤄지고 있음을 보여준다.

미국의 메트스쿨이 구현한 빅 픽처 러닝도 그중 한 예이다. 이는 개인의 흥미를 고려해 현실 속에서 체험하고 학습하는 인턴십(Learning through Internship, LTI) 개념인데, 학생들이 흥미를 느끼는 영역에 해당 전문가 멘토가 연계되어 배움이 이뤄진다. 메트스쿨 홈페이지에 소개된 다음의 사례를 보자.

데어드레이 존스(Dierdre Jones)는 아버지를 교도소에서, 남자친구를 거리 총격전에서 잃었다. 소중한 이를 잃은 슬픔에 휩싸여 있던 그녀는 주변인들에게 범죄의 심각성을 알리기로 결심했다. 기념비를 세워 아버지와 남자친구의 억울한 죽음을 기리는 방법 대신, 그녀는 범죄현장에 남겨진 일상의 소지품, 이를테면 운동화나 벙어리장갑, 교통카드, 피로 얼룩진 티셔츠 등을 활용해 효과를 높이기로 했다. 담임교사(Advisor)인 챈텔 와일리 씨와 상의한 끝에 범죄의 끔찍함을 상징하는 소지품을 싣고 옮겨 다닐 수 있는 금속 카트를 만들기로 했다. 용접공 메러디스 영거 씨를 멘토(Mentor)로 삼아 용접 기술을 배웠다. 각고의 노력 끝에 까

다로운 용접 기술을 손에 익힌 그녀는 어디에 내놔도 손색 없는 훌륭한 카트를 스스로의 힘으로 만들어냈다. 비폭력기구 회원이기도 한 데어드레이는 졸업 후 자신의 작품을 도시 곳곳의 분쟁 조정 현장에 내거는 희망에 부풀어 있다.

내일신문, 2014. 10. 6

학교협동조합의 최종 목표도 마찬가지로 통합이다. 학교협동조합을 설명할 때 교육과 경제, 사회 등 다양한 배경을 설명하는 것도 학교협동조합에 이 많은 요소들이 통합되어 있기 때문이다. 학생, 학부모, 교사, 지역 주민들이 학교협동조합을 통해 다양한 결정과 실행, 지식과 경험을 익혀가고, 조사와 배움을 통해 다양한 과업을 해결해갈 때 일과 여가, 노동과 교육, 지역과 학교의 경계선은 더 이상 의미가 없어진다. 이는 다른 의미에서는 본래의 의미를 찾아가는 일이다. 또한 다음의 글에서처럼 학교협동조합의 조합원들은 미래의 삶을 대비하기 위해 같이 연습하고, 함께 운명을 개척해나갈 서로의 파트너이기도 하다.

우리에게 협동조합은 재미있는 시도를 해볼 수 있는 실험실 같은 존재이다. 언제든지 실패해도 괜찮고 해보다 아니면 다시 해볼 수 있는 기회가 열려 있는 곳으로 만들어가고 싶다. 앞에서도 말했듯이 우리는 곧 사회에 나가야 하는, 소위 말하는 진로에 대해 모색해야 하는 고등학생들이다. 우리는 누구나가 대학을 가거나 취직을 하고 직장을 구하는 것 같은 그런 진로에 저당 잡히지 않을 것이다. 우리는 필요한 일을 직접 만들면서 그 일에 고용당할 것이다. 그러기 위해서는 두더지처럼 이곳저곳 굴을 파보고 있는 더 많은 동료(두더지)들이 필요하다. 두더지 실험실 협동조합을 모르는 사람들에게도 설명하는 자리를 만들 것이며, 조합원들과도 협동조합의 미래와 지향점에 대해 충분히 이야기할 것이다. 앞으로 있을 조합원 총회가 기대된다. 조합원들이 진짜 '조합원'으로서의 의미를 알고 참여할 때 두더지 실험실 협동조합의 땅굴은 더욱 커져갈 것이다.

윤가야 외, 2015, pp.158~159

교육경제공동체는 학교협동조합을 설명하는 또 다른 이름으로, 통합을 추구하는 모델로서의 성격을 잘 보여준다. 편의에 따라 교육과 경제를 영역을 나누어 설명하기도 하지만, 사실 그러한 구분은 통합 모델로서의 학교협동조합을 이해하는 데 방해가 된다. 물론 바닷물을 설명할 때, 이론적으로 이것을 주성분인 소금과 물로 나누어 설명할 수는 있지만, 그렇다고 바닷물을 소금과 물의 혼합, 소금물로만 이해할 수는 없다. 가장 정확한 것은 직접 바닷가로 가서 주변 환경과 소리, 냄새까지 함께 이해하는 것이다.

학교협동조합도 마찬가지다. 어디까지를 교육과정이라 설명하고, 어디까지를 경제 또는 사업 영역이라고 설명하는 것 자체가 불가능하다.

실로 학교협동조합에 대해, 어떤 사람은 교육적인 부분에만, 어떤 사람은 사업적인 부분에만 주목해 당면한 문제를 풀려 한다. 단언컨대 그런 방식으로는 문제를 풀기 어렵다. 지금의 교육문제, 경제문제, 사회문제 등을 풀기 위해서는 모든 영역을 아우르는 다양한 의견과 전문가가 필요하다. 즉 한 아이를 키우려면 온마을이 필요하다는 말은, 하나의 문제를 해결하기 위해 온 영역의 힘을 합쳐야 한다는 말로도 이해할 수 있다.

지금까지 살펴본 학교협동조합을 둘러싼 혁신교육과 협동조합 혹은 더 나아가 사회적경제의 결합 지점은 앞으로 더욱 중요한 의미를 가질 것이다. 특히 교육계와 사회적경제 진영의 고민과 실험들이 활발해질수록 이 교차점들은 더 커질 수밖에 없다.

물론 필자는 학교협동조합만이 이 교차점의 유일한 대안이라고 주장하고 싶지는 않다. 또한 학교협동조합이 항상 이상적인 집단이라고 주장하지도 않는다. 그럼에도 학교협동조합은 이 시점에서 가장 절실한 고민의 출발점이자, 시장과 국가의 실패에서 민주주의적인 공동체를 통해 본래의 삶을 회복하고자 하는 흐름에서 유의미한 시도가 될 것이다.

또한 이 시도가 얼마만큼 성과를 만들어낼 것인가는 선험적으로 규정될 수 없다. 학교협동조합을 더 많은 사람들이 고민하고, 함께 해나가며, 사회적 미션을 함께 수행할 때 그 성과는 구체화될 것이기 때문이다. 학교협동조합은 이제 시작이다. 경쟁이 아닌 협동을 배우며 스스로의 주관식 삶을 개척해갈 수 있는 힘을 아이들에게 줄 수 있도록 모두 함께 하길 바란다.

학교협동조합, 수프 속 돌과 같은

프롤로그에서 밝혔듯이 이 책은 학교협동조합의 모든 것을 다루지 않고 있다. 학교협동조합을 둘러싼 교육, 사업, 행정 부분 중 교육에 주된 초점을 두고 있다. 학교협동조합을 실제 설립하고 잘 운영하기 위해서는 사업과 행정 부분에 대한 고민을 많이 해야 한다. 그럼에도 불구하고 교육 부분에 초점을 둔 이유는 두 가지이다. 첫째는 본문에서도 밝혔듯이 사업과 행정 부분은 지역의 사회적경제 조직, 교육청, 지자체 및 협동조합 중간 지원 기관 등이 함께하며 풀어가야 할 영역이기 때문이었다. 둘째는 결국 그렇게 되기 위해서는 생소한 학교협동조합의 상을 보다 쉽고 명쾌하게 잘 알리는 게 중요하며, 많은 사람들이 함께 학교협동조합을 해야 하는 이유를 설명하고 설득할 수 있어야 했기 때문이다.

이렇게 "우리 함께 만들자, 학교협동조합!"이라고 외치며 마을의 여러 사람들을 불러 모아야 한다면 어떤 것이 가장 중요할까 생각해보았다. 그러기 위해선 다른 사람이 아닌 이 글을 쓰는 우리 두 사람에 대해 생각해보면 좋겠다 싶었다. 무슨 대단한 교육 철학을 가지고 있어서, 혹은 협동조합 부문에서 학교협동조합이 꼭 필요하기 때문에 학교협동조합과 관련한 다양한 활동들을 하게 된 것은 아니다. 처음부터 '전국 학교협동조합 연합회를 만들어야지'라고 생각하고 시작한 것도 아니었다. 삶의 궤적과 맞닿아 있는 부분도 있었고 우연성도 있었지만 이렇다 저렇다 해도 우리가 즐겁고 보람되기 때문에 이런 활동을 하고 있는 셈이다. 우리를 움직이는 원천적인 즐거움과 보람은 뭘까? 스스로도 궁금해 곰곰이 생각해보곤 한다.

그건 바로 '사람들의 성장'이란 생각이 든다. 지식이 늘어나고, 능력이 향상되는 성장만이 아니라 좀 더 내 삶의 주인이 되고, 다른 사람들과 함께할 수 있는 접점들이 커져가는 성장이다. 나의 필요를 다른 사람의 필요와 엮고 공동으로 할 수 있는 부분들을 넓혀갈 수 있는 능력과 기술을 키우는 성장 말이다. 자기의 필요와 언어에 집중한다는 의미에서 이기적일 수 있지만, 동시에 내가 하고자 하는 바가 다른 사람에게도 궁극적으로 도움이 되니 이타적이기도 하다. 개인적이면서도 동시에 사회적인 관계들이 형성된다. 이는 협동조합이 지향하는 개인의 성장과 사회의 변화일 것이다. 그러한 협동조합적 관계 변화의 촉진이, 학교라는 교육적 공간에서 스펀지처럼 흡수력이 빠른 아이들을 만나면서 위력이 더욱 강해진다. 변화와 성장의 속도가 배가되는 것이다. 협동조합과 학교가 이뤄내려고 했던 목표가 둘이 만나면서 서로를 보완하게 되고 시너지를 발휘하게 된다. 영화 「이보다 더 좋을 순 없다」의 명대사처럼 "당신은 나를 더 좋은 사람이 되게" 하는 셈이랄까?

또한 이러한 좋은 변화, 성장은 학생들에게서만 그치는 것은 아니다. 교사, 학부모에게도 영향을 미치고, 학교협동조합을 접점으로 만나게 되는 지역 주민, 다양한 관계자들을 변화시킨다. 필자들이 학교협동조합과 관련한 활동을 했던 이유도 다른 누군가를 위한 것이 아니라 우리가 좋은 에너지에 감화되고, 스스로의 성장을 이뤄낼 수 있었기 때문이다. 그리고 이는 필자들뿐만이 아니라 학교협동조합을 접하게 되고, 함께하게 되는 많은 사람들의 공통된 이유일 거라 본다. 그리고 이런 성장의 최종 지향점에는 더불어 사는 사회가 있다. 여기저기서 함께 살아가자고 외치지만 실상 구체적인 방법을 찾기가 어렵고 훈련이 되어 있지 않다. 협동조합에 가슴이 뛰는 이유는 나와 내 주변 사람들이 변화되어 나가고, 함께해나갈 수 있는 경험을 한다는 것이다. 경험을 바탕으로 한 확신에 찬 희망은 삶의 에너지가 되고, 우리가 바라는 사회에 대한 꿈을 구체화할 원동력이 된다.

이러한 성장과 변화가 바로 교육이라 생각한다. 협동조합이 우리 사회에서 갖는 가치는 단순히 일자리 창출이나 협업화만이 아닌, 궁극적으로는 개인에 대한 교육, 사회에 대한 교육에 있다. 또한 혁신교육 역시 학교 안에서의 변화를 사회로까지 확장해 우리가 사는 터전을 바꿔나가는 데 있다. 이 모든 것이 교육일 것이다. 학교협동조합은 이러한 즐거운 변화와 성장의 시작점이다. 다양한 사람들이 함께 어울려 서로의 자원을 나누며 함께 꿈을 꿀 수 있는 만남의 장이다.

그런 점에서 학교협동조합은 우화 「돌수프」에 나오는 돌과 같다. 배고픈 여행객이 마을에 들러 먹을 것을 구하는데, 인심 야박한 마을에서는 누구 하나 먹을 것을 주지 않는다. 여행객은 꾀를 내어 자기한텐 맛있는 수프를 끓일 수 있는 마법의 돌이 있다고 한다. 마을 사람들이 보는 앞에서 큰 냄비에 한참 돌만 끓이던 여행객은 수프를 한입 맛보고는 "양파가 조금만 있었다면 더욱 좋았을 텐데…"라고 얘기한다. 그러자 마을 사람 중 한 명이 집에 있던 양파를 가져온다. 그 후에도 여행객은 한입씩 계속 맛보면서 당근, 고기, 소금 등을 혼잣말로 언급한다. 그걸 가진 마을 사람들이 집에서 하나씩 가져오는 것은 예상되는 터. 이렇게 마을 사람들이 가진 재료가 하나로 모여 맛있는 수프가 완성된다. 우화에서 돌은 궁극적으로는 어떤 맛을 내는 기능을 하지는 않는다. 하지만 돌이 있었기에 재료들이 모이고, 맛있는 수프가 완성될 수 있었다. 학교협동조합은 그 자체로 무엇을 해주지는 않지만 변화를 모색하고 시작할 수 있는 촉매제이다. 우리가 만들고자 하는 멋진 교육, 삶, 사회라는 맛있는 수프를 끓이기 위한 마법의 돌이다.

아무쪼록 누군가가 이 책을 읽고 학교협동조합에 관심을 가지게 되고, 우리 지역에서, 자신이 속해 있는 학교에서 한 번 얘기해보고 함께해볼까 하는 마음을 가진다면 필자들의 글은 목적을 달성했다고 본다. 학교협동조합의 다양한 사례들이 많아져서 사업별로도, 분과위원별로도 맞춤형 책이 나오고, 학교협동조합과 관련한 이야기들이 더욱 풍성해지길 바란다.

부 록

부록

학교협동조합의 역사

일제강점기 학교협동조합의 맹아

학교협동조합의 역사를 거슬러 올라가면 일본 강점기까지 가 닿게 된다. 엄밀히 말해 학교협동조합의 방식은 일제에 빼앗긴 나라를 되찾기 위해 활동한 독립운동가들로부터 시작되었다. 하 승우(2013)의 다음 내용을 통해 학교협동조합이 독립운동의 이상 과 어떻게 결합되었는지 살펴보자.

> 일제 식민지 시기, 도산 안창호 선생과 남강 이승훈 선생 등 개혁가들이 전국 곳곳에 학교를 세웠다. 흥미로운 점은 이들이 학교뿐만 아니라 협동조합을 근거로 한 이상적인 부 락을 꿈꾸었다는 점이다. 이들에게 학교와 협동조합은 바로 그 부락의 기둥으로서, 목적은 해당 지역을 공부하고, 일하 고, 생활하는 터로 만드는 것이었다.
> 안병욱 등이 쓴 『안창호 평전』(청포도, 2007)에 의하면, 도산 안창호 선생은 "산과 강이 있고 지미가 비옥한 지점 을 택하여서 200호 정도의 집단 부락"을 세우려 했다. 이 이 상촌에는 "공회당(公会堂), 여관, 학교, 욕장, 운동장, 우편 국, 금융과 협동조합의 업무를 담당하는 기관이 설치될 것" 이며, 무엇보다 "집단적인 회식과 오락"이 중요하다고 안창 호 선생은 강조했다. 이 부락에는 금융기관과 협동조합도 있었는데, "금융기관에서는 저금과 융자의 일을", 협동조합 은 "생산품의 공동판매와 일상생활 용품의 공동구매 배급기

관"을 담당했다. 안창호 선생은 이 부락에 "일반교육의 학교 이외에 직업학교"를 세우려 했고 직업학교는 농(農)·잠(蠶)·임(林)·원예·목축(牧畜)·공(工) 등의 여러 과목을 두되, 공에는 농가 건축, 농촌 토목, 요업, 식료품 가공, 농구제조의 목·철공, 농촌 상업을 포함하는 것이었다." 즉 학교를 졸업하면 소자본과 약간의 연장을 보유한 채 직업을 가져 부락의 한 몫을 담당하도록 하는 것이 이곳 학교 교육의 목표였다.

하승우, 2013

1932년의 동아일보에 연재된 「협동조합실무강화」는 학교협동조합의 구조적인 장점과 의의를 더욱 분명하게 보여주고 있다. 이 사설은 구성원들의 동질성, 학습능력, 구매력 등이 학교에서 협동조합을 만들기 좋은 조건을 조성한다고 강조한다. 아울러 학생들이 이 학교협동조합을 경험함으로써 향촌 지도자로서 성장할 수 있는 기반을 마련하는 것도 큰 의의라고 지적한 바 있다.

해방 후 학교협동조합의 시작

이때 시작된 문제의식은 해방 후까지 이어졌다. 1946년, 경성경제전문학교에 처음으로 학교소비조합이 생겼다. 또한 1958년 4월, 충남 홍성군 홍동면에 창설된 풀무학교는 개교 직후 학교 내에 소비조합을 설치했다. 이 소비조합은 생활필수품과 책을 공동구매해 저렴하게 판매하는 매점 형태로 시작해서 도서협동조합, 신용협동조합 등으로 발전해갔다.

풀무학교생협은 오늘날까지 이어오고 있으며, 비단 학교만이 아니라 인구 4300여 명의 홍동면은 작은 소모임을 빼고도 약 30여 개의 협동조합과 협동조합형 단체가 모여 있는 협동 마을을 이루고 있다.

이 풀무학교를 세운 사람들은 무교회 신앙 집회에서 의기투합한 이찬갑(1904~1974)과 주옥로(1919~2001)였다. 두 사람이 학교를 세운 홍동면은 주옥로의 고향이었는데, 당시 초등학교 졸업생 160명 중 중학교 진학자가 40명에 지나지 않을 정도로 가난한 지역이었다. 풀무학교의 초기 모습에 대해 김형미(2011)는 다음과 같이 이야기하고 있다.

> 첫 해는 중학교 진학을 하지 못한 학생 18명과 교사 2명이 단출하게 시작했고, 다음 해가 되자 이찬갑은 교사와 학생들이 출자한 협동조합 형태로 교내 구매부를 설치했다. 구매부 담당 학생은 홍성읍이나 학교에서 4km나 떨어진 예산시까지 가서 생활필수품과 책을 구해 돌아와 이를 시판 가격보다 저렴하게 팔았다. 1969년 3월 2일에는 정식으로 창립총회를 열어 교내소비조합이 발족했다. 동시에 도서협동조합, 신용협동조합이 추진되어 교내에서 운영되었는데, 이는 이찬갑이 당시의 농촌에는 소비조합과 신용협동조합의 조직이 급무라고 강조했기 때문이다. 1969년 11월 20일, 교직원과 학생 18명이 조합원으로 가입해 풀무신용협동조합(이하 풀무신협)을 설립한 후 풀무신협은 1972년 10월 8일 정식으로 창립총회를 열어 업무를 시작했다.

> 김형미, 2011

정부의 제도화

1962년, 문교부가 고등학교에 협동조합 규약준칙을 시달했다. 매점 또는 서점 등을 협동조합 체제로 운영할 수 있도록 한 것이다. 1979년에는 중학교에도 협동조합을 설치할 수 있도록 했다. 당시 이 준칙이 시달된 것을 보도한 신문기사를 보면, 협동조합 사업을 조합원들이 필요로 하는 상품의 구매 및 판매, 조합원들의 훈련에 관한 것 등으로 제한하고 이익금을 장학금으로 사용토록 했다는 특색이 엿보인다. 또한 조합원을 재학생 및 교직원으로 제한하고 조합원 1인당 출자액은 10구좌를 넘을 수 없도록 했으며 조합원이 사망·전근·전학·퇴학·제적될 때 출자금의 지분을 환불토록 했으며, 이런 준칙의 마련으로 중학교도 교내 매점 또는 서점 등을 협동조합 체제로 전환할 수 있게 되었다(매일경제신문, 1979. 11. 22).

이는 1970년대 적극적으로 추진되었던 새마을운동과도 관련이 있어 보인다. 학교협동조합은 지역의 자금을 모으는 중요한 수단이 될 수 있기 때문이다. 하지만 정부 정책으로서 활성화되었던 학교협동조합은 시간이 흐르자 점차 내부 동력을 잃고 사라지게 되었다.

다만 당시에도 정부 주도의 학교협동조합만 있었던 건 아니었다. 현재까지도 유지되고 있는 학교협동조합 원주진광신협처럼 자생적으로 생겨난 조합도 존재했다. 앞서 소개한 풀무 지역과 함께 원주도 우리나라에서 협동조합 운동이 가장 활발히 전개되었던 지역이다.

원주 협동조합의 역사는 1966년 천주교의 지학순 주교가 원주 교구장으로 취임하면서 시작되었다. 신자 35명이 6만4000원의 출자금을 모아 신용협동조합을 만든 것이다. 초대 이사장은 장일순 선생이 맡았는데, 이 신협은 고리채로부터 농민과 소상공인을 보호하기 위해 저리로 생활자금을 대출하는 일을 했다. 또한 농촌과 광산촌에서 소비하는 물품을 공동구매하는 것도 맡았다. 1969년에는 진광학교에 협동교육연구소를 창립하여 협동조합의 교육 및 보급에도 힘썼다. 그리고 이듬해인 1970년 5월 15일, 진광신협을 설립해 진광중·고 학생들에게도 협동조합 교육을 실시했다. 진광신협의 기본목표는 △사회를 밝힐 교육 운동 △더불어 사는 윤리 운동 △잘살기 위한 경제 운동 등이었다. 나아가 이 조합은 오늘날까지도 이 협동조합 방식의 매점 운영을 그대로 이어가고 있다. 문구류와 간식을 시중보다 10~30% 정도 저렴하게 판매하고 발생한 수익금은 장학금과 배당 등을 통해 조합원들에게 되돌려주고 있다(아주경제신문, 2013. 3. 31). 신용협동조합이라는 특수성이 있긴 했지만, 신용사업 외에도 판매사업(매점), 교육·장학 사업도 운영하는 셈이다. 다만 특이점이 있다면, 학부모가 조합원에서 제외된 점과 신용 사업의 대상이 교사에 제한된다는 점이다(성남시, 2014).

대학생협의 등장

학교협동조합이 다시금 부활한 것은 1988년 대학에서부터였다. 1987년 6월 항쟁 이후 가속화되는 민주화 흐름 속에서 대학생들 사이에 매점, 자판기 등을 협동조합 방식으로 자율적으로 운영하는 흐름이 생겨났다. 이후 1999년 소비자생활협동조합법 시행으로 제도적 근거가 마련되면서, 이런 자율적 협동조합은 더욱 탄력을 받아 현재 전국에 33개의 대학생협이 설립되어 있다. 필자는 대학생협의 등장 배경에 대해 다음과 같이 설명한 바 있다.

> 1988년 최초의 대학생협이 설립된 이후 90년대 중반까지는 대학생협 설립이 시작된 시기이다. 1983년 정부의 졸업정원제 실시로 대학 정원은 늘었으나 기본적인 시설 확충이 뒤따르지 못했다. (…) 특히 학생들의 대학 당국 및 외부업체에 대한 불신은 각 대학 총학생회 산하의 '학생복지위원회' 등의 기구에서 매점이나 자판기들을 직영하는 활동으로 이어지는데, 이러한 활동은 운영 주체만 학생회로 바뀌었을 뿐 운영 시스템은 바뀌지 않은 것이었고 오히려 시설 운영의 전문성과 연속성이 떨어진다는 한계를 가지고 있었다. 때문에 당시 이 활동을 담당했던 학생들과 일부 대학 관계자들이 대안을 모색하는 과정에서 협동조합적 방식을 '발견'하게 된다. 협동조합은 학내 구성원들의 참여를 보장하고 사업의 잉여를 구성원들에게 되돌려주면서도 전문성을 유지할 수 있는 틀로 이해되었기 때문이다.
>
> 박주희, 2004

협동조합기본법과 학교협동조합

2012년 12월 협동조합기본법이 시행되면서, 우리 교육은 다시금 학교협동조합을 주목하게 되었다. 기존의 일반 소비자생활협동조합법에 의하면 최소 조합원 수 300명, 최소 출자금 3000만 원을 모아야 조합 설립이 가능했던 반면, 협동조합기본법은 금융, 보험을 제외한 모든 업종에서 5명만 모이면 협동조합을 설립할 수 있도록 했다. 동네 어머니 다섯 분이 모여 반찬가게협동조합을, 동네 세탁소 5개가 뭉쳐 공동세탁협동조합을 만들 수 있게 된 것이다.

이미 협동조합 방식으로 운영하고 있던 영림중도 결국 가장 잘 맞는 옷인 학교협동조합을 택했고, 경기도도 시범사업을 진행해 갔다. 나아가 2013년 9월 3일, 서울의 영림중과 성남의 복정고 학교협동조합도 설립 인가를 받으면서 새로운 학교협동조합의 역사를 열었다. 2014년 1월에는 고양의 덕이고, 8월에는 의정부여중, 서울의 독산고가 설립 인가를 받았고, 12월에는 한문영고와 도예고까지 이 대열에 들어서, 현재 서울과 경기도를 중심으로 학교협동조합들이 본격적으로 확대되고 있는 상황이다.

나아가 교육부의 인가를 받은 사회적협동조합 형태가 아닌 일반협동조합으로 설립된 학교협동조합도 있으며, 협동조합 방식으로 운영은 하고 있지만 아직 조합 설립을 하지 않은 곳도 있다. 또한 학교협동조합을 정의하는 법이나 조례가 아직 제도적으로 정착되지 않은 탓에, 경기도교육청에서는 교육협동조합, 서울시교육청에서는 학교매점협동조합이라고 각각 다른 용어를 쓰기도 한다.

사업과 행정에 대한 고려점과 도움을 받을 수 있는 곳

학교협동조합의 시작을 위한 세 가지 축 중 나머지 두 부분으로서 사업과 행정에 대한 부분을 간략히 언급하고, 이와 관련해 도움을 받을 수 있는 곳을 안내하려 한다.

먼저 계속 강조하듯이 협동조합 역시 엄연한 사업체이기에 사업적으로 다양한 지점을 충분히 고려해야 한다. 시장성에 대해 사전에 충분한 판단을 해야 하고, 가용할 수 있는 인력과 자본을 고민해야 한다. 사업 전에 세운 계획대로 되는 경우는 없지만, 그렇다고 아무런 사전 계획과 준비 없이 뛰어드는 것은 실패를 통해 학습할 것을 각오한 것과 같다.

학교협동조합 매점을 예로 든다면, 매점을 이용하는 학생 수, 구매 금액과 구매 횟수 등을 토대로 대략적인 매출을 산출해봐야 한다. 또한 학교 매점의 특성상 방학 때는 매출이 없고, 통상적으로 신입생이 들어오는 1학기가 2학기보다 매출이 많다는 것도 염두에 두어야 한다.

더불어 지출되는 비용도 산출을 해봐야 하는데, 인건비와 인테리어 및 설비 비용, 공간 사용료 등을 고려할 필요가 있다. 인건비의 경우 초기 비용을 줄이기 위해 단기간 자원봉사로 할 수도 있으나, 장기적으로는 노동에 대한 적정한 가격이 책정되어야만 한다. 이는 지속가능한 체계를 만들기 위해서도 반드시 필요하다.

물론 학교협동조합 활동이 금전적으로 측정할 수 없는 다양한 가치와 보람을 실무자들에 줄 수는 있다. 그럼에도 불구하고 재능기부를 강요하거나 이에 기대서는 사업체로서 자립할 수 없다. 다음으로 설비에 대해서는 무조건 다른 매점을 따라하기보다 각자의 상황에 맞게 갖출 필요가 있다. 예를 들어 매장 관리를 위해 사용하는 포스 단말기의 경우 모든 매장에서 반드시 필요한 것은 아니다. 따라서 처음부터 모든 설비를 다 갖추고 시작하기보다 시험 운용을 하며 학교협동조합 매점 운영과 관련해서는 2016년 12월 서울시·서울시교육청·서울시사회적경제지원센터가 펴낸 「학교협동조합 매점 함께 만들고 운영해요」에 설립부터 운영까지 고려해야 할 사업적/교육적/행정적 요소들과 함께 조합원들과 함께 논의할 부분이 정리되어 있다.

끝으로 공간 사용료의 경우 종전의 최고가 경쟁입찰에서 수의계약을 할 수 있는 근거가 마련되었다. '공유재산 및 물품 관리법 시행령'이 2014년 11월 개정 시행되어 지역별로 조례 제정을 통해 수의계약 근거를 마련할 수 있게 되었다. 이와 관련해서 서울시는 2014년 12월 30일부터 '서울특별시교육감 소관 공유재산 관리조례'에 관련 조항이 신설되어 사회적협동조합으로서 학교협동조합이 본연의 목적을 살려 학교와 수의계약할 수 있도록 했다. 또한 2016년 7월에는 '서울특별시교육비특별회계 소관 공유재산 관리조례' 개정과 2015년 '서울특별시 학교협동조합 지원 및 육성에 관한 조례' 제정을 통해 사회적협동조합으로 설립된 학교매점이 학교 내 행정재산을 사용·수익할 때 수의계약할 수 있다는 법적 근거를 마련했다. 이와 함께 2016년 7월 7일부터 학교협동조합이 공익적 목적으로 학교 재산을 사용하는 경우 대부요율을 50/1000에서 10/1000으로 변경해 적용할 수 있도록 했다. 경기도에서도 2015년 11월 '경기마을교육공동체 활성화 지원에 관한 조례'를 제정하는 등 각 교육청 단위에서 제도 개선이 이뤄지고 있다. 더불어 학교협동조합은 원가 경영이나 장학금 지급 등을 통해 학생들에게 수익을 돌려주므로 사용료 면제나 감액의 법적 근거 마련도 논의 중이다. 또한 수의계약이라 하더라도 공간 사용료 측정을 해야 하는데, 이와 관련해 학교 실무자들과 소통이 충분하지 못해서 오는 어려움도 있었다. 수익 활동이 일어나는 매점 공간만이 아니라 전체 학생들에게 열린 공간에까지 사용료를 책정하려고 한 경우도 있기 때문이다. 최소의 마진으로 낮은 가격에 좋은 식품을 공급하려고 하는 협동조합에게 높은 사용료는 큰 부담이 될 수 있으니 이런 부분을 충분히 알아보고 관계자들과 소통해 해결해나가야 한다. 이러한 비용 외에도 법인격 설립과 운영을 위한 회계 처리에 필요한 기장비용 및 등기 등 각종 부대비용도 고려해야 한다.

행정과 관련해서는 여러 서류와 제도적인 절차를 고려해야 한다. 학교협동조합의 설립은 앞서 교육 부분에서 설명했던 실제적인 조직화를 탄탄히 세워가는 것과 함께 이를 형식화하기 위한 여러 행정적 절차들을 밟아가는 과정이 병행된다. 보통 사회적협동조합으로 인가를 받는데, 구체적인 절차는 다음 표와 같다. 한국사회적기업진흥원이 운영하는 협동조합 사이트(coop.go.kr)의

서울시학교협동조합추진단

학교협동조합 설립 매뉴얼. 학교협동조합 개념 및 협동조합 설립에 필요한 전반적인 서류와 행정상 주의사항 등이 잘 담겨 있다.

학교협동조합 매점 운영 매뉴얼. 매점 준비 및 운영의 전 과정을 학교 구성원들과 함께할 수 있는 방법이 담겨 있다.

자료실에 협동조합 설립가이드북이 있으며, 동 사이트의 교육 부분에 올라와 있는 서식 동영상도 참고해서 보면 절차의 흐름을 알 수 있다. 학교협동조합 설립 및 운영 매뉴얼은 서울, 경기도 등을 중심으로 만들어져 보급되고 있다. 서울시학교협동조합 홈페이지(schoolcoop.sehub.net/) 자료실에 서울시교육청 등이 제작한 설립 매뉴얼과 협동조합 매점운영 매뉴얼을 다운받을 수 있다.

행정적인 절차를 진행함에 있어 한 가지 유의할 부분을 얘기하면, 많은 학생들을 조합원으로 할 경우 미성년자이기에 고려해야 할 부분들이 생긴다. 앞서의 절차를 진행함에 있어 학교협동조합 설립 인가가 나온 뒤에 등기를 하려면 창립총회 의사록에 대한 공증이 필요하다. 공증이란 특정 사실 또는 법률 관계의 존부를 공적 권위로써 증명하는 행정 행위인데, 쉽게 얘기해서 창립총회가 실제로 있고, 관련한 사람들이 참여했음을 공증인이 확인하고 보증을 해주는 셈이다. 공증의 방식은 두 가지가 있어서 총회에 참석한 사람들이 인감증명서 제출 등을 통해 공증을 촉탁하는 방법과 공증인이 직접 총회에 참석하여 결의 절차를 지켜보고 내용을 검사하는 참관공증이 있다. 문제는 공증을 촉탁할 때 학생들이 미성년자이기에 친권자의 인감도장이 찍힌 '미성년자보호동의서', '친권자 2명의 인감증명서' 등이 필요한데, 절차 자체가 복잡하고, 친권자와 연락이 어려운 학생의 경우의 실질적으로 조합원 가입이나 임원이 어려워진다는 점이다. 최근에는 인감증명을 대체할 수 있는 본인서명 사실확인서 발급으로 인감을 만드는 것만큼의 수고는 줄었지만, 미성년자가 본인서명 사실확인서나 인감증명을 발급받기 위해서는 친권자와 함께 동주민센터를 방문해야 가능하다는 번거로움이 있다. 더욱이 복정고의 경우처럼 수백명이 조합원으로 참여하게 되는 경우 사실상 이러한 방식의 공증촉탁은 불가능해져서, 변호사 등 공증인이 참관하는 절차가 반드시 필요하다. 이러한 공증은 창립총회 때는 반드시 필요하며, 이후에도 임원의 변경, 정관의 변경을 위해서는 총회의사록 공증이 필요하다. 따라서 이후의 행정적인 부분을 고려해서도 학생 조합원의 범위에 대한 현실적인 고민이 필요하다. 이러한 문제점을 개선하기 위해 2016년 전국 교육청, 교육부, 전국학교협동조합 관계자 등이 협의하여 법무부에 공증인법 제66조2 및 동법 시행령 제2조의3에서 정하는 '의사록 인증 제외대상 법인'으로 법무부에 추천 의뢰를 했다. 이렇게 2017년 1월 6일자로 법무부에서 총 21개의 학교협동조합에 대해서 의사록 인증 제외 대상 법인으로 고시함으로써 매년 정기총회마다 겪게 되는 공증의 문제를 일부 해결했다.

다음은 학교협동조합을 사회적협동조합으로 설립했을 때 진행되는 일련의 절차이다.

연번	절차	비고
1	발기인 모집	5인 이상의 조합원 자격을 가진 자
2	정관 작성	발기인이 작성
3	설립 동의자 모집	발기인에게 설립 동의서 제출
4	창립총회 공고	창립총회 개최 7일 전까지
5	창립총회 개최	창립총회 의사록 작성
6	설립 신고	발기인 → 주사업 관할 중앙행정기관
7	설립 인가증 발급	신청 후 60일 이내, 소관부처 → 발기인
8	설립 사무의 인계	발기인 → 이사장
9	출자금 납입	조합원 → 이사장
10	설립 등기	주된 사무소 소재지 관할 등기소
11	사업자 등록	주된 사무소 소재지 관할 세무서

이처럼 사업과 행정은 개별 학교협동조합과 학교 구성원만으로는 어려운 부분이 많다. 본문에도 언급했듯이 지역의 여러 사회적경제조직과 중간 지원 기관의 관심과 노력이 필요한 부분이다. 다행히도 2015년부터 지역별로 학교협동조합 추진단 내지 교육청의 담당 장학사가 생겨나 이러한 초기 인큐베이팅과 안내를 위한 연계를 하고 있다. 2017년 2월에는 서울시교육청에 학교협

동조합지원센터도 생겨날 예정이다. 아울러 전국 학교협동조합들이 모여 전국학교협동조합연합회도 논의 중에 있다.

또한 협동조합에 대한 개념 이해, 행정절차 및 사업에 대한 도움을 받을 수 있는 곳으로 기재부가 지정하는 협동조합 상담지원센터를 추천한다. 이와 관련해서는 협동조합 포털사이트(coop.go.kr)의 설립운영 ◀ 중간 지원 기관에서 리스트를 볼 수 있다. 전화 상담, 방문 상담, 기초교육, 컨설팅 등의 도움을 받을 수 있다. 초기에는 협동조합과 관련하여 활용할 수 있는 이러한 외부자원을 잘 활용하고, 아직 익숙하지 않은 협동조합에 대해 친숙해지기 위해서 도움을 받을 필요가 있다. 또한 지역에 따라서는 광역 지자체 산하의 사회적경제지원센터나 지자체 협동조합 상담센터가 마련되어 있으니 이를 잘 활용해보자.

| 참고문헌 |

신문, 인터넷 기사 및 동영상

구로사회적경제특화사업단, 「나를 성장시킨 구로에서 아이들을 지켜보는 눈이
　　되고 있는 영림중 사회적 협동조합」(2014.9.29), http://gurosen.or.kr/board/
　　union/view/wr_id/8
경향신문(기자: 박용하), 「"친구랑 30초 이상 만나지 말것"…황당한 초등학교」
　　(2012.3.8), http://news.khan.co.kr/kh_news/khan_art_view.html?artid=20
　　1203081434001&code=940401&sort=sym
내일신문(기자: 김은광), 「미국 메트스쿨(The Met School)과 빅 픽처 러닝(Big
　　Picture Learning): 한 번에 한 아이씩 가르치는 눈높이 교육」(2014.10.6),
　　http://www.naeil.com/news_view/?id_art=123532
동아일보, 「협동조합실무강화-조직형태와 종류」(1932. 2.4)
동아일보, 「학교소비조합 경제전문에 창설」(1946.2.16)
매일경제, 「문교부, 관계규약준칙시달 중학교에도 협동조합 설치 이익금은 장학
　　금으로 사용」(1979.11.12)
머니투데이(기자: 유엄식), 「'무지개 식판'을 아시나요」(2015.1.26), http://news.
　　mt.co.kr/mtview.php?no=2015012510102314969
부여타임스(기자: 김종연) 「부여여고 학생들의 놀라운 작품들」(2015.3.1), http://
　　www.bytimes.kr/news/articleView.html?idxno=1544
부산일보(기자: 최혜규) 「마을과 학교 소통하는 곳에 '혁신학교'의 미래가 있다
　　- 산성마을 금성초등학교에 가보니」(2014.7.2), http://news20.busan.com/
　　controller/newsController.jsp?newsId=20140702000027
부산국제고, 「이런 조합 본 적 있어?」, 2014년 윤리적소비 공모전(iCOOP협동조
　　합지원센터, 한겨레경제연구소 공동주관)(2014), http://exhib.ethiconsumer.
　　org/posts/5449f1b83771bd24f2000007
송문강 「영국의 학교협동조합으로 투영해보는 우리나라의 학교협동조합
　　의 전망」 학교협동조합 뉴스레터(2014.10.6), http://blog.naver.com/
　　schoolcoop/220142396619
순천광장신문(기자: 박경숙) 「기획 시리즈- 학교매점을 가다 ② 학교매점, 학부
　　모들의 참여로 길을 찾다」(2013.7.18), http://www.agoranews.kr/news/
　　articleView.html?idxno=394
시사오늘, 「이기재의 협동조합 이야기 ⑥ '지학순' 주교와 '호세마리아 아리스멘

디아리에타' 신부」(2013.11.7), http://www.sisaon.co.kr/news/articleView. html?idxno=19583

아주경제(기자: 최수연),「최소 규모 '원주진광신협', 교직원과 학생이 함께 이끈다」(2013.3.31), http://www.ajunews.com/view/20130329000395

오마이뉴스(기자: 오창균)「매점 하나 바꿨을 뿐인데… 학교 폭력 줄었어요」(2014.3.20), http://www.ohmynews.com/NWS_Web/View/at_pg.aspx?CNTN_CD=A0001969105

원주투데이,「신협정신 원주서 꽃피워」(2004.7.5), http://www.wonjutoday. co.kr/news/articleView.html?idxno=18475

조선일보(기자: 주선영),「수업 내내 잠자던 아이들, 이젠 학교앞 분식점 오가며 소상공인 살리기 프로젝트 진행해요」(2015.2.24), http://news.chosun.com/ site/data/html_dir/2015/02/23/2015022302309.html

주수원,「아이러브쿱 협동조합을 만나다 4탄: 상원초등학교협동조합 준비하는 아버지 모임」(2014), http://youtu.be/r6fe2Q8-sBg

주수원,「아이러브쿱 협동조합을 만나다 8탄: 부산국제중・고 학교협동조합」(2014), http://youtu.be/N32vH4O049g

중앙일보,「전 세계 7세 아이들 65%는 지금 없는 직업 가질 것」(2016.1.20), http:// news.joins.com/article/19441065

태국의 'Learning by doing and not teaching' 슬로건의 광고 동영상, http:// youtu.be/S8Soxv3XGFY

[팩트TV] 곽노현의 나비 프로젝트 '훨훨 날아봐' 26회-곽찬인터뷰2: 이런 교장샘을 만나고 싶다, http://youtu.be/-Fokd5hRdmM

프레시안,「『사피엔스』 저자 "학교 교육 80~90%, 쓸모 없다"」(2016.4.26), http://www.pressian.com/news/article.html?no=135917

한국사회적기업진흥원,「해외교육 동영상: 3. 학교협동조합」(2014), http:// www.coop.go.kr/COOP/edu/getListVideoEduOversea.do

학교협동조합지원네트워크,「부산국제중・고등학교 하루에 3번 학생들에 의해 열리는 쉼터」, 학교협동조합 뉴스레터(2014.7.29) http://blog.naver.com/ schoolcoop/220074940327

학교협동조합지원네트워크,「학교협동조합이야기: 서울 영림중 사회적협동조합」 학교협동조합 뉴스레터(2014.6.16), http://blog.naver.com/ schoolcoop/220031692839

한겨레신문(기자: 김정원),「"학교 안에서 민주주의 체험…학생들이 당당해졌다"」(2014.12.30), http://www.hani.co.kr/arti/economy/heri_review/671381.html

한겨레신문(기자: 정유미) 「우리 동네 위험지역, 우리 눈높이로 안전하게 바꿔요」(2014.12.22), http://www.hani.co.kr/arti/society/schooling/670245.html

한겨레신문(정재승), 「[시론] 미래세대를 위한 공약도 있나요」(2016.4.4), http://www.hani.co.kr/arti/opinion/column/738243.html

한겨레신문(주수원) 「'사회적 배제' 심화되는 농어촌…자립형 사회적 경제로 푼다」(2016.4.17), http://www.hani.co.kr/arti/economy/economy_general/740079.html

한겨레신문(정재승), 「누구나 꿈을 영상으로 찍는 영화감독 된다」(2016.7.1), http://www.hani.co.kr/arti/science/science_general/750594.html

한겨레신문(주수원), 「학교협동조합에서 협력·창의·민주 배운다」(2016.10.27), http://www.hani.co.kr/arti/economy/economy_general/767521.html

한겨레신문(기자: 최화진) 「나만 성공하면 돼? 기업의 사회적 역할도 배우자」(2014.10.27), http://www.hani.co.kr/arti/society/schooling/661623.html

협동조합e뉴스레터, 「복정고교육경제공동체사회적협동조합: 우리 협동조합은 나무, 학생들은 꽃이다.」 기획재정부(2014.12.19), http://blog.naver.com/coop_2012/220211354251

MBC 다큐스페셜, 「함께 쓰는 성공신화, 협동조합」(2014.7.14)

Cooperative UK, 웹사이트 http://www.uk.coop/

"UK Co-op Milestone", 협동조합 아카이브 http://web.archive.org/web/20070928205503/http://www.cooponline.coop/about_intro_milestones.html

The Schools Cooperative Society 웹사이트 http://www.co-operativeschools.coop/message/co-operative_trust_schools

The Co-operative College 웹사이트 http://www.co-op.ac.uk/

ICA-AP COMMITTEE ON UNIVERSITY/CAMPUS CO-OPERATIVES 홈페이지 http://ica-ap.coop/Structure/ica-ap-committee-universitycampus-co-operatives

Matt Hughes(2005) 'Make Your School Fairtrade Friendly' A Co-Operative Guide for Primary Schools, the Co-Operative Group, http://happykfta.mireene.co.kr/bbs/data/ft_resources/coop_edu_4_6.pdf

문 헌

국가평생교육진흥원(2016년 2호), 『2016 글로벌평생교육동향』

국제노동기구(2013), 『경제위기와 협동조합의 회복력: 금융협동조합의 저력』, MG새마을금고중앙회 역

김성천(2011), 『혁신학교란 무엇인가?』, 맘에드림, pp.165~166

김수현(2015), 「준비만 몇 년째, 광휘고 협동조합매점 이야기」, 『오늘의 교육』 (24호, 2015년 1·2월호), pp.142~143

김형미(2011), 「홍성지역 생협운동의 전통- 교육과 협동조합을 통한 이상촌 건설의 이상과 그 계승」, (재)iCOOP협동조합연구소 5주년 기념 심포지엄 자료집

남경운 외(2014), 『아이들이 몰입하는 수업디자인』, 맘에드림, p22·p48

디틀린데 바이예(2002), 송순재 외 역 『프레네 교육학에 기초한 학교만들기』, 내일을여는책, p.24·p.292

박주희(2004), 『대학생활협동조합의 학생참여에 대한 문화기술적 연구: 대한대학교 사례를 중심으로』, 서울대학교 소비자학과

박주희, 이기춘(2005) 「대학생활협동조합의 학생참여에 대한 문화기술적 사례연구」, 『소비자학연구』(제16권 4호), pp.57~79

박주희, 주수원(2013), 「학교 협동조합의 실험과 확산의 가능성 탐색」, 『협동조합네트워크』(63호)

박주희, 주수원, 김기태(2014), 「복정고 사회적협동조합 컨설팅(인큐베이팅) 최종보고서」, 한국협동조합연구소, 성남산업진흥재단

박주희, 주수원(2014), 「학교협동조합의 국내외 사례와 활성화방안 모색」, 2014 한국협동조합학회 하계 학술대회 발표자료집

박현정(2013), 「교육 귀촌이 이끄는 보이지 않는 손-고산향 교육공동체 소속 학부모들의 귀촌 사례를 중심으로-」, 『고산향 교육공동체 백서 2011, 2012』, 도서출판 아람, pp.383~384

박현숙(2012), 『교사는 수업으로 성장한다』, 맘에드림, pp.182~184

배미원(2013), 「성남시 사회적경제기업 협동조합 법인화 연구」, 『성남산업정책연구』(5), 성남산업진흥재단

배미원·장종익(2013), 「학교협동조합 비즈니스모델 연구」, 성남산업진흥재단

서용선(2012), 『혁신교육 존 듀이에게 묻다』, 살림터, p.206

서울형혁신학교학부모네트워크(2014), 『행복한 나는 혁신학교 학부모입니다』, 맘에드림, p.99·p.282

사토 마나부·한국배움의공동체연구회(2014), 『교사의 배움』, 에듀니티, pp.69~70

성남시(2014), 「사회적협동조합 형태의 학교협동조합 설립절차와 사례: 복정고 시범사업을 중심으로」, p.12

아이쿱협동조합연구소(2014), 「학교협동조합, 그 현장의 소리」, 『생협평론 16 호』, p.84

엘리엇 워서 외(2014), 이병곤 역, 『넘나들며 배우기: 한 번에 한 아이씩, 메트스쿨의 학교 혁신 프로젝트』, 민들레, pp. 147~148

윤귀호(2015), 「마을교육공동체 이야기」, 『협력을 통한 학교혁신으로 삶의 교육을』, 제14회 전국참교육실천대회자료집(2015년 1월 13~15일), p.64

유창복(2010), 「공동체에서 함께 일하는 기술」, 『민들레』(68호, 2010), pp.90~91

윤가야 외(2015), 「우리는 왜 협동조합이었나?」, 『오늘의 교육』(24호, 2015년 1 · 2월호), pp.158~159

이부영(2013), 『서울형 혁신학교 이야기』, 살림터, pp.113~114

이정희(2014), 「학교는 모든 문제를 꼭 해결해야 하는가?」, 『오늘의 교육』(14호, 5 · 6월호), pp.56~57

장종익(2011), 「사회적기업의 조직특성에 관한 신제도경제학적 고찰」, 『계간 농정연구』(봄호)

장종익(2014), 『협동조합 비즈니스 전략』, 동하, p.100

정훈(2007), 「셀레스땡 프레네 학교 협동체의 교육원리: 협력과 민주주의」, 『교육철학』(제38집, 2월호)

조영선(2013), 「'학급공동체'에 대한 동상이몽」, 『오늘의 교육』(14호, 5 · 6월호), p.40

주수원(2014), 「서울시 학교협동조합추진단의 말레이시아 탐방기」

하승우(2013), 「협동조합과 지역운동」, 『자본주의, 지역사회 그리고 협동조합』, 제1회 충남협동조합연구포럼 자료집

현광일(2015), 『경쟁을 넘어 발달 교육으로』, 살림터, pp.226~227

홍기빈(2012), 『살림/살이 경제학을 위하여』, 지식의날개, p.60

홍순명(2014), 「우리 마을에도 교육 농장이 있다면」, 『오늘의 교육』(22호, 9 · 10월호), p.189

허선주(2014), 「지역에서 바라본 학교협동조합」, 『학교협동조합을 통한 학교의 변화』, 학교협동조합지원네트워크, p.79

Azmah Othman & Fatimah kari, *ENHANCING CO-OPERATIVE MOVEMENT TO ACHIEVE MALAYSIA'S DEVELOPMENT GOALS*, ICA Research Conference The Role of Co-operatives in Sustaining Development and Fostering Social Responsibility, Riva del Garda, Trento, Italy, 16-18 October 2008

Cooperative Learning Center (2013) *ANGKASA: Its Role in the Development of School Co-operatives in Malaysia*, http://www.learningcentre.coop/resource/angkasa-its-role-development-school-co-operatives-malaysia

Macpherson, Ian (1996) *Cooperative Principles for the 21st Century*, Geneva, International Cooperative Alliance 장종익, 김신양 역(2001) 성공하는 협동조합의 일곱 가지 원칙, 한국협동조합연구소

Malaysia Cooperative Societies Commission, Ministry of Domestic Trade Cooperative and Consumerism (2011) National Cooperative Policy 2011-2020

Dewey, John (1916), *Democracy and Education*, 김동규 역(2013), 「민주주의와 교육」, 교육과학사, p.307

Dewey, John (1938), *Experience and Education*, 엄태동 편저(2001), 『경험과 교육』, 원미사, pp.52~53

Hansmann(1996), *The Ownership of Enterprise*, Harvard University Press

HERI Insight(2011), 『자본주의 위기의 대안 협동조합으로 기업 하기』

삶과 교육을 바꾸는
맘에드림 출판사 교육 도서

나는 혁신학교에 간다

경태영 지음 / 값 14,000원

공교육을 바꾸겠다는 거대한 희망을 품고 시작된 '혁신학교'. 이
책은 일곱 개 혁신학교의 이야기를 담고 있다. 지금 우리 교육이
변화하는 생생한 현장의 모습과 아이들이 꿈을 키우고 행복하게
공부하는 희망의 터로 새롭게 자리매김하는 학교들을 이 책에서
만날 수 있다.

혁신학교란 무엇인가

김성천 지음 / 값 15,000원

교육공동체가 만들어내는 우리 시대 혁신학교 들여다보기. 혁신
학교 전반에 관한 이야기를 다루고 있는 책으로, 공교육 안에서
혁신학교가 생기게 된 역사에서부터 혁신학교의 핵심 가치, 이론
적 토대, 원리와 원칙, 성공적인 혁신학교의 모습을 보이고 있는
단위학교의 모습까지 담아냈다.

학부모가 알아야 할 혁신학교의 모든 것

김성천 · 오재길 지음 / 값 15,000원

학부모들을 위한 혁신학교 지침서!
'혁신학교에서는 무엇을, 어떻게 가르치고 있는지, 교사 · 학생 ·
학부모는 어떻게 만나서 대화하고 관계를 맺어가는지, 어떤 교육
목표를 지향하고 있는지 등 이 책은 대한민국 학부모들의 궁금증
에 친절하게 답을 한다.

덕양중학교 혁신학교 도전기

김삼진 외 지음 / 값 14,500원

이 책의 1부는 지난 4년 동안 덕양중학교가 시도한 혁신과 도전,
성장을 사실과 경험에 기반한 스토리텔링 방식의 성장기로 전개
하고 있다. 그리고 2부는 지역사회와 협력하여 펼치고 있는 교육
프로그램, 배움의 공동체 수업 등을 현장 사례 중심의 교육적 에
세이 형태로 담고 있다.

학교 바꾸기 그 후 12년

권새봄 외 지음 / 값 14,500원

MBC 〈PD 수첩〉에 방영되어 화제가 되었던 남한산초등학교.
아이들이 모두 행복하고, 얼굴 표정이 밝은 아이들. 학교 가는 것
을 무엇보다 좋아하고, 방학을 싫어하는 아이들. 수업과 발표를
즐겼던 이 학교를 졸업한 아이들이 그 후 12년의 삶을 세상에 이
야기한다.

혁신교육 미래를 말한다

서용선 외 지음 / 값 14,000원

혁신교육 정책을 입안하고 추진하는 데 기여해왔던 6명의
교사 출신 연구자들이 혁신교육 발전에 필요한 정책 과제들을
모아 하나의 책으로 제시한다. 이 책은 교육철학, 교육과정,
교육행정과 학교 운영(거버넌스) 등에서 주요 이슈들을
정리하고 혁신교육의 성과와 과제를 보여준다.

좋은 엄마가 스마트폰을 이긴다

깨끗한미디어를위한교사운동 지음 / 값 13,500원

스마트폰은 '재미있고 편리하다'. 그러나 스마트폰 때문에
아이들은 시간을 빼앗기고, 건강이 나빠지고, 대화가 사라지며,
공부와 휴식, 수면마저 방해를 받는다. 이 책은 이러한 사례들을
생생하게 소개하고 부모들에게 아이들의 스마트폰 사용에 어떻게
대응해야 하는지 대안을 제시한다.

진짜 공부

김지수 외 지음 / 값 15,000원

혁신학교가 추구하는 '진짜 공부'와 '진짜 스펙'이 무엇인지
보여주는, 졸업생들의 생동감 넘치는 경험담. 12명의 졸업생들은
학교에서 탐방, 글쓰기, 독서, 발표, 토론, 연구, 동아리, 학생회
활동을 통해 자신들이 생각하지도 못한 진짜 공부를 경험했음을
보여준다. 이 책을 통해 무엇이 진짜 공부인지를 새삼 느낄 수 있다.

행복한 나는 혁신학교 학부모입니다

서울형 혁신학교학부모네트워크 지음 / 값 16,000원

이 책은 학부모가 자신의 눈높이에서 일러주는 아이들의 혁신학교 적응기일 뿐만 아니라, 학부모 역시 학교를 통해 자신의 삶을 고양시켜가는 부모 성장기라는 점에서 대한민국의 모든 학부모들에게 건네는 희망 보고서이기도 하다. 이 책은 혁신학교 학부모로서의 체험을 미리 하는 데 부족함이 없을 것이다.

일반고 리모델링 혁신고가 정답이다

김인호 · 오안근 지음 / 값 15,000원

서울의 한 일반계 고등학교가 혁신학교로서 4년간 도전과 변화를 겪으면서 쌓은 진로, 진학의 비결을 우리 사회 모든 학생, 학부모, 교사, 시민 등에게 낱낱이 소개해주는 책. 무엇보다 '혁신학교는 대학 입시에 도움이 안 된다'는 세간의 편견을 말끔히 떨어 없앤다.

교사, 어떻게 살아야 하는가

김성천 외 지음 / 값 15,000원

오랫동안 교육현장에서 교육과 연구를 병행해온 저자 5인이 쓴 '신규 교사를 위한 이 시대의 교사론'. 이 책은 학교구성원과의 관계 맺기부터 학교현장에서 맞닥뜨리게 되는 여러 가지 문제들과 극복 방법 등 어떻게 개인의 성장을 도모해야 하는지를 두루 답하고 있다.

다섯 빛깔 교육이야기

이상님 지음 / 값 16,000원

충북 혁신학교(행복씨앗학교)인 청주 동화초등학교의 동화 작가 출신 선생님이 아이들과 함께 보낸 한해살이 이야기다. 초등학생의 특성에 맞도록 활동 중심의 교육과정을 재구성하는 한편, 표현 위주의 교육을 위한 생활 글쓰기 교육을 실천하면서, 학교교육을 아이들의 삶과 연결시키고자 노력한 이야기들을 담고 있다.

혁신 교육 내비게이터 곽노현입니다

곽노현 편저 · 해제 / 값 17,000원

서울시 18대 교육감이자 첫 번째 진보 교육감으로서 혁신 교육을
펼쳤던 곽노현은, 우리 사회 전반을 아우르는 주요 교육 현안들을
이 책에서 포괄적으로 다루고 있다. 2014년 3월부터 1년간 방송된
교육 전문 팟캐스트 '나비 프로젝트' 인터뷰에 출연한 전문가들과
나눈 대화와 그에 대한 성찰적 후기를 담고 있다.

무엇이 학교 혁신을 지속가능하게 하는가

권성호 · 김현철 · 유병규 · 정진헌 · 정훈 지음 / 값 14,500원

독일 '괴팅겐 통합학교', 미국 '센트럴파크이스트 중등학교', 한국
혁신학교의 사례들을 통해 성공적인 학교 혁신의 공통점을
찾아내고 그것을 지속가능하도록 만들기 위해서 필요한 것은
무엇인지를 보여준다. 독자들은 '좋은 학교'를 만들기 위한 학교
혁신의 세계적인 공통점을 찾을 수 있다.

혁신학교의 거의 모든 것

김성천 · 서용선 · 홍섭근 지음 / 값 15,000원

이 책은 혁신학교에 대한 100가지 질문에 답하면서 혁신학교의
역사, 배경, 현황, 평가와 전망을 구체적인 증거를 통해 설명하고
있다. 이 책은 우리 사회에 필요한 교육은 무엇인지, 교사와
학생들이 더 즐겁게 가르치고 배우면서 성장할 수 있는 교육을
위해 필요한 것이 무엇인지 등을 더 깊이 생각해보게 한다.

혁신학교 효과

한희정 지음 / 값 15,000원

이 책에서 저자는 혁신학교 효과를 살펴보기 위해 혁신학교가
OECD DeSeCo 프로젝트에 제시된 '핵심 역량'을 가르치고 있는지,
학생 · 학부모 · 교사가 서로 배우는 교육공동체를 이루고 있는지,
학생의 발달을 위한 다양한 교육과정을 운영하고 있는지 등을 반
학교와 비교하여 설명한다.

더불어 읽기

한현미 지음 / 값 13,500원

이 책은 교사들이 학습공동체를 통해 교직의 전문성과 자율성을 새롭게 발견하며 성장하는 이야기를 다룬다. 이 책에서 저자는 이러한 비인격적인 제도와 환경 아래서 교사들이 행복을 되찾기 위해서는 서로 협력하며 같이 배우면서 아이들과 함께 성장할 수 있어야 한다고 말한다.

I Love 학교협동조합

박선하 외 지음 / 값 13,000원

학교에 협동조합을 만드는 일에 참여했던 학생들의 협동조합 활동과 더불어 자신과 친구들이 어떻게 성장했는지를 이야기한다. 글쓴이 중에는 중학교 1학년 때부터 사회복지사라는 장래 희망을 가지고 학교협동조합에 참여한 학생도 있고, '뭔가 재밌을 것 같다'는 호기심을 가지고 시작한 학생 등 다양한 사례를 담고 있다.

내면 아이

이준원 · 김은정 지음 / 값 15,500원

'내면 아이'가 자녀/학생과의 관계에서 어떠한 영향력을 행사하는지, 어떻게 갈등을 일으키는지 볼 수 있게 한다. 그 뿌리를 찾아 근원부터 치유하는 방법들은 필자의 경험을 바탕으로 종합한 것이다. 또한 임상 경험을 아주 쉽게 소개하여 스스로 자신의 '내면 아이'를 만나고 치유할 수 있도록 하는 데 중점을 두었다.

어서 와, 학부모회는 처음이지?

조용미 지음 / 값 15,000원

두 아이의 엄마인 저자가 다년간 학부모회 활동을 하면서 알게 된 노하우와 그간의 이야기들을 담은 책. 학부모회 활동을 처음 시작하는 이들이나, 이미 학부모회에서 활동 중이치만 학교라는 높은 벽에 부딪혀 방향성을 고민 중인 이들에게 권한다.

학교협동조합 A to Z

주수원 · 박주희 지음 / 값 11,500원

'학교협동조합'의 설립 및 운영과 관련해 학생, 학부모, 교사들이 궁금해할 만한 이야기들을 질문과 답변 형식으로 풀어냈다. 강의와 상담을 통해 자주 접하는 질문들로 구성했으며, 학교협동조합과 관련된 개념들을 좀 더 쉽고 빠르게 이해하는 데 중점을 두었다.

교육을 교육답게 우리교육 다시 세우기

최승복 지음 / 값 16,000원

20여 년간 교육부 공무원으로 정책을 연구하고 입안해온 저자가 우리 사회가 당면한 교육 문제의 본질과 대안을 명확하게 정리한 책. 저자는 표준화된 교육과정과 평가에 따라 학생들에게 획일성과 경쟁만 강조해왔던 과거의 교육을 단호히 비판하고 학생 개개인에게 맞는 개별화 교육이 필요하다고 주장한다.

혁신교육 정책피디아

한기현 지음 / 값 15,000원

이 책의 저자는 교육 현장은 물론, 행정 프로세스에 대한 경험을 모두 갖춘 만큼 교원 업무 정상화, 학폭법의 개정, 상향식 평가, 교사 인권 보호, 교육청 인사, 교원연수 등과 관련해 교육 현장의 가려운 곳을 제대로 짚어 긁어주면서도 현실성 높은 다양한 정책들을 제안한다.

혁신교육지구란 무엇인가?

강민정 · 안선영 · 박동국 지음 / 값 16,000원

이 책은 혁신교육지구에 관한 거의 모든 것을 아우른다. 시흥시와 도봉구의 실제 운영 사례와 향후 과제는 물론 정책 제안까지 담고 있어, 혁신교육지구에 관심을 가진 사람들뿐만 아니라 혁신교육지구와 관련된 업무를 담당하고 있는 현장의 전문가 및 정책 입안자들에게도 큰 도움이 될 것이다.

공교육, 위기와 도전
김인호 지음 / 값 15,000원

학생들에게 무한경쟁만 강요하는, 우리 교육 시스템과 그로 인해 붕괴된 교실에서 교육주체들은 길을 잃고 말았다. 이 책은 이러한 시스템 속에서 고통을 겪고 있는 교사, 학생, 학부모, 지역사회가 연대하여, 교육과정·수업·평가·진로 등 모든 영역에서 잘못된 교육 제도와 관행을 이겨낼 수 있는 대안과 실천 사례를 상세히 제시한다.

고교학점제란 무엇인가?
김성천 · 민일홍 · 정미라 지음 / 값 17,000원

이 책은 아직까지 우리나라에서는 생소한 개념인 고교학점제에 대한 거의 모든 것을 아우른다. 아울러 고교학점제가 올바로 정착하기 위해 학교 현장의 교사는 물론 학생, 학부모에게도 학점제를 좀 더 깊이 이해하기 위한 좋은 지침서가 되어줄 것이다.

학교, 민주시민교육을 만나다!
김성천, 김형태, 서지연, 임재일, 윤상준 지음 / 값 15,000원

2016년 '촛불 혁명'의 광장에서 보인 학생들의 민주성은 학교에서는 찾아보기 힘들다. 민주시민교육은 법률과 교육과정 총론에 명시되어 있지만 그 중요성을 실제로는 인정받지 못해왔다. 또한 '정치적 중립성'이 대체로 '정치의 배제'로 잘못 해석됨으로써 구체적인 쟁점이나 현안을 외면해왔다. 이 책은 교육과정, 학교문화 등 다양한 측면에서 시민교육을 성찰하고 정책 대안을 제시한다.

학교, 민주시민교육을 실천하다!
교육정책디자인연구소시민모임 지음 / 값 17,000원

학교에서 어떤 식으로 민주시민교육이 이루어져야 하는지를 이야기한다. 특히 학생들의 눈높이에 맞춰 민주주의를 그들의 삶과 어떻게 연결시킬지에 초점을 맞추었다. 18세 선거권, 다문화와 젠더 등 다양한 차별과 혐오 이슈, 미디어 홍수 시대의 시민교육, 통일 이후의 평화로운 공존 방안 등의 시민교육 주제들을 아우른다.

고교학점제, 어떻게 실천할 것인가?

김삼향□김인엽□노병태□정미라□최영선 지음/ 값 20,000원

이 책은 고교학점제의 구체적인 실천 방안을 중심으로 풀어간다. 특히 소통과 협력이 원활한 학교문화, 체계적인 학교운영, 학생들이 주체가 된 과목 선택과 진로교육을 위한 다양한 교육과정 편성 및 운영, 발달적 관점에서의 질적 평가, 학점제에 최적화된 학교 공간혁신 등을 아우른다. 특히 마이스터고와 특성화고의 실천 사례들도 함께 소개하고 있다.

시인 체육교사로 산다는 것

김재룡 지음 / 값 16,000원

이 책은 정년퇴임까지의 한평생을 체육교사이자 시인으로서 살아온 저자가 솔직하고 담담한 자세로 쓴 일상의 기록이며, 한편으로는 구술사를 꾸준히 고민해온 저자 자신의 역사가 담긴 사료(史料)이다. 그는 자신의 삶 속에서 타인의 고통과 접속하며 자신의 고통을 대면하여 가볍게 만드는, 자기치유의 가능성을 말한다. 사소한 순간의 기억이 모여 운명처럼 완성한 생애의 이야기가 여기에 있다.

포스트 코로나 시대, 학교가 디자인하는 미래교육

송영범 지음/ 값 15,500원

이 책은 인류의 생존마저 위협하는 다양한 글로벌 문제들의 해결에 있어 학교교육의 역할과 포스트 코로나 시대 미래학교의 방향성을 인본주의 관점에서 다시 짚어본다. 교육사조를 통해 미래교육의 집중 방향을 조명하는 한편, 실제 학교교육의 진화로 이어지는 실천을 위해 최근의 국내외 교육 트렌드와 함께 구체적인 실천 방법에 관해서도 이야기한다.

나의 첫 쌍방향 온라인 수업

상우고등학교 온라인교육과정연구회 지음/ 값 17,500원

이 책은 교사들이 함께 힘을 모아 차근차근 만들어간 '쌍방향' 온라인 수업 실천 기록이다. 교과별 주요 특성과 교육 목표 및 온라인이 가진 장점을 최대한 반영해 교육과정과 수업, 평가를 운영하기 위해 고뇌한 흔적이 엿보인다. 교과 수업뿐만 아니라, 학급경영이나 시스템 구축 및 온·오프라인으로 병행한 진로·진학 및 체험활동에 관한 이야기도 함께 담았다.

교실 한구석에서 시작하는 학교 공간혁신
한현미 지음/ 값 20,000원

이 책은 공간과 인간의 상호작용에 주목하며, 공간이 인간에게 미치는 영향력을 살펴보는 것에서 출발한다. 그리고 교실 한구석부터 교무실, 계단, 운동장 등 학교 곳곳의 공간을 미래학교에 맞게 어떻게 혁신해 나갈 것인지 다양한 사례와 함께 제안한다. 또한 사용자 주체의 민주적인 공간혁신 방안과 각 주체들의 역할에 관해서도 이야기한다.

고교학점제, 진로교육을 다시 디자인하다
정미라, 곽충훈, 노병태, 박기윤, 서승억 지음/ 값 17,900원

이 책은 진로학업설계를 기반으로 학교의 일상과 함께하는 지속가능한 진로교육을 제안한다. 전담조직의 구성부터, 진로지도, 과목선택지도, 과목이수설계지도, 학업관리지도 등의 전 과정을 포괄적으로 살펴본다. 또한 중학교, 나아가 유·초등과도 연계한 장기적 체계적인 진로학업설계의 필요성과 실천 방안 및 해외의 진로학업설계 사례 등도 폭넓게 아우른다.

독자 여러분의 소중한 원고를 기다립니다

맘에드림 출판사는 독자 여러분의 소중한 원고를 기다리고 있습니다. 원고가 있으신 분은 momdreampub@naver.com으로 원고의 간단한 소개와 연락처를 보내주시면 빠른 시간에 검토해 연락을 드리겠습니다.